本书为浙江省高校重大人文社科项目攻关计划项目"浙江省改革试点小城市发展模式比较研究"成果

理论与实践

浙江省小城市培育试点模式比较研究

张卫良　等　编著

ZHEJIANG UNIVERSITY PRESS
浙江大学出版社

图书在版编目(CIP)数据

理论与实践:浙江省小城市培育试点模式比较研究 /
张卫良等编著. —杭州:浙江大学出版社,2021.2
ISBN 978-7-308-21128-4

Ⅰ.①理… Ⅱ.①张… Ⅲ.①城市化—研究—浙江
Ⅳ.①F229.275.5

中国版本图书馆 CIP 数据核字(2021)第 037101 号

理论与实践:浙江省小城市培育试点模式比较研究
张卫良等 编著

策划编辑	吴伟伟
责任编辑	寿勤文　陈逸行
责任校对	郭琳琳
封面设计	周　灵
出版发行	浙江大学出版社
	(杭州市天目山路 148 号　邮政编码 310007)
	(网址:http://www.zjupress.com)
排　　版	浙江时代出版服务有限公司
印　　刷	杭州良诸印刷有限公司
开　　本	710mm×1000mm　1/16
印　　张	17.25
字　　数	280 千
版 印 次	2021 年 2 月第 1 版　2021 年 2 月第 1 次印刷
书　　号	ISBN 978-7-308-21128-4
定　　价	68.00 元

前　言

　　2010 年 12 月,浙江省率先实施小城市培育试点工作。如今,浙江小城市培育试点镇成绩斐然,面貌日新月异。2013 年,我们组织申报了浙江省高校重大人文社科项目攻关计划项目,最终"浙江省改革试点小城市发展模式比较研究"获得立项与资助,项目课题组有幸亲身见证了浙江小城市发展模式由中心镇至小城市培育试点镇转变这样一个历史性进程。我们项目课题组希望能够从小城镇发展模式的视角跟踪了解这些小城市培育试点镇的发展进程,考察这些试点镇的建设理念、建设方式、管理方法和建设成效,进而探讨小城镇的规律性问题以及小城镇可持续发展的道路。我们项目课题组自 2013 年下半年开始大量的实地调研,考察了浙江省首批小城市培育试点镇和第二批部分试点镇,在此过程中收获良多。在课题项目进行过程中,我们也利用出国访学和参加国际学术会议的机会,顺道考察了英国的哈罗、米尔顿·凯恩斯,法国的艾克斯、阿维尼翁,德国的海德堡、弗莱堡,以及比利时的布鲁日、根特、安特卫普等小城市,虽然这些小城市与浙江小城市培育试点镇处在完全不同的国度,有着完全不同的历史文化传统,我们不可能完全复制这些小城市的建设经验,但小城市发展的终极追求是相似的,即创造一种小城镇的美好生活,"小有小的美"。

　　对于我们项目课题组来说,通过这一攻关项目课题研究,我们对于中国小城镇发展情况有了更完整的认识。"纸上得来终觉浅,绝知此事要躬行。"要理解小城镇,就需要走访大量的小城镇以真正地领悟小城镇发展的真谛。通过对浙江众多小城市培育试点镇的调研,我们真切地感受到浙江大地的活力与创新,感受到浙江人民"干在实处、走在前列、勇立潮头"的精神力量,感受到理想信念对于城镇化道路的巨大指导意义。这一攻关项目课题帮助我们理解社会现实、社会需求以及城镇化的原动力,也为我们其后开展的中欧重大合作项目"中国中等城市可持续发展新路径(MEDIUM)"(2015 年)

打下了坚实的基础。通过这一攻关项目课题的研究,我们还形成了以下几点新的体会。

第一,小城镇能够创造奇迹。回顾浙江省小城镇的发展历史,我们仍然要惊叹那一段神奇的岁月。自 20 世纪 90 年代以来,浙江省小城镇建设历经小城镇综合改革试点、中心镇建设、小城市培育试点镇和特色小镇几个阶段,其中特色小镇更是风靡全国,成为全国小城镇建设的样板。在改革开放以前,浙江与全国其他地方一样,作为一个农业省份,自然资源有限,工业基础薄弱,一些丘陵山地区域的百姓生活温饱都有困难,小城镇基本处于自然状态。随着我国经济体制改革的推进,浙江人"敢为人先,勇于创新"的信念激发出巨大的经济动力,浙江很快成为中国的民营经济大省和"专业市场"大省。在乡村集镇,人口快速聚集,形成了像温州苍南县龙港镇(现龙港市)那样的"农民城"。其后,浙江能够根据国内外形势变化,从实际出发,因地制宜,大胆探索,走出了一条具有中国特色、浙江时代特征的新型城镇化路子。特色小镇工作获得习近平总书记的重要批示:从浙江和其他一些地方的探索实践看,抓特色小镇、小城镇建设大有可为,对经济转型升级、新型城镇化建设,都大有重要意义。[①] 浙江小城市培育试点工作获得了李克强总理和张高丽副总理的高度肯定。

第二,小城镇能够拥有未来。城镇化理论如果缺乏实地调研,就特别容易发生认知错误。我们不能因为全球化浪潮而盲目追求建设超大城市,从而否定小城镇的生命力。根据相关统计数据,2016 年底我国共有各级城市697 个,县城单位 1544 个,小城镇约 18099 个。小城镇个体虽小,但占有1/4的城镇人口和 60% 以上的全国总人口。[②] 浙江省情况也相似,2016 年有274 个乡、655 个镇和 449 个街道,如果以居住小镇计算,总数也在 1500 个以上。这些小镇的人口、经济总量在全省均占有较大比重,即便是首批 27个小城市培育试点镇,仅 2012 年地区生产总值总量就达到 2131 亿元,占全省比重达 6.16%;财政总收入超 280 亿元,占全省比重达 4.38%。[③] 通过对

---

① 成岳冲:《发掘优秀文化资源　创建现代特色小镇》,《行政管理改革》2017 年第 12 期,第 44-47 页。

② 魏金金:《杨军:近 10 年我国小城镇发展大数据分析》,经济日报—中国经济网,2018 年 5 月 29 日,http://www.ce.cn/culture/gd/201805/29/t20180529_29276276.shtml。

③ 郁建兴:《浙江新型城镇化快速推进:城镇化水平已达百分之六十三点二》,《人民日报》2013 年 12 月 9 日,第 13 版。

浙江小城市培育试点镇的实地调研，我们看到这些小城市培育试点镇拥有巨大的经济创造能力，一些小城市培育试点镇中小企业众多，像柳市镇拥有8000多家中小企业，店口镇3500多家，钱清镇6100多家，这些企业是促进小城镇经济发展的持续动力。

第三，小城镇能够"小而美"。在当今世界，美丽小城镇不胜枚举，浙江乌镇就是一个典范。英国著名经济学家舒马赫指出："今天我们尝到了普遍盲目崇拜巨大规模的苦头，所以必须强调在可能采用小规模的情况下小规模的优越性。"[①]在浙江小城市培育试点镇中，不少的小城镇存在着"求大求洋"的观念，但我们应该清醒地认识到，"罗马不是一天建成的"。在我国城镇体系中，由于小城镇层级低，历史欠账严重，大多数小城镇基础设施差，建设资金严重缺乏，但这并不意味着小城镇没有未来。无论地处水乡平原、海天泽国，还是丘陵山地，每一个小城镇都有自身的资源禀赋，我们要立足长远，通过体制机制创新，打造环境优美、特色鲜明的"小而美"城镇。

第四，小城镇能够有"大梦想"。不同于一般村镇建设，小城镇能够有"大梦想"，也就是小城镇能够建设宜居宜业的优美环境，实现经济社会的可持续发展。小城镇建设"麻雀虽小，五脏俱全"。浙江小城市培育试点镇一开始也面临城市公共基础设施欠缺问题，"没有一条像样的街"，"村村像城镇，镇镇像农村"。对于浙江小城市培育试点镇的领导来说，最初也并未为未来城市做过准备，压力巨大，大多数依靠"情怀"工作。然而，面对小城市试点建设挑战，他们最终"边学边干"，擘画蓝图，勇于实践，实现小城镇的"大梦想"。

第五，有关本书的几点说明。一是项目名称问题。在申报项目过程中，我们侧重于小城市培育试点的改革内涵，采用了"浙江省改革试点小城市发展模式比较研究"这样的名称，与政府文件使用的名称不一致，易于造成误解，因而我们在最终成果中将名称做了调整，与政府名称相一致。二是浙江省小城市培育试点工作仍在进行之中，首批小城市培育试点至今已开展9年多，只有龙港镇实现了由镇到市的建制转变，其余试点镇仍需继续探索。我们的项目成果由于多种原因有所拖延，但也让我们有了更多的时间来观察这些试点镇的发展进程，或许这也是课题本身的意义。三是我们的试点

---

① 舒马赫：《小的是美好的》，虞鸿钧、郑关林译，北京：商务印书馆，1984年，第40页。

镇调研报告完成时间大多在 2014 年前后,现今部分试点镇地名与建制已经发生了变化,如富阳于 2014 年 12 月撤市设区、奉化于 2016 年 9 月撤市设区、龙港镇于 2019 年 9 月撤镇设市等,为了尊重历史与保持书稿叙述的一致性,有关地方名称都没做改动。

张卫良

2019 年 12 月

目　录

理论篇

实践篇

调研篇

理论篇

第一章 绪论:小城镇发展论

在当代中国,城镇化道路是实现社会现代化的一条必由之路,也是全球社会发展的一种大趋势。在 1949 年新中国成立之初,中国的城镇化率只有 10.6％,其后,历经三年困难时期和"文化大革命",中国城镇化速度缓慢,至 1978 年城镇化率仅有 17.92％。到 20 世纪 90 年代中期以后,随着市场经济的进一步推进,城乡居民之间流动日益频繁,中国的城镇化才进入了快速发展时期。在最近几十年,城镇化水平不断提高,2018 年中国的城镇化率已经达到了 59.58％。短短几十年间,中国走过了西方发达国家需要上百年的城镇化发展历程,由一个"乡土的中国"转变成为一个"城市的中国"。

第一节 中国特色城镇化道路的争论

中国真正的城镇化是最近几十年的事,不像西方发达国家那样有一条阶段清晰的道路,由农业社会、工业社会进而向城市社会过渡,而是在农业、工业和城市社会之间交叠发展,并在摸索和实践中曲折前行。当前,关于中国城镇化的发展方向依然存在着不少激烈的争论,究竟是走沿袭控制大城市规模、合理发展中等城市和小城市的路子,还是走集中资源优先发展大城市、进而带动中小城市协同发展的路子? 这样的争论其实自 20 世纪 80 年代以后就开始了。随着经济体制改革的进行,我国需要推动社会经济快速发展、引导人民致富并过上美好生活已经成为社会共识。1983 年,费孝通先生在江苏省小城镇研究讨论会上做了一个有关小城镇问题的发言,后来发表了《小城镇 大问题》一文,引起巨大的反响。其后,小城镇发展成为一个被热烈讨论的话题。2003 年,在北京大学中国社会与发展研究中心和费孝通学术基金会为纪念费孝通《小城镇 大问题》发表 20 周年举行的座谈会上,费孝通先生指出,中国发展的方向在农村,农民问题、农村问题、农业问题的出路,归根到底还是要靠加快小城镇建设,使它的辐射和带动作用更好地发挥出来。[①]

然而,最近十多年里,后一种观点的影响越来越大。一些学者认为人口向大城市集中是经济社会发展的规律,中小城市的发展依赖于大城市的带动,其中王小鲁等从投资效益、规模经济效应等角度出发,直接提出"中国需要发展大城市",[②]类似的观点随后不断地被提出。特别在哈佛大学经济学教授爱德华·格莱泽以《城市的胜利:城市如何让我们变得更加富有、智慧、绿色、健康和幸福》一书呼吁大城市发展以后,[③]这样的观点更是大量涌现,"中国城市化要以大城市发展为主",[④]"大国更要发展大城市","大城市具有规模经济,人们的收入水平更高,就业机会更多"。[⑤] 2016 年 11 月,一篇题为《控制人口规模对治理北京"大城市病"有害无益》的文章火爆网络,引发了广泛的讨论。[⑥] 其实,这样的讨论也反映了我国城镇化过程中的一些现实问题,中国是一个人口大国,农业人口占比高,经济基础底子薄,区域发展不均衡,城镇现代基础设施严重不足,以有限的资源解决贫困和发展问题是城镇化初期的最大目标。而在社会经济发展达到一定水平以后,尤其在当今全球互联网高速发展的背景下,大扩张、大投入和大建设似乎成为拉动经济发展的主旋律。大城市具有区域优势和资源优势,尤其是公共配套设施的大投入使大城市获得了巨大的比较优势,吸引大量人口超大规模集聚,进而形成超大规模城市,这似乎成了当前的城市化趋势。但是,这样的观点其实也是存在争议的。

早在 2003 年,时任建设部副部长仇保兴就指出:"目前,不少经济学家都倾向于中国的城镇化应该走发展大城市的道路。光从短期的效率来看,

---

① 《费孝通全面总结"小城镇大战略":接轨城市化 复兴小城镇》,《领导决策信息》2004 年第 4 期,第 22 页。

② 王小鲁、夏小林:《中国需要发展大城市》,《财经界》2000 年第 5 期,第 45-47 页。

③ 爱德华·格莱泽:《城市的胜利:城市如何让我们变得更加富有、智慧、绿色、健康和幸福》,刘润泉译,上海:上海社会科学院出版社,2012 年,第 152 页。

④ 左正:《中国城市化要以大城市发展为主》,《中国社会科学报》2011 年 8 月 9 日,第 14 版。

⑤ 陆铭:《大国大城:当代中国的统一、发展与平衡》,上海:上海人民出版社,2016 年,第 205 页。

⑥ 梁建章、黄文政:《控制人口规模对治理北京"大城市病"有害无益》,环球网,2016 年 11 月 7 日,https://tech.huanqiu.com/article/9CaKrnJYsum。

这是有一定道理的。但从长期的效率来看，放在历史长河（如 50～100 年的时间尺度），或者从发达国家的城镇化历程或城镇化比较成功的国家和地区的历史发展来看，这种观点就站不住脚了。这是一个很普通的常识问题。如果大城市具有绝对效率、绝对优势，那么在以市场经济为主导的国家中，在经过数百年的城镇化历程之后，小城镇肯定逐步减少直至消失。然而，事实是大多数国家的小城镇在城镇总量中还是占了绝大多数。"①经济学家林毅夫认为，大城市在过度集中以后，也会出现边际报酬递减的问题，比较好的方式是"中心城市加城市群"。② 实际上，大城市的现有经验也在不断地印证这样的理论，超大规模城市一旦超越可承载的临界点，必然会带来一系列的社会风险，规模经济效应也会趋于不经济，投资收益也会边际递减，而相应的城市综合承载力也会下降，城市生活质量也会随之下降。

第二节　国内外小城镇相关研究现状

城镇化是 18 世纪末以来整个世界的主旋律，虽然在世界范围内城镇化的发展及其路径存在着差异，"城市"与"城镇"的概念也存在一定的分歧，但是，世界城市化的趋势仍是有规律可循的，大量的理论研究也是可供借鉴的。

对于城镇化问题，尤其是小城镇问题，中外学者都有不少的研究。西方学者有关小城镇（城市）的研究主要是从两个方面进行的：一方面是有关"新城"的研究与实践；另一方面是有关小城镇的研究与实践。对"新城"问题的研究可以说是从理想城市开始的，19 世纪晚期就有有识之士高度关注，一些倡导社会改革的先行者开始提出"理想城市"的概念与模式，埃本尼泽·霍华德的"田园城市"就是这样一种思想，其目的是纠正 19 世纪以来以工业化为主导的城市形式所具有的环境恶化、交通拥挤、住房紧缺、失业人数多、犯罪率高等一系列问题，主张城市和乡村的优势结合起来，"我们假设，田园

---

① 仇保兴：《中国城镇化——机遇与挑战》，北京：中国建筑工业出版社，2004 年，第 171 页。
② 张毅：《林毅夫：城镇化良性循环 必须通盘解决"双轨制"问题》，人民网，2013 年 1 月 9 日，http://theory.people.com.cn/n/2013/0109/c40531-20136439.html。

城市一直增长到 32000 人","田园城市的人民片刻也不会允许他们城市的美景遭到发展过程的破坏","在城市周围始终保留一条乡村带,直到随着推移形成一个城市群"。① 1899 年,霍华德及其支持者成立了"田园城市协会"(Garden City Association),开始实践有关田园城市的理论。在 1903 年和 1919 年,霍华德及其合伙人先后在伦敦郊区开始尝试建立这种新型城市,第一座是莱奇沃思(Letchworth),第二座是韦林(Welwyn)。随后,田园城市理论在西方世界迅速传播,在各个地方开展实践。尤尔特·G. 屈尔潘的《最新田园城市运动》(The Garden City Movement Up-to-Date)一书对 1899—1914 年的田园城市运动做了比较详细的介绍,其中包括了英国、欧洲其他国家及美国的田园城市运动,还介绍了《城市规划法案》。② 1921 年,W. R. 莱瑟比等撰写的《城镇理论与实践》也介绍了田园城市的研究情况,包括城镇规划、城镇规模与社会生活、城镇与土地,③雷蒙德·昂温认为,"田园城市应该是一个规模有限的城镇"。④ 在 20 世纪 90 年代,斯坦利·布德尔的《远见卓识者与规划师:田园城市运动与现代社区》一书全面地考察了欧美的田园城市运动,不仅分析了霍华德开启的田园城市模式在英国的实践、美国的田园城市运动,还分析和考察了 1945—1980 年的英国新城建设,并对田园城市的未来做出了预测。⑤

在 19 世纪末和 20 世纪初,霍华德的思想影响了英国的新城建设,英国政府陆续颁布《公共卫生法》和《环境卫生法》等法律,进而规范城市规划与建设。1946 年,英国国会批准了《新城法》,1947 年又批准了《城乡规划法》。基于大城市存在的严峻问题以及二战带给城市的巨大灾难,英国的新城建设是选择小规模的城市进行建设。A. C. 达夫作为 1947—1957 年斯蒂夫尼奇的新城开发公司的总经理,对于新城有着自己独特的理解。在《英国新城:一个活生生的实验》中,他对英国新城理念、行动、位置选择、新城公司、

---

① 埃比尼泽·霍华德:《明日的田园城市》,金经元译,北京:商务印书馆,2000 年,第 110-111 页。

② Ewart G. Culpin, *The Garden City Movement Up-to-Date*, London: The Garden Cities and Town Planning Association, 1913.

③ W. R. Lethaby (etc.), *Town Theory and Practice*, London: Benn Brothers, Ltd., 1921.

④ Raymond Unwin, "The town and the best size for good social life" in W. R. Lethaby (etc.), *Town Theory and Practice*, p. 80.

⑤ Stanley Buder, *Visionaries and Planners: The Garden City Movement and the Modern Community*, Oxford: Oxford University Press, 1990.

项目开发、产业确立、新城居民、租金和设施、公共关系等进行了研究,指出:"在那个时代,新城观念被认为是部分解决伦敦拥挤的办法。"①弗雷德里克·J. 奥斯本和阿诺德·惠蒂克在《新城:对特大都市的回应》一书中对现代新城运动做了全面的总结,分析了新城政策、立法、融资、城乡类型、成就等,并对斯蒂夫尼奇等 17 个新城做了具体的案例分析。② 新城建设的目标是要创造一个"既能生活又能工作的、平衡的和自立自足的新城",当然,这样的新城并不是大规模的,大多具有小城镇的特点。皮埃尔·莫林指出:"英国新城开发公司规划、购地、建造和管理大多数的建筑和住宅,当这个项目大到法国新城那样时,公众团体自身来建显然是不现实的和不方便的。"③这些学者的研究大多分析了新城的兴起、新城运动的传播及其新城实践,对于新城的实践差异研究并不深入。

进入 20 世纪 60 年代以后,随着冷战和核对抗的紧张形势,国防和生存优先使城市规划理念发生变化。而 1961 年简·雅各布斯的《美国大城市的死与生》一书则进一步引发了有关大城市发展的激烈争论,她在该书导言开篇中说:"此书是对当下城市规划和重建理论的抨击。"④在这个时期,欧美学界对于小城市(小城镇)的问题也有了一定程度的重视,并开展相关的研究。美国学者格伦·V. 福吉特在 60 年代中期指出:"城市化已经获得了很大的关注。但相对地说,小城镇在这个过程中的地位被忽视了。随着城市化进程,一些小城镇发展了,一些变成了城市。其他一些可能衰落了,主动权丧失给邻近的更大地点,在更大的城市能够有更多的人口和活动集中。"⑤其实,早在 19 世纪末就有学者在讨论小城市的衰落问题,认为随着人

---

① A. C. Duff, *Britain's New Towns: An Experiment in Living*, London: Pall Mall Press Ltd., 1961, p. 2.

② Frederic J. Osborn and Arnold Whittick, *New Towns: The Answer to Megalopolis*, New York: Mcgraw-Hill Book Company, 1963.

③ Pierre Merlin, "The new town movement in Europe", *Annals of the American Academy of Political and Social Science*, Vol. 451, 1980, p. 85.

④ 简·雅各布斯:《美国大城市的死与生》,金衡山译,南京:译林出版社,2006 年,第 1 页。

⑤ Glenn V. Fuguitt, "The growth and decline of small towns as a probability process", *American Sociological Review*, Vol. 30, No. 3, 1965, p. 403.

口聚集,小城镇的重要性将下降。[①] 其后,一些研究者继续关注这种现象,认为"在一个人口快速增长和城市化的时代,小城镇根据规模分类没有增长,这对于大多数城镇是真实的,或许意味着停滞"。[②] 对于欧美国家来说,小城镇不是一个特别的类别,仅仅是城市体系中的一部分,只是规模较小而已。美国学者威廉·H.怀特在研究城市空间的过程中提出了"较小的城市并不是大城市的压缩版"的观点,这是非常有意义的,也就是小城市应该有自己的特点。他还指出美国的小城市问题,"许多比较小的城市并不紧凑;它们拆除了旧建筑,也没有什么替代它们,留下了很多开放的空间。停车场和车库主导了土地的使用功能,常常超过市中心土地面积的50%"。[③] 在城市化进程中,小城镇容易迷失自己的发展方向。

对于国外小城镇的发展情况,我国学界也做了一些比较研究。张敏的《美国新城的规划建设及其类型与特点》一文介绍了美国一些新城的规划与建设思想,特别是华盛顿、伊利诺伊州的普尔曼公司镇、佛罗里达州的科罗尔盖博斯、新泽西州的雷德本、马里兰州的格林贝尔特以及圣查尔斯。[④] 王宝刚的《国外小城镇建设经验探讨》一文比较了美、德、英、日等国小城镇建设的共同特点,如各级政府大力支持、重视规划的权威性和按规划实施建设、重视基础设施和社会服务设施的建设、重视人文环境的继承和生态环境的保护、政府鼓励公众参与小城镇建设。[⑤] 其他还有不少介绍国外小城镇发展的文章,大多数学者认为国外的小城镇建设带有明显的时代特征,符合城市化的发展趋势,但分析仍缺乏深度。

关于中国小城镇发展问题的研究,文献数量是非常多的,这里择要做个综述。20世纪80年代初期,费孝通先生有关小城镇问题的思考,即《小城镇 大问题》的讲话产生了很大的影响,引起了有关小城镇问题的争论。其

---

① Henry J. Fletcher, "The doom of the small town", *Forum*, No. 19, 1895, pp. 214-223; Gustav E. Larson, *Can Our Small Towns Survive*? Washington: U. S. Department of Agriculture, Resource Development Aid, 1960.

② Glenn V. Fuguitt, "The growth and decline of small towns as a probability process", *American Sociological Review*, Vol. 30, No. 3, 1965, p. 411.

③ 威廉·H. 怀特:《小城市空间的社会生活》,叶齐茂、倪晓晖译,上海:上海译文出版社,2016年,第106页。

④ 张敏:《美国新城的规划建设及其类型与特点》,《国外城市规划》1998年第4期,第49-52页。

⑤ 王宝刚:《国外小城镇建设经验探讨》,《规划师》2003年第11期,第96-99页。

后,费先生对小城镇做了大量的调查研究,他指出发展小城镇的重要性:"为什么小城镇停滞不发展呢?原因是这几十年农村和小镇间千丝万缕的纽带给切断了。小城镇的经济基础是在农村里。"[①]在随后的调查研究中,他总结了当时小城镇发展的三大模式:苏南模式、温州模式和珠江三角洲模式。[②]他强调从江苏小城镇的"无工不富"到"温州模式"的"以商带工",从个体户经营商品开始到积累投资办厂,都是根据各地区的情况,根据当地的优劣势与条件,所找到的由穷变富的新路子。[③]

费孝通先生的研究激发了大量的小城镇研究,进入 20 世纪 90 年代以后,小城镇问题成为学术研究热点。其后,我国学者对小城镇的作用、小城镇的类型、小城镇发展模式、小城镇管理、小城镇规划和小城镇可持续发展等方面展开了比较广泛的研究,研究不仅涉及城市规划、经济学、社会学、历史学,而且涉及公共管理等学科。仇保兴在《当前我国小城镇发展的困境及其对策》一文中,从我国小城镇的中间传导作用、城市体系分工作用、改变农村面貌的示范作用、农民创业与就业环境、农业人口的引导分流作用以及社会化服务功能等六个方面进行分析,认为小城镇具有大中城市不可替代的功能与作用。与此同时,他认为我国小城镇建设中存在十个方面的问题:一是缺乏统一有效的扶持小城镇发展的政策;二是乡镇企业效益连年下降,提供就业岗位逐年减少;三是环境污染严重,人居环境恶化;四是历史文化资源受到了严重的破坏;五是缺乏对多元化小城镇经济发展道路的分类指导;六是小城镇管理体制存在明显问题;七是非农土地的流转和农居房的管理体系比较混乱;八是必需的公共产品提供严重不足;九是金融资本片面向大城市集聚;十是卫星镇的发展缺乏必要的制度支撑。[④]也有学者从经济学的角度研究我国小城镇发展的动力机制,把小城镇发展模式归纳为"外源型",即以外向型经济为主导推动小城镇的工业化和城镇化;"内源型",即依靠本地生产要素的投入来推动经济发展,以乡镇企业和家庭私有企业为主

---

①　费孝通:《谈小城镇研究》,载《费孝通论小城镇建设》,北京:群言出版社,2000 年,第 54 页。

②　费孝通:《"江村"到"温州模式"》《珠江模式的再认识》,载《中国城镇化道路》,呼和浩特:内蒙古人民出版社,2010 年,第 137-143,221-231 页。

③　费孝通:《"江村"到"温州模式"》,载《中国城镇化道路》,呼和浩特:内蒙古人民出版社,2010 年,第 142 页。

④　仇保兴:《当前我国小城镇发展的困境及其对策》,载《中国城镇化——机遇与挑战》,北京:中国建筑工业出版社,2004 年,第 171-175 页。

体进行本地的工业化和城镇化;"中心地型"即以传统型经济为主导的工业化和城镇化发展模式。[①]

在有关小城镇的发展模式问题上,学者们从不同的视角提出了很多经验性的小城镇发展模式。例如,以邻村换地、集零为整的集合开发方式有效解决小城镇乡镇企业布局分散问题的"孙耿模式";市场导向下的产业集聚的"大唐模式";由侨胞投资兴办各类企业,成片开发工业小区的"侨乡模式";以集资经营、股份制经营为特征的"晋江模式"。苏南小城镇还存在古镇新貌型、旅游开发型、港口发展型、交通枢纽型、专业市场型、工业主导型、产品名都型、科技兴镇型和农副产品加工型等类型。[②] 有学者认为我国边疆民族地区小城镇具有民族性、边境县和袖珍型这些特点,还有旅游塑镇模式、矿业强镇模式、移民建镇模式、集贸兴镇模式以及口岸立镇模式等五种可供借鉴的模式。[③] 在小城镇的规划方面,有学者认为小城镇发展在人口和建设规模方面不应该盲目扩大,小城镇规划的着眼点首先应是建设宜人的居住环境,其核心问题是要突出个性而非盲目追求共性,小城镇规划的最高目标应定位在推进城乡一体化战略上。[④] 邓卫认为小城镇与大中城市相比最大的特色在于其宜人的城建规模、山水风光和田园气息,小城镇的规划和建设切忌照搬大城市模式,而应该根据其地域特色与文化传统,将自然的田园绿意巧妙地融入居住环境,构筑人与自然和谐相处的"田园城镇"。[⑤]关于小城镇发展的研究很多,但大多是针对城镇化过程中不断涌现的现实问题所做的思考,对小城镇发展模式做深入分析的并不多。

有关浙江的小城镇研究在 20 世纪 80 年代即已开始,当时费孝通先生就考察过浙江"温州模式"的小城镇发展。进入 90 年代,有更多的学者对浙江的小城镇发展模式进行研究。例如,潘鹏飞主要从产业角度来区分浙江的小城镇,把浙江的小城镇发展模式归为五类,即以商兴镇型、工业开发型、

---

① 汤铭潭、宋劲松、刘仁根等主编:《小城镇发展与规划》(第二版),北京:中国建筑工业出版社,2012 年,第 67-70 页。

② 叶飞:《小城镇大发展——苏南小城镇的调查与思考》,《现代经济探讨》1995 年第 10 期,第 22-23 页。

③ 罗淳、潘启云:《论边疆民族地区小城镇建设的特点:模式与路径》,《中央民族大学学报》2011 年第 3 期,第 18-23 页。

④ 冯健:《1980 年代以来我国小城镇研究的新进展》,《城市规划汇刊》2001 年第 3 期,第 28-33 页。

⑤ 邓卫:《关于小城镇发展问题的思考》,《城市规划汇刊》2001 年第 1 期,第 67-70 页。

工贸结合型、传统集镇型以及城郊型。[①] 王立军也以相似的方式来划分小城镇，把浙江小城镇发展分成工业型小城镇、专业市场型小城镇、旅游型小城镇、山海型小城镇和综合型小城镇。[②] 另有一些学者从市场角度出发，把部分城镇发展动力以市场为主的镇归为"市场镇"。[③] 其后，有学者从地域视角分析浙江小城镇的类型特征，认为浙江城镇分布可以分为三大类别：第一类为浙北、浙东南中心城市带动型，这类城镇位于浙北平原水网或浙东沿海及近岸生态区，临近大中城市。第二类为浙西北、浙中自组织发展型，主要位于浙西北山地丘陵生态区和浙中丘陵盆地生态区，大中城市发育不良，缺少规模较大、集聚能力较强的中心城市，小城镇分布较为零散且所在县（市）域实力一般，多依托本身的农村腹地自主发展。第三类为浙西南偏远地区引导发展型，集中于浙西南山地生态区，其先天的自然地形条件较差，因此区域综合实力较落后，县（市）域发展较差，城镇体系不很完善，小城镇分布更为零散，规模也较小，很难通过自身实现跨越发展。[④] 这种分析是合理的，事实上，地理环境有时候对于小城镇的影响是决定性的。

进入 21 世纪以后，有关浙江小城镇发展的研究日益增多，如周世锋认为浙江省小城镇的发展具有几个重要的特点：一是与块状特色经济紧密结合，小城镇往往是聚集同类企业的专业化生产基地；二是民间力量成为推动小城镇发展的重要动力，尤其是浙南温州、台州一带，吸引社会力量特别是企业和农民参与城镇建设；三是小城镇在县（市）域经济中占有突出地位，如苍南县的灵溪和龙港两镇的生产总值占全县生产总值的 70％左右。[⑤] 易千枫等在 2009 年发表了《改革开放 30 年温州城镇化发展回顾与思考》一文，系统回顾了温州改革开放 30 年的城镇化历程，指出温州的城镇化建设从一开始就具有强烈的自发性和地方特色。由于市场化改革走在全国的前列，

[①] 潘鹏飞：《浙江农村城镇化的实践与思考》，《浙江经济》1995 年第 2 期，第 29-31 页。

[②] 王立军：《浙江农村城镇化的现状与对策研究》，《中共浙江省委党校学报》2000 年第 4 期，第 55-60 页。

[③] 陈建海：《政府与市场互动型的小城镇发展道路——基于浙江省长兴县的研究》，《中共浙江省委党校学报》2006 年第 2 期，第 19-24 页。

[④] 朱喜钢、汪珠：《浙江省小城镇的分类与发展模式研究》，《小城镇建设》2008 年第 1 期，第 24 页；汪珠：《浙江省小城镇的分类与发展模式研究》，《浙江大学学报（理学版）》2008 年第 6 期，第 718 页。

[⑤] 周世锋：《提高小城镇发展质量，促进小城镇健康发展——以浙江省为例》，《小城镇建设》2002 年第 9 期，第 74-75 页。

"温州模式"曾经发挥了巨大功效。① 浙江省小城镇发展是一个重要的课题,陈前虎等在《浙江省小城镇发展历程、态势及转型策略研究》一文中回顾了浙江省小城镇的发展历程,认为整体性、系统化的"顶层设计"始终是推动小城镇差异性、协同化发展的根本保障,也是浙江区域经济活力不竭的秘籍所在。② 也有学者看到了浙江省小城镇存在的问题,浙江小城镇数量多、规模小、规划落后、功能不完善、缺乏特色、资源利用率低、城镇化质量较差;小城镇集聚效益低、环境质量下降;③小城镇管理体制僵硬、组织结构离散、政府官员缺乏责任,形成制度性瓶颈。④

随着国家新型城镇化建设的推进,2010 年,浙江省率先实施小城市培育试点镇工作。其后,相关研究也开始出现。徐靓和尹维娜在《小城镇从"镇"到"市"发展路径——对浙江首批 27 个小城市培育试点镇研究小结》一文中分析了浙江省首批小城市培育试点镇的特征及其发展动力,将 27 个试点镇划分为近郊卫星城型、综合开发型、工业主导型、生态旅游型、市场带动型、农业产业化主导型、文化产业发展型等七个主要类型,分析每种类型小城镇的要素优势及从"镇"到"市"的发展路径。⑤ 蔡新祥在《浙江"小城市"试点探路》一文中指出,浙江省出台小城市培育试点是由于遇到小城镇发展困境而做出的选择,而基础是"强镇扩权"的再探索,提出在小城市发展的顶层设计中要充分考虑"造血功能"的培育,摆脱建城扩投资的简单发展思路,逐步打造发展的可持续性。⑥ 陈周宁以龙港镇和泽国镇为例分析了温州小城市培育试点镇行政体制改革的经验。⑦

关于小城市培育试点问题,有学者认为小城市培育是符合浙江实际、富

---

① 易千枫、徐强、项志远:《改革开放 30 年温州城镇化发展回顾与思考》,《城市规划》2009 年第 11 期,第 18-21 页。

② 陈前虎、寿建伟、潘聪林:《浙江省小城镇发展历程、态势及转型策略研究》,《规划师》2012 年第 12 期,第 86-90 页。

③ 周世锋:《提高小城镇发展质量,促进小城镇健康发展——以浙江省为例》,《小城镇建设》2002 年第 9 期,第 74-75 页。

④ 陈剩勇、张丙宣:《强镇扩权:浙江省近年来小城镇政府管理体制改革的实践》,《浙江学刊》2007 年第 6 期,第 217 页。

⑤ 徐靓、尹维娜:《小城镇从"镇"到"市"发展路径——对浙江首批 27 个小城市培育试点镇研究小结》,《城市规划学刊》2012 年第 z1 期,第 216-222 页。

⑥ 蔡新祥:《浙江"小城市"试点探路》,《发展》2012 年第 8 期,第 49-50 页。

⑦ 陈周宁:《培育小城市:乡镇行政体制改革的浙江试验》,《行政管理改革》2012 年第 4 期,第 48-50 页。

有浙江特色的新型城市化道路,农民选择在小城市安家落户,是农民基于自身实际,在对小城市生活成本、就业压力、制度环境等因素进行理性评估的前提下"用脚投票"的结果,具有其必然性和内在合理性。[①] 在浙江首轮小城市培育试点开展以后,有学者在肯定浙江省三年小城市培育行动取得较好成效的同时,指出小城市试点培育也面临着人口城镇化滞后、产业创新实力不强、城乡辐射能力弱、市镇体制矛盾显现等普遍性的问题,并指出加快小城市发展需要进一步明确发展定位,推进产业转型升级,深化行政体制改革,完善县镇协调配合机制,加快财政、金融、土地等要素保障领域的配套改革。[②] 浙江对小城市培育试点镇有非常明确的目标导向,设定了目标任务,每年进行一次考核,促进培育试点镇的工作。翁加坤在《从考核指标的演进观浙江小城市培育之路》一文中讨论了考核指标问题,他认为三轮指标体系对小城市的综合集聚能力、社会民生发展、人居环境改善、体制机制创新等方面尤为关注;指标体系的设计在重视考核工作延续性的基础之上,亦看重其在新背景下的时效性和适应性。[③] 总体来说,对于浙江小城市培育试点镇的研究并不多,仍需要做更深入的研究。

第三节 研究思路与主要内容

一、总体研究思路

第一,搜集与梳理文献资料。本研究搜集梳理浙江省有关小城市培育试点镇的文献资料,对已有政府公报、地方志、资料汇编等公开出版的文献资料加以整理、分类、归纳,这是本书研究的基础。由于浙江省小城镇众多,分布区域广泛,因此本研究需要花费大量的时间与精力。

第二,运用相关城市理论。小城市(小城镇)是一个社会综合体,本研究运用城市地理学、城市规划、城市生态学、城市经济学、城市社会学、城市公

---

① 吴可人:《小城市培育是新型城市化的战略选择》,《浙江经济》2016年第20期,第44页。

② 俞云峰、唐勇:《浙江省的小城市培育:新型城镇化战略的路径创新》,《中共浙江省委党校学报》2016年第2期,第77-83页。

③ 翁加坤:《从考核指标的演进观浙江小城市培育之路》,《小城镇建设》2018年第3期,第84-89页。

共政策和城市治理等相关理论方法,梳理分析浙江小城镇的城市空间、资源要素、产业分布、人口结构、社会治理模式、城市发展模式。

第三,实地调研是对策性课题研究的重要手段。本研究以浙江省小城市培育试点镇作为对象开展实地调研,通过访谈、调研问卷以及统计数据采集的方式,了解浙江省小城市培育试点镇的城市建设、经济生产、治理水平、文化教育以及公共服务等现有发展状况,以第一手的资料,考察浙江小城镇的建设水平和现有发展特色。

第四,采用指标分析的方法,对浙江省小城市培育试点镇的资源、人口、工农业及第三产业发展、城市基础设施、社会福利服务等情况进行分析,以定量方式明确试点镇在这些方面的基本发展水平,进而评价各种指标体系,分析适合社会发展的各种小城镇发展类型。

第五,利用案例研究与比较分析的方法。就目前世界的城市化发展而言,在发展理念、规划水平、建筑技术以及治理水平等方面,与传统的理念、形式和管理模式相比,现在的小城镇建设已经产生了很大的变化。因而,案例研究对于了解和分析浙江小城市培育试点镇的发展来说也是非常重要的。20 世纪以来,国内外的小城镇(小城市)建设已经积累了丰富的经验,尤其是西方国家的"新城"建设经验,对之研究将非常有利于小城市培育试点镇建设水平的提升,也有利于小城镇特色的构建。

第六,总结提炼相关理论与案例启示,提出政策建议。在对小城市培育试点镇考察的基础上,分析浙江省目前小城市培育试点镇建设的主要特点,指出在发展建设中存在的问题,并提出具有可行性的政策建议。

二、主要内容

本书的主要内容是回顾、总结和反思浙江小城市培育试点镇的发展成就,特别是分析浙江小城市培育试点镇的发展水平和现有特色。通过比较发达国家小城市建设(特别是"新城"建设)的经验,特别展示浙江典型小城市培育试点镇的样本,揭示浙江小城市培育试点建设过程中存在的问题,提出解决这些问题的对策建议。

本书内容分三大部分,第一部分是理论篇,共两章内容。

第一章主要概述中国新型城镇化与小城镇发展道路的探索。首先,分析当代中国的城镇化道路问题,指出对于中国特色城镇化道路,即究竟是走大城市道路还是发展中小城市一直存在争论,但城镇化的主旋律没有发生变化。其次,介绍国内外有关小城镇研究,特别是新城研究的状况。最后,介绍本书的研究思路与主要内容。

第二章主要分析中外小城镇的发展模式。首先,介绍欧美发达国家小城镇的发展过程,小城镇的发展一般都会经历一个长期的演进过程。在工业时代以后,小城镇快速成长,特别是因工业而兴盛的小城镇。在20世纪以后,"新城运动"极大地推进了小城镇的发展。其次,介绍我国小城镇的发展路径。改革开放以来,随着城镇化的快速发展,我国形成了传统的"苏南模式""珠江三角洲模式"等小城镇发展模式。最后,介绍浙江的小城镇发展模式。与全国一样,浙江的小城镇发展模式也是多种多样的,小城镇的快速发展推动了浙江城镇化的进程。

第二部分是实践篇,也分两章内容,其中第三章主要阐述浙江小城市培育试点工作的开展,简要分析第一批和第二批试点工作的情况,然后,分析浙江小城市培育试点镇存在的模式类型。从驱动力来分,有市场主导型、政府主导型和混合型;从地理区位来分,有平原型、海岸(海岛)型、丘陵山地型;从经济功能来分,有农业型、工业型、市场(商贸)型和旅游(文化产业)型等。

第四章主要分析浙江省小城市培育试点镇的29个样本。根据浙江省小城市培育试点镇的分布,主要以平原型、丘陵山地型和海岸(海岛)型城镇来进行分类,其中平原型城镇列举了塘栖镇、姚庄镇、王江泾镇、崇福镇、织里镇、新市镇、瓜沥镇、周巷镇、泗门镇、钱清镇、泽国镇、楚门镇、柳市镇和塘下镇,丘陵山地型城镇列举了店口镇、溪口镇、佛堂镇、横店镇、新登镇、分水镇、壶镇镇、贺村镇、乾潭镇和云和镇,海岸(海岛)型城镇列举了六横镇、石浦镇、杜桥镇、鳌江镇和龙港镇。比较而言,浙江省平原型城镇众多,与丘陵山地型和海岸(海岛)型城镇比较,具有更多的传统优势,然而,在现代技术条件下,丘陵山地型和海岸(海岛)型城镇具有平原型所不具有的条件,在城市化进程中同样可以脱颖而出。

第三部分是调研篇,主要是第五章和第六章。其中第五章是课题组撰写的有关浙江小城市培育试点镇的总体调研报告。第五章共分三节,第一节主要内容是小城市培育试点的建设指标与考核体系问题,考核是推进小城镇发展的一个重要手段,建设指标也是衡量小城镇发展水平的标尺,但有待进一步的深化研究。第二节主要内容是小城市培育试点镇的发展问题与困境，第三节是有关小城市培育试点工作的对策建议。

第六章是课题组成员分工撰写的若干浙江小城市培育试点镇的调研报告，分杭州、浙北、浙东和浙中来编写，共有关于塘栖镇、新登镇、乾潭镇、王江泾镇、崇福镇、新市镇、周巷镇、溪口镇、横店镇和佛堂镇等地的10篇调查报告，这些报告几乎都是未发表的调研报告。这些报告比较全面地概述了这些小城镇的发展进程、取得的成绩、存在的问题以及对策建议。

第二章　国内外小城镇发展模式研究

　　小城镇发展模式虽然是一个难以简单概括的学理性问题,但从小城镇发展的实际来看,模式的提炼也具有非常重要的现实意义。在国内外学术界,对于小城镇发展模式的研究已有相当长的时间。在学术讨论中,"小城镇发展模式"这一概念屡见不鲜。当然,在日本和欧美等国家和地区的城市化进程中,由于小城镇广泛存在,数量众多,形式多元,特色丰富,通常很难对其简单地加以分类。当然,从理论研究的角度来说,在中文中,"模式"一词可以有多种含义,如类型、典型体制或体系、有计算方法的模型等。在本研究中,小城镇发展模式的用意与类型的含义接近。我们需要利用"模式"这个概念来概括一些小城镇的发展类型,特别是一些小城镇的发展特色。

第一节　国外小城镇发展路径与模式

　　欧美发达国家的小城镇一般经历一个长期的演进过程。在农业时代,随着商业贸易的发展,小城镇在广大的农村区域星罗棋布、遍地开花,主要承担着市场节点的功能。这些小城镇通常人口少、规模小,大多数的城镇以市场城镇著称,在我国也被称为"集镇"。当然,也有一些比较大的城镇,或为军事中心,或为行政中心。进入工业时代以后,原有的小城镇发生分化,有些小城镇快速成长,特别是一些因工业而兴盛的小城镇,例如英国的曼彻斯特、伯明翰、设菲尔德和格拉斯哥,德国的杜塞尔多夫、波恩、科隆、多特蒙德、杜伊斯堡,美国的芝加哥、底特律、匹兹堡等都从小城镇逐渐成长为大城市;另有一些小城镇则发展为特色城市,例如英国的剑桥、巴斯、肯德尔和布莱顿,法国的格拉斯、陶瓷小镇穆思捷·圣玛丽、依云小镇,德国的海德堡、弗莱堡、哥廷根、比沃小城等;而大多数的小城镇则成为现代社会的居住生活中心。与欧洲相比，美国的小城镇也富有特色，包括新城建设，市场发挥着更大的作用。总之，欧美国家经过200多年的发展，在小城镇发展方面积累了众多非常宝贵的经验，为世界其他国家尤其是发展中国家的小城镇发展提供了重要的实践经验和路径启示。

一、英国小城镇（新城）发展模式

英国是世界上最早发生工业革命的国家。伴随着工业化的进程，英国开启了现代城市化的步伐。英国的多数小城镇（被称为"市场城镇"）是由原来的农村集市逐渐发展起来的，这些小城镇往往有着悠久的历史文化积淀，每个城镇几乎都有自己的历史、故事和特色。今天的英格兰大约有1030个小城镇。在19世纪，英国主要区域的小城镇都是以专业市场或工业为发展基础的，因此，大多数的小城镇是以市场为导向的小城镇发展模式，同时注重保护城市历史文化、营造城市特色。对于英国来说，大城市在工业化主导模式下出现了一系列的"城市病"，呈现出空间蔓延、交通拥堵、贫富分化、住房拥挤、环境恶劣等症状。社会有识之士改革呼声不断，埃本尼泽·霍华德的《明日的田园城市》就是针对这种呼声做出的回应，他期望以"田园城市"方式来克服大城市病，设计的城市适度人口规模约为3.2万人，这类小城市能够充分吸收城镇和乡村的优点，建立在农村田野上，环境优美，这类城市就是一种"新城模式"。20世纪初，霍华德亲自在莱奇沃思和韦林进行了田园城市的实践，"田园城市"很快风靡欧美，形成了影响巨大的田园城市运动。

在第二次世界大战以后，伴随大规模城镇化重建、人口快速膨胀和郊区化趋势，英国开始重视新城建设运动。1946年，英国颁布了《新城法》，目的是解决就地平衡工作和生活问题，缓解大城市的居住压力。1947年，英国还通过了《城乡规划法》，主要目标是建立一个适合战后现状的规划体制，严格划分每个城镇和村庄的界线，没有任何一个人可以在界线外建造住宅、工厂和商业设施，同时划定农田保护区域；严格控制小城镇的发展规模，以保护小城镇的历史文化、营造城镇特色作为小城镇的发展目标。1976年，英国又通过了新修订的《新城法》，进一步规范新城的建设与发展。1946—1950年，英国规划建设第一代新城14个，主要在伦敦周边郊区，这些新城并不是完全新建的城镇，而是在旧城镇的基础上有所扩大。这些新城规划规模小,人口仅仅设定在 3 万～6 万人;建筑密度低,住宅按邻里单位建设。1955—1966 年,英国实施第二代新城建设,关注新城对区域经济的发展作用,设定人口规模为 8 万～10 万人;面对小汽车增长带来的交通拥堵问题,新城更多地侧重规划公共交通功能。1967—1980 年,英国开始实施第三代新城建设,米尔顿·凯恩斯就是一个典型。第三代新城规模更大,功能更加齐全;通常形成较大的商业、文化等公共配套设施;业态更加丰富,工业、金融、科研、服务等行业纷纷进入,形成综合性的小城市。

案例一:斯蒂夫尼奇新城(Stevenage)

斯蒂夫尼奇是《新城法》出台以后建设的第一个新城,规划占地面积 25 平方公里,人口 6 万人。新城位于英格兰赫特福德郡,距离伦敦市约 50 公里,北临莱奇沃思花园城市,南临韦林花园城市。至 2011 年,人口大约为 84000 人。斯蒂夫尼奇原为伦敦的一个郊区小镇,在第一次世界大战以前约有 5500 名居民。1946 年,斯蒂夫尼奇新城开发公司成立。公司首位主席是克劳夫·义律爵士,另外还有 6 位公司成员,包括政府雇员、商人和普通市民。1978 年,新城开发公司宣布解散,新城全部事务由城市政府接管。

根据规划设计,斯蒂夫尼奇居住用地 7.09 平方公里,工业用地 1.81 平方公里,交通用地 2.85 平方公里,实施功能分区。[①] 新城被贯穿南北的两条交通要道所分割,其中铁路穿越斯蒂夫尼奇镇,铁道西侧是工业区,东侧是中心区和住宅区。在工业区中,英国宇航公司曾经创造了大量就业岗位,现为欧洲导弹集团所替代,欧洲宇航防务集团下属的子公司阿斯特里姆也在这个区域,还有著名的葛兰素史克在工业区有一个大型的制药研究实验室。如今,在工业园区里还有一些知名的小企业,如生命科学催化园,工业园区为一些小企业提供服务。与工业区相对的是中心区和住宅区,建设有商业和办公场地等设施。新城的某些街区禁止机动车辆驶入,仅供行人步行穿越。1959 年,斯蒂夫尼奇城镇中心的步行区成为英国第一个购物步行区。新城包括六大邻里单位,原小镇是其中一大单位,另外五大邻里单位可容纳大约 9000～14000 人。每个邻里单位建设至少 2 所学校、购物中心及其他社会服务和活动设施,在每个邻里单位之间有绿带隔离,日后成为永久的绿

---

① 翁加坤:《从考核指标的演进观浙江小城市培育之路》,《小城镇建设》2018 年第 3 期,第 84-89 页。

色开放空间。斯蒂夫尼奇配备有良好的医疗、教育等公共服务，拥有一家综合性的李斯特医院，还有国家卫生医疗诊所，可提供满足不同层次需求的健康服务。现有23所小学与5所中学分布在社区中，另外还有5所特殊教育学校。

在英国工业经济普遍衰退的情况下，斯蒂夫尼奇虽然也面临许多的困难，就业率下降，人口增长缓慢，城镇形象日益破败。然而，该镇依然有着自己的发展目标，在2007年制定的战略规划中，其希望通过城市更新改造，提升城市品质，到2021年，使斯蒂夫尼奇成为一座繁荣、健康、干净、美丽与安全的小镇。

案例二：米尔顿·凯恩斯(Milton Keynes)

米尔顿·凯恩斯是英国东南部的经济重镇，第三代新城建设的成功典范。米尔顿·凯恩斯位于伦敦与伯明翰之间，东南距伦敦80公里，西北距伯明翰100公里。这里曾是一个名不见经传的小村庄。新城从1967年开始规划，1970年开始建设。新城首先成立了米尔顿·凯恩斯经济合作机构，最初依靠政府投资。该市面积约88.4平方公里，规划人口25万人，预计2025年人口25万人。

这是一个典型的先规划后建设的新城，米尔顿·凯恩斯规划设计者提出了6个规划目标：(1)一种就业岗位分散的模式，注重居住用地和就业用地相互配套；(2)一个均衡的社会，混合居住，避免单一阶层的集居地；(3)一个拥有社会生活、城市环境和城市景观的城市，吸引居民；(4)一个交通便捷的新城；(5)一个让居民参与制订规划的新城，规划方案具有灵活性；(6)一个有利于高效率运营和管理的新城，规划具有经济性。这些规划原则为米尔顿·凯恩斯未来发展定下了总基调，也为其他地方的新城建设树立了标杆。

在米尔顿·凯恩斯新城的建设过程中，不同区块由不同的建筑师根据自然肌理和区块需求进行详细的规划设计，体现不同的风格。每个居住街区的规划模式和住宅样式互不相同，城市形态具有多样性。整个城镇被森林环绕，人工湖点缀其间，景色十分优美。

米尔顿·凯恩斯新城的成功主要归因于以下几个方面：

一是充分利用地理位置和交通优势。新城毗邻连接伦敦和伯明翰的

M1 高速公路,还有便利的铁路交通系统。该新城东西两个方向有著名学府剑桥大学和牛津大学,其位于两者之间。以该新城为中心,在 1 小时汽车路程为半径的地区内,约有 800 万人口。新城虽然没有自己的机场,但离周边 5 个大大小小的机场并不远,再加上四通八达的高速公路网和便利的铁路交通系统,区位优势十分明显。

二是规划设计特色鲜明,形成标志性的"绿色城市"。根据新城规划,新城住宅高度不得高于树冠高度,商业用房(包括写字楼)一般不高于 6 层,现今临街建筑仍恪守这一原则。新城中心区域城市功能完善,住宅附近配套有超市、学校、球场、餐厅、酒吧等设施,生活十分便利。同时,注重新城生态环境,不断增加绿色空间,公园占地超过城市总用地的 1/6。城市外围是开阔的森林公园,13 个人工湖似一串珍珠环绕森林公园,凸现花园城市风貌。

三是注重产业均衡发展,既吸引大型跨国公司,又重视中小企业的发展。新城建设 40 多年来,有 5000 多家新企业前来投资,其中 20% 为外国企业,特别是美国和日本企业,大约 60% 的公司雇员超过 100 人。在这些企业中,有梅赛德斯—奔驰、大众集团、美孚石油等大牌企业,英国的一些著名企业也把总部设在了这里,如英国石油公司和阿比国民银行等。在米尔顿·凯恩斯新城,还有大量的中小企业,一项统计数据表明,这里的企业平均规模为 22 名雇员,大约 2500 家企业雇员少于 5 人,1200 家甚至只有 1 人。

四是瞄准世界市场,大力发展商业和教育产业。新城是一个新兴的工商业城镇,大力兴办零售、信息、咨询、保险、科研和教育培训等服务业。在 20 世纪 70 年代,新城建造了一座商业大厦,临街店面就长达 1.5 公里,是欧洲第一个现代化大型购物中心,每周吸引周围城市约 60 万人次前来休闲购物。这里是英国零售商业的重要分销中心之一,为当地带来可观的经济收入。新城高度重视教育产业的发展,创办一系列学校,还有远程教育和网上大学,形成教育产业,不仅为本地居民提供终身教育,而且提供各种长、短期培训,服务外地人。另外,新城还专门设立了"教育工商伙伴关系"项目,为以工商业为中心的教育提供各种服务。

二、欧洲大陆国家小城镇发展模式

欧洲大陆国家的小城镇发展模式与英国存在着一些明显的区别,法国、德国、奥地利、瑞士、意大利、捷克、匈牙利等国都走出了一条城市化均衡发展的道路。与英国相比,欧洲大陆国家工业化发展相对迟缓,城镇化起步较晚。这些国家的城镇化主要是政府调控下的市场主导型城镇化,但实际上每个国家的发展又有一定的差异,法国和德国的小城镇发展模式就具有一定的典型性。

(一)法国小城镇发展模式

法国工业化起步迟,发展速度也比较慢,工业对于乡村的影响不是太大。直到第二次世界大战以后,法国乡村小城镇才逐渐完善城市基础设施配套,完善服务功能,发展成为适合人居住的城镇。目前,法国有大约一半的人口居住在 10 万人以下的小城镇中,这些小城镇从经济属性区分,主要有传统观光型、都市科技型和休闲度假型三种发展模式。

案例:格拉斯小镇(Grasse)

格拉斯小镇是法国最著名的观光型小城镇之一,位于法国东南部普罗旺斯-阿尔卑斯-蓝色海岸大区滨海阿尔卑斯省。这个美丽小镇是世界上最著名的香水原料供应地之一,被称为法国香水小镇。小镇位于地中海沿岸,气候温暖,夏季,从地中海吹来的季风湿润宜人;冬季,由于阿尔卑斯山脉阻隔,天气并不寒冷。格拉斯小镇海拔 200~500 米,大量的坡地、阿尔卑斯山脚的地下水和充足的阳光,使这一带适合各种花卉生长,一年四季鲜花盛开,得天独厚的自然环境成就了格拉斯小镇的花卉种植产业。在 17 世纪末,这个小镇的香水业就非常繁荣,其后,格拉斯的香水制造业一直非常稳定,风靡世界的香奈儿 5 号香水就诞生在这个小镇。

格拉斯小镇是一座街道交错狭窄的中世纪小城。在小镇老城区,有着丰富的历史建筑遗产,其具有严谨的中世纪热那亚建筑立面风格,错落有致地排布在半山腰上,与狭窄的石板路一起把地中海风格演绎得淋漓尽致。这些居民房屋在 17 世纪和 18 世纪重新装修,一般有高窗、刻花的橡树大门、石屋顶以及精美的铁质装饰。如今,格拉斯小镇非常重视历史文化遗产的保护与传承,不仅完整地呈现出中世纪以来的基本形态,而且保持了小镇独有的神韵,即以香水为特色。小镇人口在一个多世纪里一直呈现稳定递增的态势,1901 年有人口 15429 人,1946 年 21217 人,1990 年 41388 人,2008 年 51580 人(见图 2-1),是一个典型的法国小城镇。

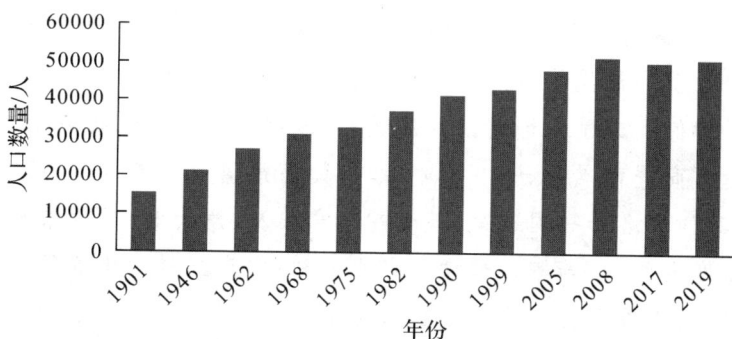

图 2-1　法国格拉斯小镇人口数量变化

　　格拉斯小镇的重点产业是花卉种植业及香水工业。花卉种植业种植品种包括茉莉、月下香、玫瑰、水仙、风信子、紫罗兰、康乃馨及薰衣草等,四季皆香气袭人。每年圣诞节过后,黄绒花将格拉斯染成一片金黄,5—6月玫瑰是田间的主角,8—9月则是茉莉盛开。在格拉斯小镇附近的一个溪谷里,有一条叫塞瓦涅的小溪流过,在其中的一边有平坦的玫瑰与茉莉花田,名为"Le Petit Campadieu",法语的意思为"上帝的小营地",是世界上最著名的香水原料供应地之一。每年5月,当地人都会从这个花田里固定收割50吨的蔷薇用作制作玫瑰香膏(包含花朵香精的像蜡一样的物质)的原料,这种5月蔷薇是著名的香水玫瑰。每年9月,收割25吨的茉莉送往香奈儿的香氛加工基地,另外有40%产量的玫瑰也会被用于香奈儿香氛系列。在格拉斯小镇区域每年采集的鲜花有700万公斤之多。

　　格拉斯小镇的发展有两次重要的转型:第一次是由传统的制革业转向香精、香水的生产。自16世纪初至17世纪中叶,格拉斯是一个传统手工皮手套的生产基地,但在这个过程中,利用地方产品特色,实现了产业的更新升级,开始生产香味皮手套,淘汰异味皮手套。与此同时,格拉斯的生产者逐渐放弃了污染严重的手工皮手套生产,转而生产附加值更高的香精和香水。如今,在格拉斯小镇及其周围区域,有超过30家的香水工厂,有60家相关的公司,共雇用员工3500人。另外,格拉斯居民间接就业于香水行业。小镇生产了法国2/3的天然香氛,用于制造香水和食品调味料,每年香水业为小镇创造超过6亿欧元的财富。然而,格拉斯小镇也遇到了产业转型升级的问题。作为原料的鲜花一直是手工采摘,特别是当地一种素馨花只能在凌晨4点到上午10点间采摘,这种近乎苛刻的传统被一代代沿袭了下来,但本地采摘的鲜花成本过高,使大量香水工厂通过化学合成方法来竞争。如何利用小镇优势,去实现新的发展? 首先,保持传统生产优势,提高产品的附加值。为了保证精油的质量,一般使用蒸馏法来提炼加工,小镇的香水制造厂商进而转向进口原材料,比如高质量的玫瑰花,主要从保加利亚、土耳其和摩洛哥等国进口;茉莉花来自埃及、意大利;依兰来自热带的科摩罗和印度尼西亚;苦橙和柠檬来自意大利;作为配料的珍贵原料霍广香多从印尼进口;檀香来自印度。通过这种全球产业链的分工,格拉斯在全球范围内低成本进口原材料,再利用强大的加工能力和品牌力量,最大限度地提高产品附加值。

第二次重要转型是由相对单一的花卉生产和香水生产转向综合利用小镇优势,发展旅游业等第三产业。2006—2007 年形成的《格拉斯小镇城市规划》分析了格拉斯小镇的产业优势与问题,提出了其后的发展方向。一是每年举办两次鲜花节庆,每年 5 月,除了组织实施观赏性花田以外,还在香水博物馆旁边举办国际玫瑰博览会,每年 9 月,围绕"茉莉花节"举行盛大活动,装饰华丽的花车穿过市镇,并设置焰火、免费派对、民间音乐团体和街头表演等活动,以吸引全球游客。二是提升格拉斯小镇的历史文化遗产价值,增加各种休闲文化公共设施。小镇创设国际香水博物馆、弗拉戈纳尔美术馆、弗拉戈纳尔香水工厂、香水实验室、普罗旺斯艺术历史博物馆等著名景点,还建设了高尔夫球场等休闲设施,以吸引全世界的香水爱好者及游客。现在,格拉斯每年有来自全球的数十万游客前来探寻香水的历史,香水旅游业成为小镇的支柱产业。

(二)德国小城镇发展模式

德国的小城镇发展模式与法国有所不同。19 世纪晚期,德意志统一,工业化也快速推进,各个地方小城镇工业经济实力增强,基础设施建设水平获得提升。与其他国家不同,德国的城镇化发展比较均衡,中小型城市星罗棋布,数量多且分布均匀,居住在大中城市、小城镇和农村的人口比例分别为 30.4%、63.3%和 6.3%,居住在小城镇的人口比例最高。全国 8200 多万人口中,1/3 的居民生活在人口在 10 万人以上的城市里,大部分人生活在人口为 2000 人至 10 万人的小城镇里。由于两次世界大战的毁坏,德国的小城镇几乎都有一个重建的过程,但大多沿用一种紧凑型的小城镇发展模式,具有非常鲜明的特征。①

第一,颁布相应的城镇建设法律法规。20 世纪 60—70 年代,德国先后颁布了《联邦建设法》和《联邦建设促进法》,此后颁布了《地区发展中心建设大纲》和《区域规划指导原则》等法规,以具体的法律法规推进城镇化的健康有序发展。

第二,强调城镇改造规划与设计的前瞻性。政府在编制规划和设计过程中,广泛收集民众意见,根据反馈意见修改,最后将修改后的草案报市议会审议,通过公众听证程序后才能予以批准。同时,优先考虑交通、通讯、排污等公共基础设施和社会服务设施的建设,完善小城镇功能。

第三,重视小城镇环境保护建设。在小城镇建设中,重视工业型小城镇的产业转型,增强传统小城镇的活力;强调自然环境培育和保护生态系统功能的完整性;注重小城镇建设与环境相协调,重视生态修复计划、土地减少利用计划;加强古建筑在环境建设中的作用,提升城市内涵品质的建设。

第四,多元资金建设小城镇。德国小城镇建设资金主要有三个来源,即税收、贷款和州政府的拨款。其中,贷款只能用于投资计划中已经列明的项目,而州政府的拨款要按照法律规定,每年对下级财政部门履行转移支付义务。在公共和基础设施方面,州政府专项拨款一般占转移支付总额的 30% 左右,专款专用。

第五,小城镇主导产业鲜明。德国有相当多的企业分布在小城镇,还有一些世界 500 强企业。例如,海德堡原来是欧洲重要的印刷、轻工、食品、包装机械的重要基地,经过 20 多年的努力,传统产业实现了转型,现在是欧洲的科研城、文化城和旅游城。

第六,注重历史文化要素的建设。在小城镇建设实施过程中,重视对历史文化和老街小巷的修复保护,以传统城镇肌理和建筑展现古城风貌。规定具有 200 年以上历史的建筑均须得到保护,拨出专款用于维修和保护工作,使具有历史风貌的老建筑基本维持原来的外观,显出丰富的历史底蕴和文化品位。

---

① 万博、张兴国:《和谐之城:德国小城镇建设经验与启示》,《小城镇建设》2010 年第 11 期,第 89-95 页。

案例:蒙绍市(Monschau)

德国蒙绍市位于德国西北部的北威州,距离亚琛大约 30 公里,是处于德国与荷兰边境的群山怀抱之中的小城镇。正因为蒙绍坐落于山间,地势特殊,成为德国在二战中唯一没有经历过炮火的地方,小镇至今还保留着 17 世纪的建筑和完整的欧洲古镇风貌,包括水上教堂、修道院及古堡等。小镇生态环境优越,森林覆盖率达到 45%。小镇人口 1.5 万人,小镇曾是 17 世纪著名的老工业区,目前,小镇拥有中小企业 200 多家,是德国新兴科技型、就业型、经济状况良好、失业率较低的小城镇。

德国面临人口老龄化、城镇中青年人口减少、生产加工厂外移、就业困难的困境,德国政府因而积极支持创建新兴科技型和就业型的中小企业。1996 年由蒙绍政府在市郊区投资创建 HIMO 科技创新中心,以鼓励和帮助有创新思想、有能力的年轻人创建自己的公司为宗旨,为蒙绍市新兴科技创新产业发展提供生产办公用房、企业创立和管理咨询、展销及培训、后勤服务等扶持资助。中心初创时以政府投入为主,立足高起点,建设完成后进入企业化运作,地方政府和有关机构给予适当的补贴,解决工资和宣传费用问题。中心积极打造科技型小镇,建筑采用节能、环保等新技术,并应用了一系列可再生能源装置,如太阳能集热器、光电装置、风力发电装置、雨水收集处理装置等,为用户提供生活热水、电力、部分饮用水、灌溉用水等设施。

三、美国小城镇(新城)发展模式

美国小城镇与欧洲大陆国家在城镇形式上存在很大的差异,与英国则有着十分密切的联系。美国建国至今也只有 200 多年的历史,从某种意义上说,美国绝大多数的城市都是"新城"。19 世纪初,美国的城市化水平低于除波兰和瑞士之外的任何欧洲国家,到该世纪末,美国的城市化水平快速提高。大城市人口迅速增加,小城镇遍地开花。美国的城市化模式是以市场为主导的自由放任式发展,主要原因是美国幅员辽阔,土地资源丰富,没有传统制度限制,小城镇空间可以随意扩展,除非涉及其他城镇。美国的小城镇通常以地理区位来分类,可以划分为郊区类、城乡之间类以及农村腹地类;也有学者从城镇功能来划分,分为经济生产类、休闲类及旅游服务类。在小城镇建设方面,美国受到欧洲的影响,既有田园城市运动,又有新城运动。在第一次世界大战以后,美国受到欧洲新城建设的影响,1923 年成立的美国区域规划协会也开始大力宣扬田园城市的理念,其中克拉伦斯·斯坦(Clarence Stein)和亨利·赖特(Henry Wright)等亲自实践,建设雷德朋新城。在二战以后,美国中心城市人口大量向郊区迁移,出现了"郊区化"趋势,形成了众多的"卫星城"城镇。进入 20 世纪 60 年代以后,美国又实施"示范城市"试验项目,形成一种"边缘新城",进一步分流大城市人口。在80 年代,安德烈斯·杜利、伊丽莎白·普莱特-齐波克和彼得·卡尔索普等推动了美国的新城市规划运动,其中 1982 年规划的佛罗里达州滨海市,1988 年规划的马里兰州肯特兰镇就是这样的新城典范。

在美国的城镇体系中,全美近 4 万个市镇中,有 94％的市镇人口居住在人口在 5 万人以下的小城镇。[①]美国小城镇(新城)发展模式特点鲜明:

第一,小城镇具有高度的自治权,遵循国家法律法规建设新城。小城镇建立低成本的小政府,自行决定管理机构,聘任经理,主要职责是服务辖区内居民,不直接参与经济商业活动。小城镇建设必须遵循美国联邦政府的法律法规,例如,1968 年联邦政府通过的《新城镇开发法》,1970 年颁布的《住房和城市发展法》,还有《环境保护法》《规划与建筑法》以及《社会保障法》等,这些是美国新城镇建设的准绳。

第二,以市场为导向建设小城镇。各种类型的小城镇都以市场为导向建设,按市场方式运行。小城镇发展建设的主要推动力是社会力量,私人企业投资兴建交通基础设施,民间资本参与共同建设,居民税收提供小城镇的运行资金。地方政府集资解决小城镇公共设施建设,小城镇财政独立,居民的房产税是非营利公共设施运行的保障。

第三,非常重视城市规划,追求个性发展。在城市规划过程中,重视地方居民和社会公众的意见,并鼓励公众积极参与建设项目的全过程,尤其在项目的策划和规划设计阶段,地方政府会广泛地听取公众意见。小城镇个性发展,或具有"品牌"特色是美国小城镇发展模式最突出的特点。例如,在纽约、洛杉矶、芝加哥等大都市的边缘地区建设了一批独特的城镇,在其他区域还建成了教育小镇、养老小镇、旅游小镇以及退休老人小镇等各具特色的小镇。

---

① 陈强:《美国小城镇的特点和启示》,《学术界》2000 年第 2 期,第 259-264 页。

第四，注重生态人文环境和可持续发展。小城镇对环境的保护不仅仅局限于种花种草、植树造林等绿化工作，还注重大片的森林、绿地和公共空间的保护，重视垃圾处理和污水处理等环境问题，营造可持续发展的社会经济环境。小城镇还普遍注重城镇景观环境的设计，注意建筑物的外观、道路线形、沿途景观以及路标等标识，突出小城镇的个性特色。

案例一：雷德朋新城（Radburn）

雷德朋是美国运用埃本尼泽·霍华德的田园城市理论建设的第一个新城。新城位于美国新泽西州，距纽约市28公里，这是美国汽车时代的一个典型小镇。1924年，作为美国区域规划协会（The Regional Planning Association of America，RPAA）发起人之一的房地产开发商亚历山大（Alexander M. Bing）成立了城市住宅公司（City Housing Corporation），旨在"建设一座美国的田园城市"。1928年，著名城市规划师和建筑师克拉伦斯·斯坦与亨利·赖特开展规划并建设。他们充分考虑到埃本尼泽·霍华德的田园城市思想，又认识到在日益增长的汽车使用下，新城必须适应美国的居住条件，通过合理的方式将汽车融合到社区生活中，以保证居民的安全和便利，并提供一个愉悦和健康的居住环境。雷德朋新城原规划面积2平方英里（5.2平方公里），居民3万人。1934年，经济大萧条导致城市住宅公司破产，当时仅仅建成了费尔劳恩大街（Fair Lawn Avenue）以北的第一个邻里的边界道路和大街坊（Superblock）。此后，开发商放弃了最初的规划方案，采用了美国传统的郊区开发模式。新城实际建成面积约149英亩（约0.6平方公里），其中开敞空间面积占16%，房屋674幢。1964年，新城高峰时期约有5000位居民，目前居住着约690个家庭，大约3100人。

雷德朋新城具有以下几个特点：

第一，以邻里单元组合建设新城。根据克拉伦斯·佩里（Clarence Perry）提出的邻里单元（neighborhood unit）规则，新城由3个邻里单元组成，每个邻里设计居住1万人。每一个邻里单元由2个大街坊组成。每个大街坊30~50英亩（0.12~0.20平方公里）。居住区域规划紧凑，建筑密度低，提供小公园和娱乐空间等配套设施，用来满足居民休闲的需要。

第二，以人为本，开创了一种全新的居住区和街道布局模式。绿地、住宅与人行道有机地配置在一起，道路网布置成曲线；突出居住区的可步行性,首次将居住区道路按功能划分为主干道、林荫道等若干等级,以主要交通干道为边界,方便汽车从居住单位内穿越,精心设计了互为连接的专用步行道网络和完全的人车分离体系,这在当时被认为是解决人车冲突的理想方式。

第三,建设完善的公共配套设施。新城现有总面积约 0.60 平方公里,设有一个社区活动中心,包括管理办公室、图书馆、健身房、俱乐部聚会室、幼儿园和维修商铺,还有小学、中心公园和休闲娱乐设施,包括 9300 平方米的公园、4 个网球场、3 个硬式棒球场、2 个垒球场、2 个游泳池和 1 个射箭广场,还有 2 个托儿所、2 个操场和 1 个孩子洗澡池。

雷德朋新城模式影响了其后的美国小城镇建设,对其他区域的小城镇建设也有一定的影响。

案例二:马里兰州哥伦比亚新城(Columbia)

哥伦比亚新城位于马里兰州,距华盛顿中心 48 公里,距巴尔的摩市中心 24 公里。新城创建于 20 世纪 60 年代早期,是美国公认的最成功的新城开发项目。项目占地约 56 平方公里,用地原属 140 家私人业主所有,每一块土地都是经与私人业主谈判达成协议后取得的。哥伦比亚新城开发由罗斯公司主导,联合私营通用人寿保险公司、曼哈顿大通银行等合伙投资建设,最初规划人口规模为 11 万人,住宅 3 万套。1961 年开始兴建哥伦比亚新城,至 90 年代全部完成。哥伦比亚新城作为新一代的新城项目,具有非常鲜明的特点。[①]

第一,采用邻里单位设计,形成新城—邻里—组团三级居住单位,创建一个良好的社区环境。在哥伦比亚城开发之初,罗斯公司就明确了一个信条:"城市不能以无计划、杂乱无章和不负责任的方式发展。"新城各邻里单位居住 800~1200 户,3~4 个邻里构成一个组团,人口 1 万~1.5 万人。

第二,新城中心作为地区中心来规划,可为 25 万人服务,有百货商店、餐厅、电影院,还有医院、社区购物中心、开发商办公室、哥伦比亚管委会中心办公室、社区学院及配套设施、大型图书馆、展览中心、教堂、休闲区、少年宫、礼堂等。每个邻里中心规划高级中学、初级中学、幼儿园与日托中心、少

---

① 杨靖、司玲:《马里兰州哥伦比亚的新城规划》,《规划师》2005 年第 6 期,第 87-90 页。

年活动中心、小区图书馆、医务急诊中心、老年人之家、小区信息中心、宗教设施、手工工艺室、小区公司（附近设单身公寓）、供自行车和电瓶车停车用的停车场等。每个组团为 300～500 个家庭服务，其中心规划有学前班、小学、业主之家、小超市、餐厅、老年人之家、游泳池、运动场、停车场及一定的公共空间。

第三，新城强调居民的丰富多样性，吸引"不同种族、不同肤色、不同信仰、不同阶层"的人群共创社区新生活。罗斯公司总裁吉姆·罗斯宣称："哥伦比亚城将是一个多种族社区——一座开放的新城，无论你是什么种族，你都可以根据你的口味在这里自由选择你喜欢的住宅，不会因为种族的不同而受到任何的影响和限制。"公司不允许分包开发商将两套相同的建筑并排建在一起，也不允许销售人员带歧视性地将黑人专门安排在一个区购房。人口结构多样化和设施多样化提升了社区活力。

第四，注重生态环境建设和可持续发展。哥伦比亚新城规划提出"保护并提高土地的质量"，沿河流设置人工湖，河流成为邻里单位的绿色分界线。新城约 23% 的土地是永久性的绿地和空地，形成约 20.23 平方公里的田野和湖泊。哥伦比亚新城在建设每一个社区的中心时，均预留了一片未开发的土地，以方便将来根据居民的喜好进行开发，同时也为居民提供了一个增强居民"社区感"的机会。

第五，重视历史文化元素的打造。罗斯公司利用各种方法来延续这个地区的历史文脉，使用哈佛县 18 世纪的地名，保留一些富有特色的乡村建筑，在现代化的街道体系中建设一些老式的乡村小路。有关历史和对美好生活的梦想被注入 10 个邻里单位、30 多个组团、近 1000 条街道，以及公园、湖泊及建筑物名称中；还设计保留、修缮了该处原有的两个谷仓和两个草仓，使新城具有一定的区域传统特色。

四、日本小城镇发展模式

日本是一个高度城市化的发达国家，其城市化水平在亚洲国家中处于领先地位。从明治时代开始，日本的农村人口不断涌入城市，城镇化进程加快，但在第二次世界大战期间，日本城镇化进程处于停滞甚至退步状态。二战结束后，日本大城市发展迅速，大量农村人口流入东京、大阪和名古屋三大都市区，小城镇呈萎缩状态。20 世纪 70 年代以后，日本政府开始重视农村的基础设施建设,至 80 年代中后期,农村基础设施建设水平提高,吸引部分人口回流,小城镇逐渐复苏。进入 21 世纪以后,日本政府颁布了具有指导意义的小城镇发展规划——《整备计划》,将 108 个农村小城镇作为"示范城镇"开展建设。[①] 日本的小城镇发展模式的特征主要有以下几个方面:

第一,重视顶层规划与法治化建设。历届政府制定大量小城镇发展规划,如《国土利用计划》《全国综合开发计划》《大都市圈整备计划》《地方城镇开发建设计划》,指导地方小城镇建设。政府先后颁布了《新城镇村建设促进法》(1956 年)、《关于市合并特例的法律》(1962 年)、《关于市镇村合并特例的法律》(1965 年)。此后又颁布一系列城镇开发促进法,稳步推进城镇化的发展。

第二,加强农村城镇的公共基础设施建设。扩大对农村城镇的公共服务设施(学校、医院、图书馆、体育场馆等)投资,中央政府负担村镇示范工程投资费用的 50%,其余由各级政府分担,国家统一安排服务人员的工资待遇。

第三,发挥市场机制,按照市场化方式运营。在日本,市场机制已成为城镇发展的推进器。长期以来,在小城镇建设上,日本实现建设投资多元化,对城镇土地和非公益性基础设施实行市场化供给和有偿使用,对居民住房实行商品化,等等。

第四,重视农村城镇的特色化创建。小城镇在改造更新过程中,注意充分挖掘地方资源,保持传统风格,创建特色产业,吸引人口进入城镇。20 世纪 80 年代初,大分县就已发起了"一村一品"运动,强调本地特色产品的生产,其中包括农产品,也包括文化和旅游产品等,大分县的汤布院镇就是其中的典型案例。90 年代以来,日本小城镇的地方化、田园化、花绿化、个性化倾向更加明显。

第五,关注社会老龄化问题,增加小城镇老年康养设施。日本小城镇设立很多老人福利院,公共场所修建盲道、坡道等无障碍设施,推出"银发住宅工程"。

日本的小城镇发展模式带有鲜明东方社会的特色,树立了有别于西方社会的小城镇发展模式。

---

① 杨书臣:《日本小城镇的发展及政府的宏观调控》,《现代日本经济》2002 年第 6 期,第 20-23 页。

案例:大分县汤布院镇

在 20 世纪 80 年代之前,汤布院因为山多地少,是个经济落后、人口流失严重的小城镇。1975 年的一场地震更是让汤布院损失严重,变成了一座无人问津的封闭小镇。1979 年,大分县知事平松守彦提出"孕育本地特产、活跃地方经济、培养专业人才、促进文化发展"的区域经济振兴理念,1980 年,大分县的市、町、村各级行政体开展"一村一品"运动。不甘落后的村民们,趁着这股"自由之风",改建汤布院,历经数年,汤布院一跃成名,让小镇脱胎换骨。汤布院面积不大,小镇全域占地面积约 319.16 平方公里,人口约 1.1 万人,但每年接待的游客量超过 400 万人次。虽身处远郊山区,却成为日本九州旅游的必选之地。汤布院镇的成功经验主要有以下几点:

第一,发挥资源优势,做好小镇定位。汤布院镇的温泉是其核心资源,温泉遍布小镇全域,温泉是小镇品牌。围绕温泉做足文章,充分拓展温泉文化,形成强大的休闲旅游产业集群,进而改变小镇原先的落后面貌。小镇有商业服务商 809 家,其中服务业 322 家,小商店、餐厅 376 家。2018 年,小镇共创造税收 18.29 亿日元。温泉设施、休闲设施和土地等固定资产税、企业税及个人税收等观光相关事业税收占 86%,个人税收的 68% 跟观光产业有关。

第二,注重空间设计,合理规划布局。汤布院镇拥有"一山"由布岳、"一水"金鳞湖的美丽自然风光。小镇在设计中注重引景空间,通过树木的栽植、林叶的季相搭配,映衬天空、湖水的色彩,整个小镇空间变得晶莹剔透;从车站到金鳞湖打造了一条中央大道,可以远观由布岳,形塑了小镇独有的仪式感和轴线感;建设回字形街区,营造了舒适的步行尺度,把建筑融入景观中,打造既具有自然亲和力的舒适氛围,又具有紧凑的游步空间。

第三,培育文化内生动力,延伸文创产业。小镇内建设了各类美术馆、博物馆、艺术馆,形成了漫步小镇最好的风景。在 1970 年以后,小镇通过举办电影节、音乐节、吃牛肉尖叫大会等节庆赛事活动,成功吸引了大量的人气,成为日本全国知名的温泉胜地。目前,汤布院镇在丰富温泉衍生产品的过程中还延伸了文化创新内容,紧跟新媒体时代下的时尚潮流,全力打造"少女心"美食经济,塑造多类型美食"网红店"。汤布院温泉小镇已成为日本人气最高、最受女性喜爱的温泉小镇之一。

总之,欧美国家以及日本在小城镇发展模式上虽然不尽相同,但我们从中依然能够发现一些规律性的经验,如以法律法规明确小城镇定位,注重小城镇的特色发展,从规划阶段就引入民众参与,重视小城镇的自然环境和人文历史环境的保护与营建,着重营造小城镇的生活品质,等等。在我们的小城镇建设中,我们应该尊重小城镇的发展规律,汲取借鉴国外小城镇的发展经验,取长补短,同时,要坚持因地制宜,发展小城镇的特色,走一条小城镇可持续发展的道路。

第二节　国内小城镇发展路径与模式

改革开放 40 多年来,中国的城镇化道路实践就是这样一个复杂多变的过程。最初,我国曾经提出走一条"离土不离乡,进厂不进城"的分散式城镇化道路,目标是推进小城镇的改革和发展,使其成为聚集农村人口和资源的重要载体,以促进城乡统筹发展。1989 年,国家颁布了《中华人民共和国城市规划法》,在第一章第四条明确规定:"国家实行严格控制大城市规模、合理发展中等城市和小城市的方针,促进生产力和人口的合理布局。"其中,小城市是指市区和近郊区非农业人口不满 20 万的城市。[①] 在那个时期,我国工业化程度依然不高,国营企业主要集中于大中城市,发展动力不强,生产效能低下。在整个城市体系中,小城市没有获得应有的定位,而乡镇甚至还没有进入国家的城镇化序列。在整个行政框架中,小城镇主要指的是乡镇,就是农村的一部分。地方政府重视乡镇经济的发展,也是从农业发展的角度提出的,"以工带农"就是鼓励乡镇创办企业,建设工业园区,带动农村农业的发展。但是,随着经济体制改革的进行,乡镇企业、民营企业开始迅猛发展,并迸发出巨大的活力,"苏南模式"和"温州模式"先后成为区域经济的发展标杆。与此相应,一些地方乡镇的经济得到了发展,人口快速聚集,但由于原有体制机制的制约,小城镇发展实际上困难重重。

1995 年 6 月,国家 11 部委印发了《小城镇综合改革试点指导意见》,目标是在小城镇建立一种政府精干高效、企业制度规范、市场竞争有序、城镇

---

① 《中华人民共和国城市规划法》,1989 年。

规划科学、保障机制完善、城乡一体化的符合社会主义市场经济要求、适应农村经济发展特点的新体制,促进试点镇经济不断上台阶,带动整个地区经济、社会、生态的协调、快速发展。1997 年,国务院批转了《小城镇户籍管理制度改革试点方案》和《关于完善农村户籍管理制度意见》,开始"允许已经在小城镇就业、居住并符合一定条件的农村人口在小城镇办理城镇常住户口,以促进农村剩余劳动力就近、有序地向小城镇转移,促进小城镇和农村的全面发展,维护社会稳定"。① 1998 年 10 月,党的十五届三中全会通过的《中共中央关于农业和农村工作若干重大问题的决定》指出,"发展小城镇,是带动农村经济和社会发展的一个大战略"。

　　进入 21 世纪以后,城镇化逐渐上升为国家战略,各级政府高度重视,小城镇的发展也逐渐被纳入国家城镇规划体系。2000 年,针对小城镇发展存在的问题,中共中央、国务院发布了《关于促进小城镇健康发展的若干意见》,把小城镇发展"作为当前和今后较长时期农村改革与发展的一项重要任务"。② 2003 年,我国开始实施新农村建设,加大推进"以工补农、以城带乡"的力度,目标是促进城乡基本公共服务的均等化。2005 年,建设部编制印发了《全国城镇体系规划(2005—2020 年)》,其中指出"城镇化已成为解决我国就业、实现市场扩展、推进新型工业化的重要举措",提出了京津冀、长三角和珠三角"三大都市连绵区"的空间分布,并全面推进城镇化的思想。2010 年 6 月,时任国务院副总理李克强强调:"城镇化是经济社会发展的客观趋势。我们讲内需,最大的内需在城镇化,最雄厚的内需潜力在城镇化。"③城镇化是中国最大的内需潜力所在,未来二三十年,如果城镇化率的提高保持目前水平,每年将有 1000 多万人口转移到城市,这必然会带来劳动生产率和城市集聚效益的提高、城镇公共服务和基础设施投资的扩大,以及居民收入和消费的增加,为农业现代化创造条件,从而持续释放出巨大的内需潜能,这正是中国经济长期平稳较快发展的动力源泉。

　　在 2010 年的国家"十二五"规划中,我国提出了城镇发展模式的转变问题,指出新型城镇化将成为我国城市化发展的主导方向,其中以工业化、城

---

　　① 　国务院批转公安部《小城镇户籍管理制度改革试点方案》和《关于完善农村户籍管理制度意见》的通知(国发〔1997〕20 号)。

　　② 　中共中央、国务院:《关于促进小城镇健康发展的若干意见》(中发〔2000〕11 号)。

　　③ 　李克强:《关于调整经济结构促进持续发展的几个问题》,《求是》2010 年第 11 期,第 3-15 页。

镇化、信息化和农业现代化来促进社会的全面发展。[①] 2011 年,中国城镇人口达到 6.91 亿人,城镇化率达到了 51.3%(见图 2-2),人口城镇化率首次超过 50%。这是中国社会结构的一个历史性变化,表明中国开始进入以乡村型社会为主转向以城市型社会为主的新时代。

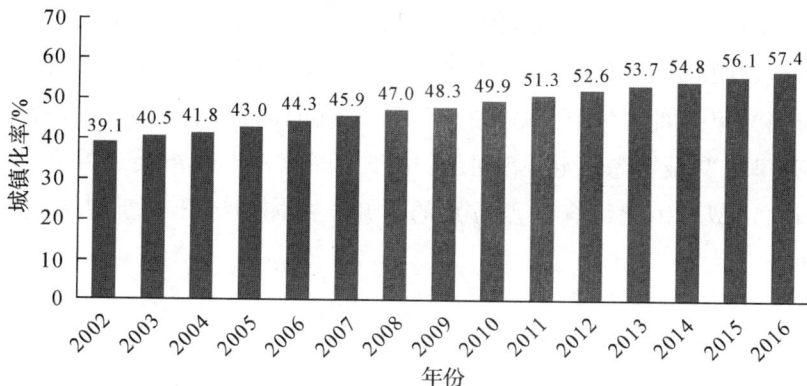

图 2-2　2002—2016 年中国城镇化率

　　随着城市化的快速发展和经济转型升级,城镇化成为我国保持经济持续健康发展的强大引擎。2013 年,中央经济工作会议把城镇化列入年度 6 项工作重点,城镇化战略被提到了一个新高度。2013 年,虽然我国常住人口城镇化率为 53.7%,但户籍人口城镇化率只有 36% 左右,不仅远低于发达国家 80% 的平均水平,也低于人均收入与我国相近的发展中国家 60% 的平均水平,还有较大的发展空间(见图 2-3)。[②] 党中央、国务院在 2014 年发布的《国家新型城镇化规划(2014—2020 年)》中,对中国城镇化的路径做出了清晰的描述,在第十二章第三节中指出,"优化城镇规模结构,增强中心城市辐射带动功能,加快发展中小城市,有重点地发展小城镇,促进大中小城市和小城镇协调发展"。[③] 与此同时,为贯彻落实《国家新型城镇化规划(2014—2020 年)》和《关于落实中央经济工作会议和中央城镇化工作会议主要任务的分工方案》,国家发展改革委会同 11 个相关部委于 2014 年、

---

　　① 　住房和城乡建设部课题组编:《"十二五"中国城镇化发展战略研究报告》,北京:中国建筑工业出版社,2011 年,第 21-22 页。

　　② 　中共中央、国务院:《国家新型城镇化规划(2014—2020 年)》(中发〔2014〕4 号)。

　　③ 　中共中央、国务院:《国家新型城镇化规划(2014—2020 年)》(中发〔2014〕4 号);《关于落实中央经济工作会议和中央城镇化工作会议主要任务的分工方案》(中办发〔2014〕7 号)。

2015 年和 2016 年连续三年公布了国家新型城镇化综合试点地区,根据要求,试点地区将结合当前新型城镇化发展实际,坚持突出地方特色,重点在农民工融入城镇、新生中小城市培育、中心城市建设、城市绿色智能发展、产城融合发展、地方文化保护传承、开发区转型、城乡统筹发展等领域,积极探索,闯出新路。2014 年 12 月,国家发展改革委等 11 部门发布了《关于开展国家新型城镇化综合试点工作的通知》,将江苏、安徽两省和宁波等 62 个城市(镇)列为第一批国家新型城镇化综合试点地区,重点解决"人往哪里去""钱从哪里来""城镇怎么建"等问题。同时,国家发展改革委还发布了《关于印发国家新型城镇化综合试点方案的通知》,具体指导开展新型城镇化的试点工作。[①]

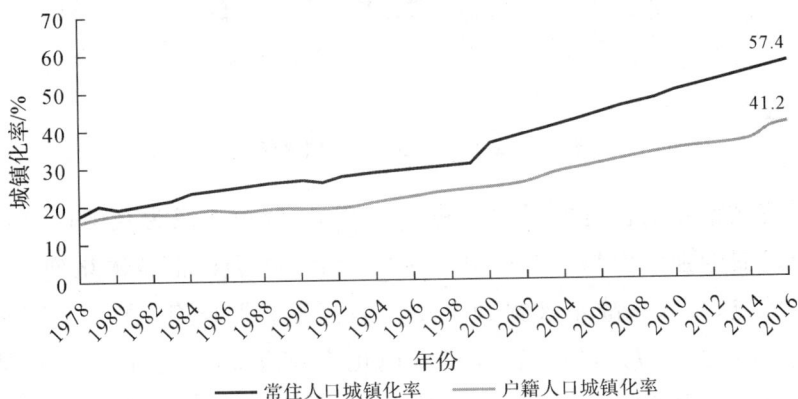

图 2-3　常住人口城镇化率与户籍人口城镇化率比较

2015 年 11 月,国家发展改革委发布了《关于公布第二批国家新型城镇化综合试点地区名单的通知》,提出将在北京市房山区、大兴区等 73 个城市(镇)开展试点,其中 59 个是新型城镇化综合试点,14 个是农村土地制度改革试点。与第一批试点不同,第二批试点只包括城市(镇)试点,不包括省级试点。2015 年 12 月,时隔 37 年后,中央再次召开城市工作会议,会议提出要认识、尊重、顺应城市发展规律,端正城市发展指导思想,指出城市发展带动了整个经济社会发展,城市建设成为现代化建设的重要引擎。2016 年 10 月发布《关于开展第三批国家新型城镇化综合试点工作的通知》,将北京市

---

① 国家发展改革委:《关于印发国家新型城镇化综合试点方案的通知》(发改规划〔2014〕2960 号)。

顺义区等 111 个城市（镇）列为新型城镇化综合试点地区，旨在突破薄弱环节，积极探索，闯出新路。① 与此同时，国家发展改革委又发布了《关于加快美丽特色小（城）镇建设的指导意见》，提出在特色小城镇建设过程中要深入推进强镇扩权，赋予镇区人口 10 万人以上的特大镇县级管理职能和权限，推动具备条件的特大镇有序设市。②

从上述我国小城镇发展过程可以看出，中国的小城镇发展模式大致经历了以下几个阶段的演变：

第一阶段是改革开放以前的乡村小城镇（或集镇）的发展模式。由于新中国成立以后首要解决的是数亿人口的温饱问题，农业被放于最重要的地位。因而，乡村小城镇的农业属性非常突出，小城镇的主要功能是为乡村服务，为农业服务。

第二阶段是改革开放以后至 21 世纪初的工商业小城镇发展模式。在改革开放以后，乡镇工业快速发展，一些传统的乡村小城镇开始向工商业发展转型，尤其是像浙江省这样的省份，专业市场和特色制造业异军突起，迅速带动乡村小城镇的发展，也即后来所说的块状经济的发展。像珠江三角洲一带、福建晋江一带以及长江三角洲一带，外向型经济、个体经济和乡镇集体经济蓬勃发展，先后培育了不同的经济发展方式，也培育了不同风格的小城镇发展模式，可以称为"苏南模式""温州模式"和"珠江三角洲模式"。

第三阶段是 21 世纪初至今的多元化小城镇发展模式。经过前两个阶段的发展，乡镇工业粗放经营也带来了许多问题，虽然地方经济上去了，但在小城镇建设方面与大城市的差距越来越大。大多数的小城镇面临基础设施差、建筑破旧、公共设施欠缺、管理混乱等问题。随着国际形势的变化和国家宏观政策的调整，小城镇很快面临转型升级问题，小城镇成为国家新型城镇化体系中最重要的一环。在这样的背景下，小城镇发展模式又面临新的挑战，多元化、差异化与特色化的发展方式成为必然的趋势。

---

① 国家发展改革委等：《关于开展国家新型城镇化综合试点工作的通知》（发改规划〔2014〕1229 号）、《关于公布第二批国家新型城镇化综合试点地区名单的通知》（发改规划〔2015〕2665 号）；国家发展改革委办公厅：《关于开展第三批国家新型城镇化综合试点工作的通知》（发改办规划〔2016〕1858 号）。
② 国家发展改革委：《关于加快美丽特色小（城）镇建设的指导意见》（发改规划〔2016〕2125 号）。

第三节　浙江小城镇发展路径与模式

浙江省不是一个工业省份,而是一个传统的农业省份。浙江省是中国面积较小的省份之一。浙江地形复杂,山地和丘陵占 70.4%,平原和盆地占 23.2%,河流和湖泊占 6.4%,耕地面积仅 208.17 万公顷,故有"七山一水两分田"之说。地势由西南向东北倾斜,大致可分为浙北平原、浙西丘陵、浙东丘陵、中部金衢盆地、浙南山地、东南沿海平原及滨海岛屿等六个地形区。在这样的区域里,虽然工业基础较差,但利用独特的资源和人文优势,浙江省小城镇自古发达,为现代社会小城镇的发展奠定了良好的基础。与全国其他省份一样,浙江省的城镇化道路也有一个曲折而复杂的过程。改革开放以后,浙江乡镇企业发展快速,民营企业也随之茁壮成长,各类专业市场趋于活跃,形成了浙江特有的块状经济现象。在区域经济发展的基础上,小城镇开始缓慢发展。进入 20 世纪 90 年代,浙江的小城镇开始活跃起来,伴随着我国新型城镇化战略的确立,小城镇迎来了发展的高峰。浙江省小城镇发展大致可以划分为四个主要阶段。

一、小城镇自发的低水平发展阶段

虽然浙江省的小城镇一般有很长的发展历史,但城市化的速度非常缓慢,至 1978 年浙江省的城市化率仅为 14.5%,处于城市化的初期阶段。浙江城镇人口规模一直都很小。1978 年,浙江总人口为 3750 万人,城镇人口仅 544 万人,城镇人口占浙江总人口的 14.5%,而全国的城镇人口比例为 17.92%,浙江省的人口城镇化率低于全国平均水平。但是,也是这一阶段,浙江省开启了小城镇发展领域的探索性实践,在某些领域的改革尝试远早于其他省份,并具有典型性意义。1984 年,温州市龙港镇率先进行土地有偿使用与户籍制度改革,开启农民造城的创举。

二、小城镇加速发展阶段

改革开放以后,浙江省的农村开始工业化,农民以自发兴办乡镇企业、培育集贸市场、发展个体私营经济、做大做强县(市)域经济等方式,使乡村小城镇的工商业蓬勃发展,越来越多的农民和生产要素加快向城镇集聚。这一阶段也正好是浙江城镇化的自发推进阶段。从改革开放到 1989 年,对城镇户口的限制一直存在,只有在很小的范围内才有所突破。随着乡镇工业的快速发展,城镇大门开始向农村开放,虽然农村人口成为城市人口的数量并不多,但是农村人口开始涌入城镇,城镇流动人口迅速增加,城镇活力初步突显,浙江城镇化率由 1978 年的 14.5% 缓慢上升,到 1998 年全省城市化水平提高到 36.8%。建制镇的数量从 1978 年的 167 个增加到 1990 年的749 个,相当于年均增加近 50 个。

在 20 世纪 90 年代初,浙江省乡镇企业遍地开花,但布局分散,经济效益呈现下降趋势。在这样的背景下,浙江开始全面推进乡镇企业产权制度改革,大批民营企业脱离了对原有集体和乡镇政府的依附关系,进而成为工业化的主体力量。到 1991 年,全省乡镇企业总产值突破千亿元大关,达到1066 亿元(1990 年不变价)。[①] 浙江乡镇企业的发展别树一帜,为小城镇发展提供了产业基础和建设资金。在那个阶段,全省有 3180 多个乡镇,其中建制镇的数量已经达到 767 个。1992 年,党的十四大以后,全国经济体制改革进入了以建立社会主义市场经济为目标的发展阶段,浙江的小城镇发展战略有了调整,开始大力推进中心镇建设。乡镇过多使得大多数的乡镇行政管理范围偏小,制约了乡镇工业经济的规模效应,也制约了中心镇对周边乡镇的辐射带动作用。同年,浙江省发布了《关于搞好撤区扩镇工作的通知》,开始实行"撤区、扩镇、并乡"的行政区划改革,全省共撤销 354 个县属区,将原来的 3180 多个乡镇合并为 1844 个乡镇,其中建制镇增加到 893个。[②] 在这一过程中,大量农村人口开始转变成为城镇人口,小城镇数量迅速上升,规模迅速扩大。从图 2-4 中可以看出,1995 年以后,城镇化进程处在加速推进中,全省建制镇数量增加了 1 倍,到 1998 年达到了顶峰的1001 个。

在这一阶段,浙江各地小城镇各种类型的市场数量呈现爆发性增长。到 1994 年末,全省各类集贸市场发展到 4300 多家,全年成交额达 1480 亿

<hr>

① 中共浙江省委党史研究室、当代浙江研究所编:《当代浙江城市发展》(上),北京:当代中国出版社,2012 年,第 7 页。

② 中共浙江省委党史研究室、当代浙江研究所编:《当代浙江城市发展》(上),北京:当代中国出版社,2012 年,第 10 页。

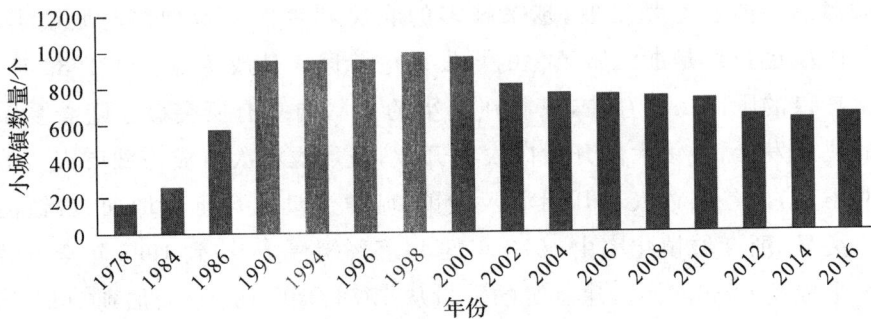

图 2-4　1978 年以来浙江省小城镇数量变化情况

元,其中超亿元的市场有 206 个,超 10 亿元的市场有 30 个;全省共 949 个建制镇的非农行业总产值(包括村及村以下非农产值)达 203.97 亿元(现价),占全省农村非农行业产值的 72.4%,其中工业总产值为 1895.3 亿元,占全省农村工业总产值的 76.7%。1994 年,全省农村社会总产值达到 5202 亿元,比 1978 年增加了 50 多倍,其中农村第二、第三产业的比重合计占到 90% 以上。① 但是,在相当长的一段时间里,浙江的小城镇建设严重滞后,企业遍地开花,城镇基础设施差,环境混乱,以致形成"村村像城镇,镇镇像农村"的怪异现象。基于这种现象,温州最先开始了城镇化改革尝试。1992 年温州市印发《关于赋予重点工业卫星镇某些县级经济管理权限的决定》,确定龙港、柳市两镇为温州市城乡一体化试验区;1994 年下发了《关于加强新镇建设的决定》,目标是深化小城镇经济体制改革、鼓励强镇发展的政策措施。1995 年,浙江省成为全国实行小城镇综合改革试点的重点省份之一,并选择 112 个镇进行培育现代化小城镇的试点工作。

　　1995 年 6 月,国家发展改革委等 11 个部委联合下发了《小城镇综合改革试点指导意见》,确定全国 20 个省的 57 个镇作为小城镇综合改革试点镇,浙江省苍南县龙港镇等 6 个镇名列其中。1996 年,浙江省率先启动编制实施第一轮省域城镇体系规划,推出《浙江省城镇体系规划(1996—2010 年)》,提出了"强化省域中心城市功能,扶持培育和合理发展中等城市,大力提高小城市和小城镇建设水平"的城镇化发展方针,并提出重点建设 100 个

---

　　①　国务院办公厅机关干部进修班调研组:《经济社会发展的新增长点:浙江省小城镇建设发展调查》,《中国行政管理》1996 年第 6 期,第 20-22 页。

中心镇。1998 年,浙江省率先编制了《浙江省城市化发展纲要》,针对浙江省城市化依然滞后于工业化,大中城市的要素集聚和经济辐射功能较弱,小城镇规模偏小、建设水平较低等问题,提出要"积极发展中小城市,择优培育中心镇,完善城镇体系,走大中小城市协调发展的城市化道路",做出了实施城镇化战略的重大决策。[①] 1996 年底,浙江省扩大小城镇综合改革试点范围,批准萧山市瓜沥镇等 41 个镇成为第一批省级试点镇。进入 21 世纪以后,随着社会主义市场经济体制的完善,浙江省城镇化的建设重心偏向于大城市和中心城市,开始走一条城镇化集约发展的道路,城镇化发展处于稳定发展的新时期。与国家发布的《关于促进小城镇健康发展的若干意见》相协调,2000 年,浙江省发布了《关于加快推进浙江城市化若干政策的通知》,推出了具体的城镇化政策,主要有五个方面:一是深化户籍管理制度改革,促进人口向城镇集聚;二是改善城镇投资环境,引导产业向城镇集聚;三是优化土地资源利用,形成城镇建设集约用地机制;四是建立多元化投融资机制,拓宽城镇建设筹资渠道;五是适时调整行政区划,完善城镇行政管理体制。[②] 同一年,浙江省实行第二次"撤乡、并镇"的行政区划调整,在进一步撤县建市、撤市建区的行政区划大调整过程中,一批有着良好城镇基础、处在大城市郊区的县市迅速成为大城市的一部分,大城市规模迅速扩大。2001 年,浙江城镇化率已经达到了 50%。

三、小城镇发展的转型升级阶段

随着我国社会经济结构调整,原有的粗放型发展方式不再适应社会经济的发展要求,特别是浙江省的乡镇企业经过 20 余年的发展,虽然完成了初始阶段的创业,但分散化、小型化、产品附加值低所带来的问题也十分突出,如环境污染、滥占耕地、交通不便、社会交易成本过高等问题,限制了乡镇企业上水平、上规模,也阻碍着乡镇企业本身的转型升级,从而也危及小城镇的发展。在这一阶段,浙江省推进了城乡统筹发展的工作,开展了新农村建设和大力培育中心镇工作,为小城镇发展拓展了新的空间。2005 年,一场以"强镇扩权"为特征的乡镇体制改革在浙江开始,绍兴县率先选定杨

---

① 浙江省委、省政府:《浙江省城市化发展纲要》(浙委〔1999〕41 号)。

② 浙江省人民政府:《关于加快推进浙江城市化若干政策的通知》(浙政〔2000〕7 号)。

汛桥、钱清、福全、兰亭、平水等 5 个镇开展强镇扩权试点。同年底,浙江省推出"中心镇培育工程",评选出了 141 个中心镇,目标是"扩权强镇",通过政府推动、政策扶持、体制创新、市场运作,赋予特殊的事权与财权,激活中心镇的辐射和带动能力。同时,在全省范围内,将与中心城市毗邻的建制镇改为城区的街道建制,使一些郊区型建制镇并入了大中城市的城区。2007年,浙江省发布了《关于加快推进中心镇培育工程的若干意见》,提出了中心镇培育的目标:有重点地选择 200 个左右中心镇,分期分批进行全方位的培育,在全省形成一批布局合理、特色明显、经济发达、功能齐全、环境优美、生活富裕、体制机制活、辐射能力强、带动效应好、集聚集约水平高的小城市,并在附录中附上了培育中心镇的名单。[①] 到 2010 年,建制镇数量已经从原来的 1006 个减少到 730 多个(见图 2-4),其后逐渐趋于稳定。浙江人口城镇化率在"十一五"期间仍处于迅速提高的状态,这种人口城镇化率快速提高的态势必然引起产业经济和社会发展等多方面新的情况。

浙江省中心镇经济快速发展,规模迅速扩大。2010 年,浙江共有 334 个镇进入全国千强镇的行列。浙江省中心镇数量占建制镇总数的 1/5,但是总人口规模超过 1/3,农村经济总收入和财政总收入均占到 2/5。全省涌现出了一批镇区人口超过 5 万人、财政收入超过 5 亿元的大镇,共 51 个,这些镇普遍经济实力强、镇区规模大、设施相对完善,具有小城市的形态特征。2010 年,浙江平均每个中心镇总人口为 6.7 万人,平均每个中心镇建成区人口 3.2 万人,年均农村经济总收入 105 亿元,财政总收入 3.2 亿元。全省中心镇的数量占全省建制镇人口的比例为 27.5%,中心镇域面积占全省建制镇面积比例为 39.2%,中心镇人口占全省建制镇总数的比例为 61.2%,农业经济总收入占全省建制镇总量的比例为 48.8%,财政总收入占全省建制镇总量的比例达到 51.4%。根植于广大乡镇的民营经济,构成了浙江独树一帜的"块状经济",民营经济占浙江全省经济总量的大半江山。这种以"一镇一品"的产业集群为特征的经济,经过多年的滚动发展以后,壮大了当地的经济实力,促进了城镇建设,加速了人口向城镇集聚。[②] 图 2-5 比较了

---

① 浙江省人民政府:《关于加快推进中心镇培育工程的若干意见》(浙政发〔2007〕13 号)。
② 徐靓、尹维娜:《小城镇从"镇"到"市"发展路径——对浙江首批 27 个小城市培育试点镇研究小结》,《城市规划学刊》2012 年第 z1 期,第 216-222 页。

浙江省和全国的城镇化率。

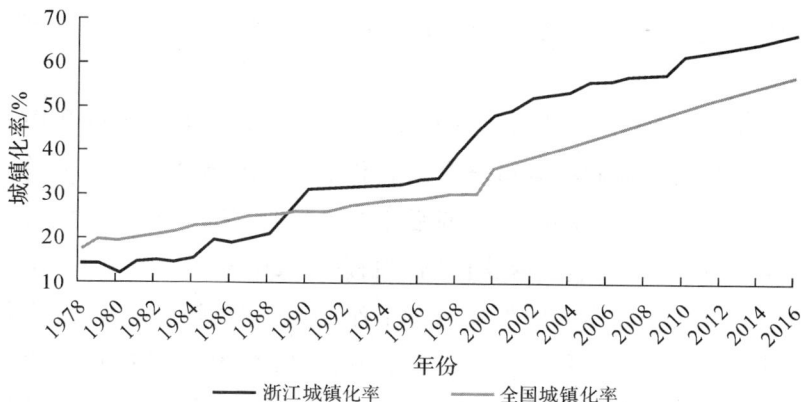

图 2-5 浙江省城镇化率与全国城镇化率比较

2010 年,浙江省发布了《关于进一步加快中心镇发展和改革的若干意见》,其中提出按照"自愿申报、审核批准、动态管理、绩效评价"的办法,在全省范围内选择一批人口数量多、产业基础好、发展潜力大、区位条件优、带动能力强的中心镇,积极开展小城市培育试点。[①] 这个文件标志着浙江省中心镇建设又迈上了一个新的台阶,决心探索符合浙江省情的新型城镇化道路。在此同时,浙江省开始推出小城市培育试点镇举措,希望能够解决"特大镇"的成长烦恼,但也继续推进中心镇的发展工作。2011 年 5 月,浙江省人民政府办公厅发布《关于印发 2011 年全省中心镇发展改革和小城市培育试点工作要点的通知》,强调重点抓好四个方面的工作:中心镇培育工作、全面实施小城市培育试点三年行动计划、加快推进体制机制创新和进一步加大工作推进力度。

浙江省小城镇建设在其后的城镇规划体系中也得到了体现。2011 年《浙江省城镇体系规划(2011—2020 年)》获得国务院批准,该规划强调以中心城市为主体,形成"三群四区七核五级网络化"的城镇空间结构,其中"五级"是指由长三角区域中心城市、省域中心城市、县(市)域中心城市、重点镇和一般镇构成的五级城镇体系。根据这个最新规划,浙江省范围内将形成长三角区域中心城市 4 座,包括杭州、宁波、温州和金华—义乌都市区核心

---

① 中共浙江省委办公厅、浙江省人民政府办公厅:《关于进一步加快中心镇发展和改革的若干意见》(浙委办〔2010〕115 号)。

区域;省域中心城市 7 座,分别为嘉兴、湖州、绍兴、衢州、舟山、台州、丽水;县(市)域中心城市 60 座左右;省级重点镇(中心镇)200 个左右;一般镇 400 个左右。[①]

2012 年,浙江省政府发布了《2012 年全省小城市培育试点和中心镇发展改革工作要点》,强调小城市培育试点和中心镇发展改革工作要着力加大有效投入、加快推进产业发展、不断强化要素保障、切实加强规划管理、规范完善公共服务和管理、继续深化体制机制创新;2013 年又发布了《2013 年全省小城市培育试点和中心镇发展改革工作要点》。在随后几年里,浙江省不断地推进小城镇建设工作,2014 年发布了《2014 年全省小城市培育试点和中心镇发展改革工作要点》,这些政策举措有力地加快了浙江小城镇的发展,提升了城镇化水平。

回顾浙江小城镇的发展历程,我们在每一个阶段都可以看到人口集中、产业集聚、功能集成、资源集约和农民就近城镇化的一些喜人报告。根据浙江省发展改革委的报告,浙江省小城镇发展迅速,基础投入也大大增加。仅 2014 年度就完成统筹城乡建设类投资 1210 亿元左右,其中城市功能提升项目 256 亿元、城市综合体项目 318 亿元、小城市中心镇项目 353 亿元、"美丽乡村"和新农村项目 285 亿元。[②] 可以看到通过城镇化改革,浙江原先的一些小城镇迅速发展,有些小城镇甚至具备了中等城市的规模,城镇化率逐年提高。据统计,2014 年浙江省城镇化率达到 64.9%,高于全国平均水平(53.7%)(见图 2-6)。但总体来看,浙江省城镇化水平目前处于发展的瓶颈期,与工业化发展水平相比仍明显滞后,仍低于发达国家 80% 以上的城市化率。

然而,浙江省小城镇发展仍面临一些十分严峻的问题,主要原因在于历史欠账多,大多数小城镇的规划、建设、管理和生活品质仍亟待提升;许多小城镇目前仍处于一种相对盲目的建设状态,缺乏科学的规划,基本在复制大中城市的发展模式;过多地强调规模的扩张,空间尺度非常大,"摊大饼"现象仍非常普遍;唯 GDP 意识强烈,争相上大项目,搞大建设;缺乏对自身特

---

① 浙江省住房和城乡建设厅:《浙江省城镇体系规划(2011—2020)》,2011 年。
② 浙江省发展和改革委员会:《关于浙江省 2014 年国民经济和社会发展计划执行情况及 2015 年国民经济和社会发展计划草案的报告(摘要)》,《浙江日报》2015 年 1 月 30 日,第 8 版。

色的认知,缺乏对小城镇的真正理解;工作方式仍沿用传统的行政思维,缺乏城市长远发展的思想,急功近利现象突出。因此,对于新型城镇化的发展方式,我们仍需要进一步地思考。

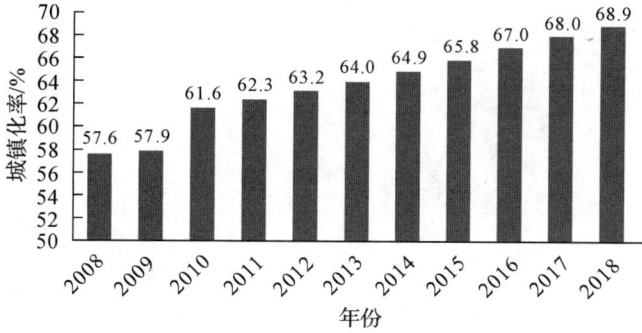

图 2-6 2008—2018 年浙江省城镇化率

实践篇

第三章　浙江小城市培育试点工作与类型

2010 年 12 月,在国家倡导新型城镇化的背景下,浙江省率先开展了小城市培育试点工作,在全省选择了 27 个镇作为小城市培育试点,基于浙江省域城镇化均衡发展的目标,虽然一些经济发达、城镇密集的地区试点镇数量相对较多,但是,总体来说每个地区均有小城市培育试点镇。选择小城市培育试点镇的目标是加快推进小城镇人口集中、产业集聚、功能集成、要素集约,努力把试点镇培育成为产业特色鲜明、生态环境优良、社会事业进步、功能设施完善的现代化小城市,走出一条具有浙江特色的新型城市化路子。

第一节　浙江小城市培育试点的探索与实践

2010 年,浙江省政府咨询委员会成立了小城市培育试点课题组,专门研究在"强镇扩权"的基础上,进一步推动中心镇向小城市转变的相关问题。2010 年 12 月,浙江省人民政府办公厅发布《关于开展小城市培育试点的通知》,决定在重点扶持 200 个中心镇的基础上,各县市择优选取各方面条件较好的城镇,开展小城市培育试点工作。在全国,这是小城市培育试点工作的首创。该通知指出,在未来三年投资总额将达 1350 亿元,按照"小城市试点要制订三年行动计划,做到一年一个样、三年大变样"的工作要求,通过政府推动、投资拉动、改革促动,到 2015 年,实现首批 27 个小城市培育试点镇由"镇"向"城"的跨越,明确主要任务是制订完善小城市规划、着力提升小城市功能、大力发展小城市经济、加快集聚小城市人口和全面提升小城市管理水平。[①] 2010 年 12 月,浙江省发展改革委、省编委办、省法制办联合出台了

---

① 《浙江省人民政府办公厅:关于开展小城市培育试点的通知》(浙政办发〔2010〕162 号),2010 年。

《浙江省强镇扩权改革指导意见》,以推动中心镇在扩权改革过程中,理顺权责关系、创新管理体制、增强服务能力、推进政府职能转变。① 与此同时,浙江省财政厅和省发展改革委发布了《关于省小城市培育试点专项资金管理若干问题的通知》,明确小城市培育试点专项资金的分配方法和程序,以解决专项资金的问题。② 小城市培育试点探索出了一条解决"特大镇"成长烦恼的新路子。

2014年3月,浙江省在第一批小城市培育试点的基础上,开展扩围工作,新增16个新的小城市培育试点,包括建德市乾潭镇等9个中心镇和淳安县千岛湖镇等7个县城,它们被赋予与县级政府基本相同的经济社会管理权限,获得建设专项资金、财力分配倾斜、建设用地、信贷、人才等方面的支持,以加快浙江的新型城镇化建设。同时浙江省发布了《2015年全省小城市培育试点和中心镇发展改革工作要求》,以推动小城市培育试点工作的有序进行。

2016年12月,浙江省人民政府办公厅发布《关于公布第三批小城市培育试点名单的通知》,③在第一批小城市培育试点、第二批试点扩围的基础上,将杭州市萧山区临浦镇等24个中心镇和省级重点生态功能区范围的磐安县县城等2个县城列入第三批小城市培育试点名单。这样,浙江省小城市培育试点总数达到了69个,含重点生态功能区。省政府要求小城市培育试点单位编制新一轮三年(2017—2019年)行动计划,要求所在县(市、区)指导试点单位科学规划小城市定位,激发试点单位发展内生动力,出台相关举措,扎实推进小城市培育试点工作,提供典范作用。

浙江省小城市培育试点目前进行了三轮,第一轮是从2010年起,在200个省级中心镇中择优27个镇开展试点;第二轮从2014年起,试点类型

---

① 浙江省发改委、省编委办、省法制办:《浙江省强镇扩权改革指导意见》(浙发改城体〔2010〕1178号)。

② 浙江省财政厅、省发改委:《关于省小城市培育试点专项资金管理若干问题的通知》(浙财建〔2010〕353号)。

③ 浙江省人民政府办公厅:《关于印发2011年全省中心镇发展改革和小城市培育试点工作要点的通知》(浙政办发〔2011〕52号);《关于印发2012年全省小城市培育试点和中心镇发展改革工作要点的通知》(浙政办发〔2012〕33号);《关于印发2013年全省小城市培育试点和中心镇发展改革工作要点的通知》(浙政办发〔2013〕47号);《关于印发2014年全省小城市培育试点和中心镇发展改革工作要点的通知》(浙镇培〔2014〕2号);《关于公布小城市培育试点扩围名单的通知》(浙政办发〔2014〕43号);《关于公布第三批小城市培育试点名单的通知》(浙政办发〔2016〕168号)。

从单一的中心镇扩大到重点生态功能区县城,试点数量增加到 43 个,其中 36 个为省级中心镇,7 个为重点生态功能区县城;第三轮是从 2017 年起,试点工作更加注重扩面提质,新增了 24 个中心镇和 2 个重点生态功能区县城作为试点。这样,小城市培育试点总量为 68 个(原为 69 个,龙港镇已通过小城市培育试点,于 2019 年 9 月"撤镇设市"),其中中心镇 59 个、重点生态功能区县城 9 个。

浙江省小城市培育试点工作成效明显,首批小城市培育试点经过"三年行动计划"以后,城镇面貌有了质的提升。绝大多数的试点镇干部和市民认为"这几年城镇变漂亮了、变清洁了,现在有城市味道了";幸福指数也有明显提升,"我们现在很幸福,政府做了大量好事"。具体的变化主要表现在以下几个方面:

第一,城镇格局、城镇面貌和城镇形象迅速蜕变。这些小城市培育试点镇给人的第一个直观印象是整洁、有序、美观,改变了传统城镇"脏乱差"的形象。城市形态初现,城市路网系统、建筑立面、公共空间有了巨大的改观,尤其是主要街道、主要区域和主要场所。

第二,城镇建成区规模、人口、产业和社会管理上了一个台阶。小城市培育试点镇的建成区规模明显扩大,公共配套设施如文体中心、学校、医院、养老中心、公共服务中心、博物馆、规划展示馆等有了增加,商品公寓迅速涌现;城镇常住人口有了显著增长,城镇化率高。城镇经济增长势头良好,大多数试点镇的地区生产总值逐年增长,财政收入也在相应地增长。生产总值超百亿元的城镇数量增加明显。产业结构进一步优化,第一、二、三产业之间的比例渐趋合理,第三产业比例得到提升。居民的生活水平有了明显的提高,小汽车拥有量快速增加,早晚高峰道路的交通流量趋于饱和。

第三,实现了由"乡镇"到"城市"的转变。这主要体现在两个方面:一是行政管理者观念的变化,二是常住居民观念的变化。一些小城镇的行政管理者通过小城市培育试点工作,城市管理意识明显地增强,工作重心开始从"乡镇"转到"城市"。通过几年的实践,他们理解了城市工作的特点,"城市工作主要是规划、建设和管理,相比较而言,规划最容易,建设有些难,但最难的是管理","应该由重建设转变到重管理,才能解决小城市的特色问题"。而对于常住居民来说,在感受城市化快速推进的同时,也感受到了自身生活方式的变化。"我们没地可种,现在已经不是农民了",他们住进了楼房,享用了现代城市公共基础设施，出入使用小汽车，生活闲暇，也去参与广场舞了。我们做过的抽样调查（崇福镇居民满意度的调查）也说明了这种观念的转变，居民对于居住城镇有非常高的认同度，有较高的满意度，有了"城市家园"的观念。

第四，小城市治理迈出了新的步伐。在小城市培育试点工作中，"强镇扩权"是一个最大的亮点。一方面，县级政府把涉及社会民生的大多数经济社会管理事项和行政执法事项都下放到试点镇，而行政审批、就业保障、行政执法和应急维稳平台的建设也大大提高了办事效率，降低了小城镇居民的办事成本；另一方面，为了顺利推进试点工作，试点镇都实施了"综合执法"，在"四边三化""五水共治""三改一拆"等专项行动中发挥了重要作用。

第五，重视城市建设与历史人文环境保护。这些小城镇培育试点把城市建设与一系列的专项活动相结合，推进了小城镇环境建设。现在这些试点镇环境状况大大改善，道路美化了，河道清澈了，街区整洁了，公共空间靓丽了。这些试点镇的整体形象也有了较大的改观，一方面小城镇展现了自然环境的魅力，另一方面小城镇的居住环境、生活环境变得更舒适了。对于历史街区和传统建筑，试点镇普遍有了强烈的文化遗产保护观念。例如，余杭塘栖镇、富阳新登镇、桐乡崇福镇、德清新市镇、宁波江北区慈城镇、象山石浦镇、义乌佛堂镇、永康古山镇等，几乎都存在具有历史文化保护价值的片区。这些试点镇大多确定了保护优先的原则，有些小城镇还做了一些保护性开发，有些则确定"先维持现状，保持不变，再求保护改造"的原则，"根据目前财力，不再拆迁新建，能保则保"，历史文化遗产显然已经成为小城镇可持续发展的一种重要资源。

第二节　浙江小城市培育试点镇的模式类型

浙江小城市培育试点镇的分布呈现出不均衡性，经济发达地区和沿海地区的小城市试点镇比较密集，而西部、南部山区和海岛则比较稀少。其实，这也与传统小城镇的传统分布存在关联。目前，浙江的69个小城市试点镇的大致分布是，杭州、宁波和温州三市均有9个；嘉兴和湖州两市分别有7个和5个；台州和绍兴两市分别有6个和5个；金华和衢州两市分别有

6 个和 5 个;丽水和舟山两市分别有 5 个和 3 个。由于地理差异、区位因素、经济发展程度和历史文化原因,在不同区域的小城市培育试点镇虽然经历了相似的城镇化进程,但发展类型是有差异的。事实上,我们对于小城镇可以在理论上做出模式类型的区分,通常根据不同的标准做出不同的分类。例如,2015 年 9 月,浙江省发展改革委把浙江小城市培育试点镇分成以"民资建城"的"横店模式"、"产城融合"的"织里模式"、"小县大城"的"云和模式"、"建管并重"的"柳市模式"、"古镇新城"的"塘栖模式"、"以人为本"的"店口模式"、"生态主导"的"开化模式"和"均衡发展"的"姚庄模式"等 8 种典型模式,认为这 8 种模式可以为全省乃至全国小城市培育提供可复制、可推广的宝贵经验。其后,又增加了"大城市辐射"和"内生自发"等 10 种经典模式。每一种分类虽然都有一定的合理性,但并不能完全符合一个特定小城镇的发展特点,要复制模式会存在很大的困难。在此,我们对浙江省小城市培育试点镇的模式类型做一些考察,以认识这些小城镇的发展模式类型。

一、平原型、海岸(海岛)型和丘陵山地型小城镇

从小城镇的地理区位来划分,浙江省小城市培育试点镇大致可以分为"平原型、海岸(海岛)型、丘陵山地型"三种类型。在杭嘉湖平原、宁绍平原、温台平原,分布着数量众多的小城镇,人口密度高,历史文化悠久,经济实力强。例如,杭嘉湖平原的塘栖镇、姚庄镇、王江泾镇、崇福镇、织里镇、练市镇、新市镇;宁绍平原的瓜沥镇、周巷镇、慈城镇、泗门镇、钱清镇;温台平原的杜桥镇、金清镇、泽国镇、楚门镇、柳市镇、塘下镇;等等。平原型小城镇土地肥沃、水利条件好,农业优势明显;土地平坦、交通相对便利;与周边城市相距较近,易于进入城市网络;历史文化悠久,小城镇基础设施相对较好。

海岸(海岛)型小城镇大多有着良好的港口或海洋资源,所谓"靠海吃海"。浙江省有很长的海岸线,沿海小城镇大多具有良好的海洋经济优势:一是港口资源;二是滩涂资源;三是渔业休闲等资源。例如,舟山的金塘镇、六横镇,宁波的宁海西店镇、象山石浦镇,台州的杜桥镇、金清镇、玉环镇,温州的鳌江镇、龙港镇,等等。当然,海岸型小城镇也存在着明显的劣势,例如与内陆城市联系不紧密,交通相对不便,产业相对单一,容易形成发展瓶颈。

丘陵山地型主要是指处于丘陵或山地的内陆小城镇,在浙江省南部、西部和中部的内陆腹地,存在不少的小城镇,这些小城镇远离海洋港口,区域

相对封闭,但随着浙江省高速公路、高速铁路以及其他路网系统的构建,内陆型小城镇也获得了快速的发展。例如,富阳新登镇、桐庐分水镇、建德乾潭镇、东阳横店镇、义乌佛堂镇、永康古山镇、缙云壶镇镇、江山贺村镇、开化城关镇、泰顺罗阳镇、文成大峃镇、云和县云和镇、景宁鹤溪镇、庆元松源镇、淳安千岛湖镇等。

二、政府主导型、市场主导型和混合型小城镇

从小城镇发展的驱动力来分,浙江小城市培育试点镇可以分为"政府主导型""市场主导型"和"混合型"三种类型。浙江省第一、第二批小城市培育试点镇及其他小城镇的发展大多数属于政府主导型,虽然相当一部分小城市培育试点镇有自己的功能定位(具体见附录三和附录四),但是,这些试点镇大多是在政府政策推动下快速发展起来的。"政府主导型"的小城镇容易调动大量资源要素,快速推进新型城镇化的发展步伐。在政策红利、行政支持、要素配置、资金扶持、项目落实等方面,政府的引导作用是十分明显的。

"市场主导型"小城镇则主要依靠市场力量配置有关城市发展要素,聚集人口和产业,并逐步营造城市发展空间。这一类型的小城镇在发展初始阶段往往是自发的,也即通过市场力量来撬动社会力量,进而推动小城镇的快速发展。纯粹市场主导型发展的小城镇类型比较少,相对典型的是苍南龙港镇、吴兴织里镇和东阳横店镇。龙港镇在 20 世纪 80 年代利用民间集资的方式开启了城镇化的进程;织里镇利用童装产业及市场而逐渐壮大;横店镇则在 90 年代初通过企业化运作,逐渐打造了一个成功的影视城,为其后小城镇的发展奠定了基础。

"混合型小城镇"类型是最普遍的形式,特别是第一、第二批小城市培育试点镇大多是工贸重镇,既充分发挥政府力量,又利用市场力量,通过民办企业、集贸市场突围传统市场领域,并在全国市场中占有重要份额,推动小城镇的腾飞发展。例如,乐清柳市镇、诸暨店口镇、温岭泽国镇、玉环楚门镇、萧山瓜沥镇、慈溪周巷镇、绍兴钱清镇、桐乡崇福镇、嘉兴王江泾镇等。其他相当一部分的小城镇发展也属于混合型,既有政府的引领,又有市场力量的推动。

三、农业型、工业型、专业市场型(商贸型)和旅游型(文化产业型)小城镇

根据产业功能来划分,浙江省的小城市培育试点镇大致可以划分为农业型、工业型、专业市场型(商贸型)和旅游型(文化产业型)几个类型。

农业型小城镇曾经是浙江大多数建制镇的基本模式,但在 69 个小城市培育试点单位中,基本没有单纯的农业型城镇。浙江经济强镇最典型的发展类型是工业型小城镇,例如,萧山瓜沥镇、吴兴织里镇、诸暨店口镇、温岭泽国镇、临海杜桥镇、乐清柳市镇、瑞安塘下镇、缙云壶镇镇等,平均完成工业生产总值在 100 亿元以上,工业化程度相对较高。其中,萧山瓜沥镇的工业实力是非常强的,拥有"中国花边之乡、中国化纤织造名镇、中国制镜之乡、中国装饰卫浴基地、中国门业之乡、中国浴柜之乡"的称号;诸暨市店口镇的铜加工制造业非常有名,是全国知名的五金管业生产基地;乐清市柳市镇在低压电器制造方面出类拔萃,闻名遐迩。这些小城市培育试点镇大多建有工业园区,工业企业集群发展,形成了"以工兴城"的工业型小城镇。

专业市场型(商贸型)小城镇是浙江省最为突出的一种现象,一个小城镇的专业市场在全国乃至世界都具有相当大的影响。这类小城镇一般位于传统商品集散地和集市贸易区,拥有相对优越的区位条件、产业基地和便利的交通,市场体系发育相对完善,通过数年的发展,形成一个或几个专业市场和市场群落。通过市场纽带,这些小城镇能够辐射区域或全国,也是专业市场的强大活力促成了这类小城镇的快速成长。2010 年,浙江省共有各类专业市场 4235 个,全年商品市场成交额近 5 万亿元,交易规模巨大,年成交额超亿元市场达 633 个。例如,吴兴织里镇的童装城、嘉兴崇福镇的皮草城、嘉兴秀洲区王江泾镇的中国南方纺织城、绍兴钱清的化纤原料城、慈溪周巷镇的中国食品市场、台州临海杜桥的眼镜城、乐清柳市的低压电器城、瑞安塘下镇的汽摩配市场、永嘉桥头镇纽扣市场等,这些专业市场不仅带旺了小城镇的人气,而且也带动了地方民营企业的发展。浙江还有"全球最大的小商品批发基地""亚洲最大的轻纺集散地""中国最大的五金之都"等。

旅游型(文化产业型)小城镇是在改革开放以后涌现出来的一种新类型。在经济社会快速发展的过程中,旅游资源的挖掘与开发成为一些小城镇弯道超车的重要手段。这类小城镇因其所具有的独特自然资源和历史文

化资源,能够吸引大量游客,进而带动消费和服务业的发展,文化产业型的发展可以说是异军突起。例如,自然资源得天独厚的淳安千岛湖镇、象山石浦镇、舟山普陀区朱家尖镇;以自然景观见长的旅游型小城镇,如奉化溪口镇、永康方岩镇;以历史文化资源为特征的旅游型小城镇,如湖州南浔镇、桐乡乌镇、嘉善西塘镇、海宁盐官镇、宁波慈城镇、余姚梁弄镇、舟山普陀镇、富阳龙门古镇等。其中,东阳横店镇是一个典型。

四、城郊型和卫星型小城镇

从城市空间体系分布来说,浙江省小城市培育试点镇也可以分为"城郊型"和"卫星型"两种类型。城郊型小城镇一般指近郊镇,这些城镇基本上位于大城市周边,与大城市空间距离较近,能够承接大城市的溢出效应,这些城郊镇在未来可能会成为大城市的一部分。例如,萧山的浦沿镇、长河镇和西兴镇,余杭的三墩镇、九堡镇、下沙镇先后被并入杭州;宁波市的高桥镇、古林镇、集士港镇和邱隘镇也有这种趋势;而温州、嘉兴、金华等城市存在同样的城郊镇情况。在小城市培育试点镇中,像塘栖镇、瓜沥镇、织里镇、王江泾镇、慈城镇也属于这种类型,而新登镇、分水镇、崇福镇、新市镇、杜桥镇、泽国镇、横店镇、佛堂镇、贺村镇、古山镇等也有相似的性质。而卫星镇通常是一种远郊镇,这些城镇分布于行政区内相对边远的空间里,与大城市的联系并不紧密,有相对的独立性。例如,宁波市所列的卫星镇,包括余姚泗门镇、慈溪观海卫镇、奉化溪口镇、宁海西店镇、象山石浦镇和鄞州集士港镇。

除了上述小城镇模式类型划分以外,现在还有许多其他的划分方法,例如,以要素来划分,有共享发展型、就地转移型、民资驱动型和土地改革拉动型等,但综合来看,浙江大多数的小城镇并不能严格地归于某一类型,即便小城市培育试点镇也有着一些综合的功能,可以说,混合型占了绝大多数。例如,有些工业型小城镇也有专业市场、历史文化资源、旅游资源,市场型小城镇也有工业企业、文化产业、历史文化资源;同样,其他类型的小城镇也兼有其他模式类型的一些特征。当然,不管从什么角度归类,这样的分析有利于我们把握小城镇发展的趋势、规律和特点。

第四章　浙江小城市培育试点镇样本分析

经过最近几十年的发展,浙江小城镇已经逐渐形成了一些有特色的发展模式,虽然这些发展模式不是完美的,也许是难以复制的,但是,这些发展模式样本仍具有一定的分析意义和参考价值。我们选取浙江省一些独具特色的试点镇作为分析样本,主要以地理区位作为大板块,分平原型城镇、丘陵山地型城镇和海岸(海岛型)城镇三大类,兼顾小城镇的功能特征,考察这些小城市试点镇发展模式的形成、主要特色、存在问题以及发展前景。

第一节　平原型城镇

一个区域的城镇发展与自然环境存在紧密的关系,平原型城镇与丘陵山地型和海岛型城镇相比具有明显不同的特点。浙江省有杭嘉湖平原(杭州、嘉兴、湖州)、宁绍平原(宁波、绍兴)和温台平原(温州、台州),这些平原通常地势低平、河网密布、港汊纵横,有"水乡泽国"之称。在这些区域,自古以来因水利之便,农田肥沃,人民勤劳,物产丰富,又被称为"鱼米之乡"。在这些平原地带,早就有人类择水而居,其后形成了大大小小的居住城镇。在相当长的历史时期里,这些城镇由于自然资源和交通的阻滞,规模不大,居民不多,建筑形态单一,发展缓慢。进入现代社会以后,制约平原型城镇发展的条件逐渐被克服,新型城镇不断涌现。然而,就城镇形态而言,平原型城镇如果缺乏规划设计,容易形成呆板凌乱的空间格局,难以塑造理想的城市空间。

一、卫星型——塘栖镇

塘栖镇位于杭州市北缘,与湖州市德清县接壤,距杭州市中心约 20 公里,距余杭区政府所在地临平约 13 公里。京杭大运河穿镇而过,使塘栖镇成为苏、沪、嘉、湖的水路要津,也成为杭州的水上门户。塘栖水陆交通十分便捷,申嘉湖杭高速公路穿镇而过,S304 省道、京杭运河东西向贯穿全镇,塘康公路、拱康路、圆满路延伸段可以直通杭州,水上巴士可以直达武林门。现辖 27 个村、7 个社区,总面积 79 平方公里。2012 年,建成区常住人口总量达到 5.8 万人。

塘栖镇历史文化悠久,是浙江省首批 27 个小城市培育试点城镇之一。塘栖镇围绕"江南水乡历史文化名城、杭州湾先进机械设备制造基地、杭州都市区宜居宜业新城"三大功能定位,以"繁荣运河水乡文化,复兴塘栖千年古镇"为总体发展目标,明确了"一湖、双城、多轴、多片"的城市总体布局和用地布局,实施了综合交通、市政工程、历史文化保护等各专项规划,大力构建"一体两翼"的发展格局,打造一个产城融合、新旧共生、宜居宜业宜游的"江南佳丽地、塘栖品质城"。

塘栖镇在经济转型升级、城乡统筹发展、社会管理创新方面全力攻坚,大力发展实体经济,加强工业园区建设,促进金属制品、蜜饯食品、农药化工、针织服饰四大优势产业发展,提升丝绸、服装、建材等传统产业,培育以汽配、机械机电、电子、包装为主的新兴产业。2013 年,塘栖镇各项经济和社会发展指标完成情况在所有小城市培育试点镇中名列前茅,完成地区生产总值 71.8 亿元,同比增长 15.56%,目标完成度 110.8%;财政总收入 12.06 亿元,同比增长 13.45%,完成目标度 105.79%;城镇居民人均可支配收入 4.01 万元,同比增长 11.01%,目标完成度 111.29%。

塘栖镇发展模式主要有以下几个特点:一是老城保护与新城开发并重。围绕"历史与未来共生"的建设理念,全力实施运河综合保护和开发利用,配合杭州市政府开展京杭大运河申遗工作,围绕运河建成四大特色街区。二是产业与城市共进。坚持城市化与工业化互动发展,加快优化产业布局。按照"一湖双城多轴多片"的城市规划布局和"盘活存量,优选增量"的产业推进战略,实现产城融合。三是规划与建设同步。注重规划引领、形态优化、设施改善、管理提升的协同推进,加快城市基础设施和公共服务设施建设,显著提升城市公共服务功能。四是文化与节庆共荣。以"京杭运河文旅休闲之城"为金名片,深入挖掘古镇文化和运河文化,打造"塘栖枇杷节"和"超山梅花节"两大节庆品牌,节庆旅游得到快速提升,"中国杭州塘栖枇杷节"成为浙江省最具影响力的十大农事节庆活动之一。

然而,塘栖镇的发展也存在以下一些问题需要解决:一是小城市定位有待进一步明晰。塘栖镇是历史文化名镇,如何抓好城市特色发展是一个重大的问题,需要正确地处理好历史文化、运河遗产、田园风貌、湿地资源、低丘山地资源及水网之间的保护与开发关系。二是工业转型压力仍较大。塘栖工业园区还有不少"低小散"、高能耗、重污染的企业,部分化工产业尚未完全退出。三是与主城融合度有待提升。塘栖镇与杭州市主城区和临平副城区虽然空间距离较近,但对外交通体系尚未健全,有效融合度不高。

二、均衡发展型——姚庄镇

姚庄镇位于长江三角洲腹地,浙江省嘉善县东北部,江、浙、沪两省一市交界处,东与上海市金山区、北与青浦区接壤,西北与江苏省苏州市吴江区隔河相望,是浙江省接轨上海的第一站。姚庄也称姚庄桥。1994 年 12 月,撤乡建镇,称姚庄镇。2009 年,姚庄镇与丁栅镇合并。全镇区域面积 75 平方公里,辖 18 个行政村和 4 个社区居委会。2012 年,全镇户籍人口 4 万人,城镇人口 3.5 万人,其中新农居 2.5 万人。

姚庄镇地势平坦,土地肥沃,气候温和,四季分明,是杭嘉湖平原"鱼米之乡"的一部分。姚庄历史文化悠久,拥有省级文物保护单位大往圩遗址,县级文物保护单位莲花禅寺和净土桥凉亭。这一带有马家浜、崧泽、良渚、马桥四个时期的文化层,6000 多年前已有人类在此繁衍生息。大往圩是太湖流域早期文明的发祥地之一。

有史以来,姚庄一直是传统意义上的农业小镇,农作物以水稻为主,辅之以其他农副业。近些年来,重点推进高效农业、精品农业和生态农业,逐渐形成了黄桃、蘑菇、番茄、甲鱼、芦笋种植为主的特色精品农业产业。以"绿色食品"锦绣黄桃为主的果树面积达到 6.67 平方公里,种植面积居全国之首,是中国最大的鲜食黄桃生产基地之一,有"浙江省黄桃之乡"之称。绿色蘑菇栽培面积 1.858 平方公里,栽培面积名列全省乡镇前茅,是"中国蘑菇之乡"。大棚蔬菜栽培面积 3.33 平方公里,产品进入上海蔬菜市场,成为名副其实的上海大都市"菜园子"。

在经济领域,姚庄镇的工业发展起步是比较晚的。凭借着以上海为中心的长三角城市群核心区的区位优势,姚庄镇承接上海大都市辐射带动作用特别明显,在产业、项目、人才、信息等各个方面都有得天独厚的条件。1998 年,姚庄工业园区建成,总占地面积 11.3 平方公里,10 多年来,吸引各类投资项目 200 多个,总投资达到 70 亿元,其中引进来自日本、欧美等国家和地区的外资企业 76 家,总投资达 6 亿美元,创造了产业集聚效应。2013 年,全镇完成规模以上企业产值 168 亿元,同比增长 15.9%;实现一般财政预算收入 5.1 亿元,同比增长 11.5%,地方财政收入 2.1 亿元,同比增长 15.5%。产业发展带动新增就业岗位 625 个,共计吸纳本地居民和新居民就业 2.4 万人。

以"两分两换"为抓手,开展城乡统筹建设。姚庄镇是嘉兴市"两分两换"的试点,即宅基地与承包地分开,搬迁与土地流转分开,以承包地经营权换股、换租、换保障,推进集约经营,转换生产方式,以宅基地使用权换钱、换房、换地方,推进集中居住,转换生活方式,加快城乡一体化进程。姚庄镇按照"一次整体规划、分期分批建设、逐步完善功能"的总体要求,引导农户自愿永久放弃农村住房、非住宅房屋和附属物,置换到新市区规划区内 0.98 平方公里的城乡一体新社区桃源新邨居住。另外,启动丁栅、俞汇两个副中心城乡一体新社区建设,城乡一体化建设取得成效。

2010 年,姚庄镇作为首批小城市培育试点镇之一,在第一轮小城市建设过程中,三年指标任务总体完成度达 148.8%。与其他试点相比较,姚庄镇有以下几个不同的特点:

第一,充分利用上海溢出效应,加快新兴工业的发展。姚庄镇紧靠上海,申嘉湖高速、沪杭高速公路、沪杭铁路和 320 国道等区域交通贯穿镇域,交通便利,工业园区建设吸引来自上海的人才。全镇 90% 以上的外资项目、80% 以上的人才和 70% 以上的三产项目直接从上海引进,有接近 200 名高端人才和高层次管理人员"居住在上海、工作在姚庄"。目前,姚庄镇有规模以上台资企业 64 家,合同利用台资 3.57 亿元,实际利用台资 2.63 亿元。姚庄镇以此形成了以太阳能、精密机械、汽车配件、电子元件、运动器材、复合面料、皮革服装、食品加工为主的特色产业。

第二,充分利用小城市试点机遇,提升城市服务功能建设。姚庄镇已实现了镇内 20 分钟交通圈的愿望,便利社区居民的生活。开展"1+2"城乡一体新社区建设,"1"是指在姚庄镇的桃源新邨建设,"2"是指丁栅、俞汇两个副中心的城乡一体新社区建设。与此相关,在社区一公里范围内配套建设中小学校、医院、大型超市、银行和农贸市场等。围绕"小城市"建设,加强现代服务业建设。先后投入 4 亿元,建设完善中小学、市民广场、文体中心、养老中心等一批城市公共服务设施,加强城市服务功能。大力发展总部经济、楼宇经济、北部乡村旅游业等现代服务业,提出小城市整体经济功能建设。

第三,强镇扩权,提高为民服务水平。嘉善县先后出台《关于扩大姚庄镇经济社会管理权限的通知》和《嘉善县姚庄镇行政管理体制改革方案》,按照"宏观决策权上移,微观管理权下移"的原则,有关产业发展、城市建设、社会管理、市场监管、公共服务等事权下移,姚庄镇可以依法行使县级行政管理权限;一般预算收入分成比例、财政收入超收返还、规费和土地出让金留成等方面向试点镇倾斜,增强试点镇社会管理和公共服务能力。在机构设置上,减少行政审批层级,建设公共服务型政府,提高公共服务水平。

姚庄镇在小城市培育试点镇建设方面存在的主要问题与应对策略:

第一,要注重规划引领,着力体现小城市特色。姚庄镇建成区空间分散,除了姚庄镇区,还有丁栅和俞汇两个副中心,三者存在一定的空间距离,但人口集聚程度都不高,规模都偏小,公共服务配套不足。要解决这一问题,要以规划纲领为指导,提升小城市的魅力,把姚庄建设成"小、精、特、强、美"的浙江临沪宜居宜业现代田园新城。

第二,要注重平台建设,着力促进产业韧性发展。加快建设 12.8 平方公里的嘉善临沪新区大平台,目前正着力推进 5 平方公里核心区建设,其中 3.6 平方公里为光伏产业园,浙江昱辉阳光能源有限公司占地近 0.67 平方公里。面对市场形势波动,政府出台一系列支持企业的政策,提供"保姆式"服务,增强工业经济应对市场变化的韧性发展,使小城市经济可持续发展。

第三,要注重要素保障,着力破解发展难题。小城市建设存在土地、资金、人才、管理等方面的诸多难题,要采取灵活多样的手段,寻求科学的方式,去破解城市建设中存在的问题。在建设用地上,争取扩大容量,盘活存量,在集约用地上做文章;在资金问题上,除优化财政保障机制以外,合理使用资金;做好投融资改革,增强融资能力;在人才问题上,引进与培养相结合,以实用人才来解决人才不足问题;在管理问题上,要建立"能上能下"的用人机制,采用灵活的分配制度,激励和优化人员配置,打造一支高素质的管理队伍。

三、工贸型——王江泾镇

王江泾镇是一个千年运河古镇,地处江浙两省交界处,位于上海、杭州、太湖三个经济圈的交会点,北与江苏省苏州吴江盛泽镇一桥相连。王江泾镇区域面积 127.3 平方公里,下辖 33 个行政村,8 个居民委员会,总人口约13 万人,其中户籍人口 8 万人,新居民 5 万多人。

明末清初时,王江泾就被誉为江南四大名镇之一。改革开放以后,王江泾镇这一带农户开始从事织造生产,并逐渐形成一定规模。1988 年 5 月,王江泾镇"南方丝绸市场"正式开业,为周边 10 多个乡镇、5 万余台织机及江浙地区轻纺业提供服务。1993 年,扩建市场新区,1998 年市场成交金额达 3.3 亿元。2009 年,王江泾镇升级建成"嘉兴·中国南方纺织城",成功举办"嘉兴·中国南方纺织交易会"。随着纺织业的转型升级,王江泾镇在国内领先实现了织造无梭化。无梭织机分喷水、喷气、剑杆、片梭大提花四大类。全镇拥有无梭织机 2 万多台,而在 1998 年底全镇仅有 100 台左右。目前,全镇拥有 6000 多家民营企业,已形成纺织、化纤、印染、植绒、箱包、注塑等产业链,其中纺织业是支柱产业,占经济总量的 90%。2015 年,全镇实现地区生产总值 69.6 亿元,同比增长 6.5%;完成财政总收入 8.2 亿元,其中税收收入 7.3 亿元,同比增长 8%。全镇规模以上企业 129 家,全年销售收入超亿元企业 38 家,实现规上工业总产值 154.8 亿元。纺织产业占工业总产值的 66.1%,智能家居产业占工业总产值的 23%。

作为浙江省首批 27 个小城市培育试点镇之一,王江泾镇围绕打造"中国智能家居城、江南湿地生态城、浙北运河旅游城"总体目标,全面实施"一区一带一路一园"工程,积极推进水乡生态现代田园小城市建设。

王江泾镇小城市培育试点的主要做法有:一是吸引社会资金参与建设小城市。通过成立专门班子,推出专门项目、开展专场招商等方法和途径,吸引各类资金进入城镇,推进小城市建设。二是突出科技创新,加快产业提升步伐。2012 年,王江泾镇依托"嘉兴·中国南方纺织城",以纺织业公共技术服务平台为中心,建设研发中心、检测中心、电子商务中心等"三大中心",以科技创新促转型升级。三是强化产业转型,夯实小城市发展基础。优化提升纺织产业,注重产品结构调整、产业集群发展和品牌创新,积极培育新兴产业,重点发展机械、家具等先进制造业,推进服务业的发展。当然,王江泾镇的试点镇建设也面临着一些挑战：一是纺织业技术相对落后，产业转型升级形势依然严峻。虽然纺织产业在全镇经济中占有重要比重，但其单一性也面临重大风险，在经济下行时期，同业竞争激烈，情况尤其明显。新兴产业发展速度慢、占比低，难以在短时期内提升地位。二是建成区距离嘉兴主城区近，难以建成独立的小城市空间。三是文化资源有待进一步挖掘。王江泾镇有深厚的文化积淀、丰富的水资源，需要大力拓展文化旅游、文化创意和水乡特色产业，彰显南方小城市独特魅力。

四、工贸型——崇福镇

崇福镇位于杭嘉湖平原的中心区域，浙江省桐乡市西南部，距离杭州市区 50 公里、嘉兴市区 60 公里。京杭大运河、320 国道横贯镇区，沪杭高速公路跨越南部区域。崇福镇历史悠久，是一座有着 6000 多年文明史和 1100 多年建镇史的江南古镇。全镇总面积 100.14 平方公里，常住人口 10.3 万人，建成区户籍人口 5.2 万人，外来常住人口达到 3.5 万人，镇区常住人口集聚率达 67%。

崇福镇曾经是老县城，如今是桐乡的副中心，有一定的工业基础，如崇德丝厂曾是桐乡县（今桐乡市）最大的国营企业，桐乡皮毛厂是浙江省皮毛产业唯一的国营企业，裘皮生产工艺和产品质量处于行业领先地位。自 20 世纪 90 年代开始，皮毛产业快速发展，逐渐成为崇福工业经济的支柱产业。2005 年，崇福被中国轻工业联合会授予"中国皮草名镇"的荣誉称号，与温州"中国鞋都"、海宁"中国皮革之都"一起，并列为浙江皮革产业三大特色区域。

2010 年底，崇福被列入全省首批 27 个小城市培育试点镇名单，这座千年古镇开启由"镇"到"城"的蜕变。此后 3 年，崇福镇以"跻身全省一流小城市"为目标，从完善规划着手，相继开展了征地拆迁、项目建设、城市形象提升和"系列百日"攻坚活动，把崇福镇培育成宜居宜业的"美丽小城"。据《嘉兴日报》报道，2011—2013 年，全镇固定资产投资总额 121.89 亿元，年均增长 33.8%，地区生产总值 221.56 亿元，年均增长 19.7%，财政总收入 34.81 亿元，年均增长 21.7%，其中税收收入 22.72 亿元，年均增长 23.3%。

得益于老县城的前身，无论是城市功能、城市规模、产业基础，还是人口集聚、辐射能力，崇福都有着一般小城镇所没有的优势。崇福镇作为桐乡

"一市三城"的一部分，其小城市发展的自身定位有三点：一是桐乡接轨杭州的产业承接桥头堡。崇福镇位于桐乡西部，是桐乡距离杭州最近的中心镇，崇福到杭州的时间比到桐乡市区的时间更短。二是崇福是桐乡第一大镇，亦是第一强镇，也是桐乡经济新的发展增长极。三是以小城市试点镇建设为契机，使崇福成为推动桐乡新型城镇化水平整体提升的重要平台，以吸引更多农村人口向城市转移。

崇福镇在推进小城市试点建设过程中的主要做法有以下几点：

第一，做好小城市发展的顶层规划。制定了城镇总体规划、省级小城市概念性规划、崇福经济区产业发展规划、皮草产业园发展规划、崇福服务业发展规划等，为小城市发展确立清晰的蓝图。

第二，确立小城市建成区发展框架，加强城市基础建设。崇福建成区规划为"一城四区"，即皮草产业区、崇东新城区、工业经济区和老城拓展区。着重加强城市道路改造，建设世纪大道，整治崇新线、320国道崇福段，同时，对道路两侧的旧城旧企开展"三改一拆"，缓解交通拥堵问题。加强城市重点配套项目建设，集中推进宝马花园、欣盛华庭、运河世纪公寓、南沙花苑、语溪家园等小区建设。解决土地要素保障问题，一方面，争取建设用地指标，另一方面，大力开展土地综合整治，使农民有序进城。

第三，加强皮草市场建设，推进皮草产业发展。对原皮草市场和成品市场进行全面改造提升，规划建设国际皮草城。通过"两改两创""两高整治""退低进高"等措施来推进产业转型升级，特别是针对印染、化工、制革产业，淘汰高污染高耗能企业，加快生态产业园建设。引进国内外知名服装品牌，加快皮草品牌园建设。

第四，开展体制机制的改革探索。通过财政和融资改革，实现与小城市试点镇的事权、财权相适应的新模式。在户籍制度和人才引进方面，探索积分制管理制度，使"新崇福人"能够享受均等的公共服务，在崇福创新创业。

五、产城融合型——织里镇

织里镇是浙江北部湖州纺织名镇，地处浙江北部平原区域，北依太湖，与上海、杭州、苏州等几大城市相距约一百公里，距湖州主城区仅18公里，交通区位优势明显。在历史上，织里镇就因织造业兴盛而得名。现在的织里镇是由原织里、晟舍、太湖、轧村、漾西5个乡镇合并而成的，区域面积

135.8 平方公里,辖 46 个行政村,11 个居委会,总人口 30 多万人,其中本地户籍人口约 10.3 万人,外来常住人口 20 多万人。

30 年前,织里镇区仅仅是一条狭长的街道,面积只有 0.8 平方公里,被称为"扁担街",如今织里镇规划面积 34 平方公里,建成区面积接近 20 平方公里,集聚人口超过 25 万人。织里镇的崛起是在改革开放以后,最初是手工刺绣业的发展,继而走向童装和棉坯布领域。在鼎盛时期,全镇拥有 1.3 万多家童装企业,近 10 万人专门从事童装生产、加工和销售,与童装行业密切相关的服装面料、辅料、印花、绣花、砂洗、联托运、缝纫机销售等配套产业也十分发达。1984 年,织里镇投资 50 万元,兴办第一代小商品市场。其后,专业市场历经 8 次扩建,1989 年,建成了织里轻纺市场;1991 年,"中国织里商城"建成。其后,织里镇形成了以童装和棉坯布为主体的两大市场,加上床上用品、服装辅料、小五金、联托运等配套市场,辐射全国 100 多个大中城市,还有境外 10 多个国家和地区,成为国内最大的童装产销基地和最具影响力的棉坯布集散交易中心。

2010 年,织里被列为全省首批 27 个小城市培育试点镇之一,连续两年考核优秀。2014 年,织里镇实现地区生产总值 152.68 亿元,同比增长 10.64%。2015 年,全镇实现地区生产总值 169.78 亿元,同比增长 11.2%;财政总收入 18.94 亿元,同比增长 18.1%;税收收入 12.75 亿元,同比增长 10.2%;规上工业增加值 28.45 亿元。是年,织里镇再度入围全国综合实力百强镇。

在 20 世纪 80 年代,织里镇建成了第一条"农民街"——人民路,80% 以上的资金由农民投入。1992 年,织里经济开发区建成。随后,织里镇试行户籍改革,交纳城建增容费的农民可以成为"蓝印户口居民"。随着产业和市场的快速发展,织里镇加快了各种要素向建成区的集聚,推动建成区规模的不断扩张。其中,土地利用规划面积达 27.8 平方公里,建成区面积 12 平方公里,城镇功能获得提升。根据中心城市新城区定位,织里镇对接湖州,完善城市建设规划,努力营造最佳人居和创业环境。

织里镇作为"中国童装名镇",小城市培育试点镇工作快速推进,在经济、社会、城市和管理等各个方面取得长足的进步,其发展模式特色鲜明:一是充分利用市场经济的发展机遇,大胆创新,锐意改革。在改革开放年代,织里镇完成了"农民创业"与市场创造的过程。二是政府发挥"产业创新"的引导作用，举办童装市场，建设开发区，使童装及其关联产业上了一个新台阶。三是以产业为基础，建设织里新城，从而做到"产城融合"发展。

织里镇产业优势明显，但作为小城市，其发展也面临着一些挑战：一是童装产业是传统纺织产业的一个分支，同业竞争激烈，面临产业转型升级问题。二是童装产业和技术依托薄弱，高端要素仍显稀缺，缺乏现代城市的核心竞争要素。三是童装产业是一种劳动密集型产业，大量外来务工人员构成了"新织里人"，本地人与外地人的社会关系相对复杂，如若管理失当，就有可能酿成恶性事件。四是织里距离湖州主城区太近，难以形成一个独立的小城市；城市基础设施相对滞后，未来或许会被湖州城区覆盖。

六、古镇新城型——新市镇

新市镇地处杭嘉湖平原、长江三角洲腹地、德清县东部，京杭大运河、申嘉湖（杭）高速公路穿境而过，区域内河道密布，水街相依，交通便捷，区位优越。新市前身叫陆市，古称仙潭。晋永嘉二年（308），先人将陆市改为新市。在古代，新市的贸易能够辐射到日本和南洋，特别是丝绸贸易，是中国古代丝绸之路的发源地之一。新市至今已有1700多年历史，是江南七大古镇之一。新市镇区域总面积92平方公里，管辖24个行政村、4个社区和1个居委会。全镇总人口约6.6万人（2014年），非农业人口约4.7万人，农业人口1.9万人。

改革开放以后，新市镇逐渐发展并形成了粮油食品、新型建材、轻纺服饰、特色机电和医药化工等五大支柱产业，其后，又发展了机械制造、电子信息和新能源等产业。2006年，新市工业园区升级为省级德清工业园区，批准规划总面积5平方公里，后经调整，规模达到近10平方公里。新市先后被评为省级中心镇、全国重点镇、百强镇、全国小城镇综合发展千强镇等。2010年底，新市镇成为浙江省首批27个小城市培育试点镇之一。作为浙江省首批小城市培育试点镇，2014年全年完成工业总产值360亿元，增长18%；其中规模以上企业完成产值133亿元，增长16%；规上税利完成8.4亿元，增长10%；规上工业增加值20.6亿元，增长12%；固定资产投资23.9亿元，同比增长18.2%；浙商回归项目完成4.72亿元，增长48.9%；财政总收入5.45亿元，增长14.5%，其中地方财政收入1.67亿元，增长12.6%；城镇居民人均可支配收入约4.2万元，增长10.9%；农村居民人均纯收入

2.28 万元,增长 10.3%。

新市镇以"生态田园新城、工业商贸富城、历史文化名城"为目标,以新型城镇化建设和城乡体制改革为契机,以工业园区扩容促发展,以古镇保护创品牌,以城西新区建设创未来。新市镇的小城市培育试点工作形成了特色,具体做法如下:

第一,大力推进工业平台建设,构筑产业集聚新高地。2013 年,拓展工业园区 1000 亩,建成工业平台 500 亩。进一步集聚发展新型建材、食品加工、装备制造三大主导产业,强化项目落地,培育龙头企业,扶持壮大科技型企业,培育发展临港物流产业。

第二,重视古镇保护,提升旅游服务业发展水平。在保护资金不足的情况下,采取"维护现状,确保完整"的策略,在不破坏古镇的前提下,优先保护重要文物和建筑,逐步推进南区和北区古民宅修复,并做好连片古民宅的修复。加强小镇标志、街头小筑、街道风情和门窗屋顶的特色风貌建设,提升现代服务业的发展水平。

第三,强力推进新区建设,加快小城市建设步伐。实施文昌路延伸与菱新公路连接,启动城西村和梅林区块拆迁征地工作,配套建设污水、自来水管网、电力等基础设施工程。稳步推进环城西路两侧改造工程,加快旧城改造步伐,打造城市核心商业区。

第四,加大居民安置保障力度,加快集聚城镇人口。大力推进蔡界村向城东村的跨村安置工作,建设城东雁渔荡区块安置点。通过空间置换,以南洋区块和城西区块 2 个新的跨村安置点,以吸引周边村落向中心镇集聚。

第五,发展特色农业,推进生态小城市建设。以特种水产、蚕桑生产、湖羊生猪、蔬菜瓜果种植为主,形成农业经济特色发展的产业格局。开展"五水共治""无违建镇""四边三化""三改一拆""土地节约集约"等工作,并增加德桐公路绿化和亮化,建设美丽生态小城市。

七、综合工业型——瓜沥镇

瓜沥镇位于杭城东南、萧山东部、萧绍相邻区域,全镇镇域面积 126.92 平方公里,下辖 63 个村、11 个社区,户籍人口 16.4 万人,总人口 29.6 万人。距离杭州市区 25 公里,距离萧山城区 13 公里。2010 年底,瓜沥镇被浙江省人民政府确定为全省 27 个小城市培育试点镇之一,2012 年被国家发展改革委确定为全国发展改革试点城镇。2013 年 9 月，萧山区召开行政区划调整会议，撤销位于原瓜沥镇东、西面的坎山、党山镇建制，三镇合并成立新的瓜沥镇。

瓜沥镇拥有良好的工业基础，原先三个镇民营经济十分发达，轻纺印染、装饰卫浴、五金机械和建筑业是四大支柱产业，每个镇都有自己的工业企业集聚区域，少数规模较大的企业甚至有自己独立的工业地块。现在瓜沥镇形成了东、中、西三大板块集聚区。在最近几年，从瓜沥镇的生产总值构成可以看出三个集聚区的差异，中片（原瓜沥）、东片（原党山）、西片（原坎山）分别占约 46.44％、37.54％和 16.02％。中片的第一、二、三产业发展最优，极化效应突出，处于领先地位；东片的第二产业比重最高，达到 85％，第一和第三产业发展缓慢；西片的经济规模较小，在瓜沥镇地域经济格局中处于劣势。

瓜沥镇作为小城市培育试点镇建设，具有几个突出的优势：

第一，区位优势明显，地处萧绍平原，距离杭州城区和绍兴柯桥近且交通便利，现在是杭州都市圈的六大组团之一。新瓜沥镇西北为杭州萧山国际机场和空港产业区，西接萧山主城区，北接大江东产业集聚区，南临绍兴柯桥，受到不同方向城市发展的多重辐射。

第二，乡镇企业起步早，工业基础好，民营经济发达。在轻纺印染、装饰卫浴和五金机械等方面有突出的优势。2014 年，全镇实现国内地区生产总值 171.4 亿元，实现财政总收入 15.7 亿元。工业经济居于主导地位，拥有工业企业 2065 家，其中规模以上企业 295 家。2014 年，全镇完成工业总产值 1055.78 亿元，完成规上工业销售产值 581.2 亿元，拥有国家和省、市名牌产品 53 个。

第三，作为杭州大都市的一个组团，具有自我发展的空间。瓜沥是萧山区"一心三区七新城"规划中的重要平台和航坞山经济区的核心，是萧山区三大副城区和杭州市六大组团中心镇之一。现已经初步建成新区城市综合体、文体中心和服务中心，提升了建成区的生活品质。

瓜沥镇的未来发展也存在一些隐忧：一是瓜沥镇非常容易成为杭州大都市"大饼"的一部分，从而失去自身相对独立的发展空间。二是瓜沥镇行政区划的调整造成小城镇空间的分离，缺少一个核心建成区。长此以往，瓜沥镇的镇区边界是模糊的。由于历史原因，瓜沥镇 3 个片区 3 个中心，小城镇建设将难以协调,空间集聚存在很大的难度,基础配套设施也难以均衡建设。三是一个镇却有 7 个工业集聚区,这种大分散、小集中的态势一时难以调整。镇区东北部和环航坞山区域还存在生产与居住混杂、布局"小散乱"的形态。四是单一形态的工业扩张也存在产业升级转型问题。五是外来人口大量集聚造成公共服务和生活服务设施不足,服务层次不高。六是大量工业区建设影响了航坞山、昭东水乡等山水田园风光特色,不利于小城市生活品质的提升。

八、工贸型——周巷镇

周巷镇位于杭州湾跨海大桥之南,地处慈溪、余姚和上虞三市交会地带,是长三角环杭州湾产业带规划体系中的五级小城市,也是慈溪市城乡一体化布局"一中心四片区"的西片中心。周巷镇区域面积 82.59 平方公里,下辖 35 个行政村、6 个社区和 1 个居委会。2014 年,全镇常住人口 21.2 万人,户籍人口 11.64 万人,暂住人口 9.6 万人,城镇化率达到 66.5%。

民国时期,周巷店铺林立、商贾云集,被誉为"姚北第一镇"。改革开放以后,周巷镇开始实行集体企业改制,率先走出国门抢占国际市场。2006年,周巷镇实现地区生产总值 41.05 亿元,工农业总产值 184.2 亿元,财政总收入 6.08 亿元,财政可用收入 2.27 亿元。2014 年,全镇实现地区生产总值 101.3 亿元,同比增长 9%,首次突破百亿元大关;全镇完成工业总产值 358.2 亿元,同比增长 5.9%;全社会固定资产投资 30.02 亿元,同比增长 29.4%;实现财政总收入 14.68 亿元,同比增长 12.04%;城乡居民收入差距比为 1.59 倍,农民人均纯收入达到 2.32 万元,同比增长 14%。

如今,全镇拥有各类企业 3500 多家,年产值超亿元企业 25 家,国家级高新技术企业 8 家,国家级品牌 14 个,先后建成镇西、镇东、镇北三大工业集聚区块,形成"家用电器、机械轴承、无纺化纤、休闲食品、文体用品"五大支柱产业,产品远销世界 193 个国家和地区,已经成为全球最大的扑克牌生产基地、全国最大的饮水机和电熨斗生产基地。在新农村建设方面,采用"企业＋农户＋基地"的农业产业化发展模式,已经建成 1 万亩黄花梨基地、2 万亩创汇蔬菜基地、3 万亩腌制蔬菜基地,享有"中国黄花梨之乡"的美誉。

在小城市建设方面,周巷镇现有建成区面积 15 平方公里,城镇化率 63.3%。正在着力构建三横、三纵"田"字形道路框架,达到"东进、西优、南联、北拓、中提升"，"东进"即对接慈溪主城区，推进天元古家具小镇建设；"西优"是整合和优化城西工业区块，实现产城融合；"南联"意味着整治改造与新建拓展并重，并紧密联系姚北新区，焕发老城活力；"北拓"是以小家电智造小镇建设为契机，带动镇区向北发展；中提升则是要借力周巷新城规划建设，提升城镇品质，展示周巷城镇新面貌。另外，以建成区为核心，建设城乡统筹发展的格局。

周巷镇正以小城市培育试点目标，按照产业集群化、资源集约化的要求，积极调整产业结构，转变城镇经济增长方式，探索小城市发展特色，主要特点如下：

第一，优势产业发展特色鲜明。三大工业区块集聚了家电、机械、化纤、食品和文体用品等五大支柱产业，涌现出了"三A""惠康""卓力""奇迪""凯波""恒康""华裕"等众多驰名品牌，成为全国最大的扑克牌、饮水机和电熨斗生产基地。第三产业也快速发展，银泰百货、三江购物、慈客隆等大型连锁商场、超市和肯德基连锁店先后落户周巷，7家金融单位也相继落户。现代物流、仓储运输、信息服务、工业房地产服务等生产性服务业也进一步发展。

第二，现代小城市功能日渐完善。周巷镇已经初步有了功能分区，形成了以沿环城北路的镇政府及各部门为主的行政服务中心，以振工路食品城为主的商贸中心，镇东、镇西两大工业区块，以滨江、后蔡等小区为主的住宅区及医疗、文化、休闲等特色功能区。

第三，现代农业稳步发展。以工业经济为依托，不断增强工业反哺农业的力度，实现城乡产业的协调发展。通过农业综合开发、低产畈改造、土地整理和农田水利建设，周巷镇的农业基础条件得到改善，产业结构获得优化，形成了现代化农业、水果和蔬菜专业基地。

周巷镇小城市试点建设也存在一些问题：一是居住用地比重及人均用地指标较高，城镇公共设施用地偏少，公共设施用地总体水平不高；绿地、仓储用地及对外交通用地比重偏低。二是小城市地方特色不强。现有城区建设过多地参考大城市风格，功能区、大马路、大高楼，缺乏小城市的地方特色。三是老城区内部，居民住宅层数较低，居住环境较差，仍需要进一步统筹协调。

九、综合工业型——泗门镇

泗门镇地处宁绍平原中部,是一座悠久历史与现代文明交相辉映的浙东古镇,位于余姚市境西北,离余姚、慈溪、上虞三市中心城区均约 20 公里。古时又称四门或第四门,指原汝仇湖的堤东,开有四门,四水为泗,故称泗门。泗门镇境内公路纵横交织,出行便捷,329 国道横贯镇境,东北接杭州湾跨海大桥可直抵上海。全镇总面积 66.3 平方公里,建成区面积已经拓展到 13.8 平方公里,辖 16 个行政村和 4 个社区居民委员会。2014 年,全镇常住人口约 9.76 万人,其中户籍人口约 6.36 万人。

泗门镇是宁波市重要的农业基地,也是重点商品棉基地,榨菜、瓜果等农副产品闻名遐迩。全镇榨菜种植面积超过 5 万亩(包括海涂面积),占全镇耕地总量的 80%。改革开放以后,泗门镇工业快速发展起来,逐渐形成了机械、电子、塑料、冶金、电器仪表、轻纺印染、建筑材料、日用化工、菜类加工、包装用品、光学仪器等十多个门类,镇工业功能区占地面积已达到 5 平方公里。2010 年,泗门镇被列为首批小城市培育试点镇,加快推进工业经济转型升级,初步建成了"4+4"产业,即以电源线、小家电、机械五金、食品加工等为主的传统产业和以新材料、新光源、电子信息、新装备为主导的新兴产业。高效生态农业加快发展,着力推进精耕细作和规模经营,农地复种指数高达 2 左右,是全省平均值的 1.4 倍,农业增加值达 7 亿元,耕地亩均增加值 1.7 万元。经过多年的发展,泗门镇初步建立了以新型工业为基础、以现代服务业为支撑的产业体系。至 2013 年底,全镇地区生产总值达到 68 亿元,年均增长 14%;财政总收入 11.22 亿元(含 3.09 亿元土地出让金),年均增长 12%;固定资产投资 49.5 亿元(限额以上 45.9 亿元),年均增长 48%。

泗门镇开展高水平城市规划与设计,完成总规修改,编制三个控规及核心区城市设计,实施旧城改造、新城开发,全面提升城市建设品质。实施完成 3.2 公里的"最美街道"改造计划,实施振兴新村老小区的改造工程,启动原荣属厂及周边地块、原电镀厂地块、原石棉厂地块的拆迁,旧城面貌焕然一新,现代化精品小城的风貌初步显现。在泗门镇产业规划图中可以看到,虽然泗门镇现在是一个小城镇,但其功能建成区正在日益完善。

泗门镇的发展优势明显,但泗门镇也面临几大挑战:

第一,城镇建成区人口偏少,建筑缺乏特色。建成区面积 13.8 平方公里,人口偏少,每平方公里人口仅 6800 人。主要街道景观单一,商业综合体缺乏地方特色。建成区现有绿地绿量不足,尚未完全形成绿色城市的景观特色。

第二,企业规模较小,多而不强。现有企业总数不少,但规模相对较小,盈利能力较弱,缺少规模龙头企业引领。四大传统产业占比偏高,达到70%;高新产业培育仍处于起步阶段,亟须增强大企业的骨干龙头作用,加大科技成果转化力度,加快推动产业转型升级。

第三,小城市建设投入较大,要素供给不足。泗门镇未来建设仍需要大量的新增建设用地,但可供开发利用的土地空间有限,土地指标难以落地。与此同时,未来建设资金缺口较大,政府资金并不充裕,亟须创新融资模式,加大引资力度,推动小城市建设。

十、产城融合型——钱清镇

钱清镇地处杭州湾南岸的宁绍平原西部,东接柯桥中国轻纺城,西邻杭州萧山区。杭甬铁路、104 国道和杭甬运河横贯镇域,距杭州萧山国际机场仅 10 公里。钱清于北宋设镇,建镇历史已有千年。1989 年 3 月,浙江省人民政府批准其为重点工业卫星镇。1992 年 5 月,与南钱清、新甸二乡合并为钱清镇,下辖 48 个村、3 个居民区。1993 年,全镇拥有户籍人口约 1.52 万户、5.38 万人。2010 年底,钱清镇成为浙江省 27 个小城市培育试点镇之一。2011 年,镇域面积 54.46 平方公里,下辖 21 个行政村和 4 个居委会,常住人口超过 16 万人,其中户籍人口 6.01 万人,外来人口 10 万多人。

作为宁绍平原的一个传统小镇,钱清镇历史悠久,农耕生产一直占有重要地位。20 世纪 80 年代初期,随着乡镇企业的发展,钱清镇迅速崛起,集体经济蓬勃发展。在 90 年代,经济体制改革带来了新的活力,乡镇企业整体转制,民营经济迅速趋于活跃。1993 年,绍兴区域纺织业快速发展,化纤原料需求量大,钱清镇在 104 国道边建起了轻纺原料市场;1998 年,钱清镇成立了全国第一家乡镇级外贸进出口公司。2002 年,钱清镇率先建立了乡镇级的外商投资园区,轻纺原料城是亚洲最大的轻纺原料集散中心。2008年,全镇有法人企业 1762 家,其中规模企业 199 家,有实绩自营出口企业221 家,其中年自营出口额 500 万美元以上的有 41 家。在那个时期,全镇已经形成了一条从化纤、织造、染整到家纺、服装的完整纺织产业链,另外,五金、电力、包装等行业也快速发展,逐渐成为钱清镇的支柱产业。2013年,全镇实现地区生产总值140.8亿元,财政总收入15.23亿元,其中工业税收占财政总收入比重达80%以上。2014年全镇实现地区生产总值155.7亿元;财政总收入、地方财政收入分别为17.06亿元、5.67亿元。

钱清镇作为浙江省首批小城市培育试点镇之一,其由"镇"向"城"的蜕变主要有以下几个方面的特点:

第一,优化城镇空间布局,提升产业发展能力。2012年8月,钱清镇委托北京中社科城市与环境规划设计研究院和绍兴越州都市规划设计院联合开展了钱清镇总体规划的编制工作,完成了《绍兴县钱清镇总体规划(2012—2030)方案》的编制,明确了钱清镇的小城市建设发展方向。

第二,发挥产业优势,做大做强产业集群。钱清镇的产业优势是"小企业、大集群",全镇现有6150家个体经营户,钱清镇是绍兴市乃至浙江省企业数量最多的乡镇,现有法人企业2000余家,其中年销售额2000万元以上规模企业170家,销售超亿元企业66家,其中纺织企业占81%左右,纺织产业产值已占地区总产值的81%。做强市场产业联动,推进轻纺产业进一步拓展市场,提高品牌影响力。钱清镇的中国轻纺原料城是亚洲最大的轻纺原料集散中心,也是全省唯一的五星级生产资料市场。该中心拥有外商投资园区、纺织服装产业集聚区两个工业集聚区,入驻经营户1020家,从业人员约1.5万人,经营产品涵盖化纤、棉纱、特种丝等全部品种,2014年成交额达496亿元。产业集群带来了生产成本和市场竞争优势,这是其他乡镇无法企及的。

第三,完善城市功能,大力推进小城市建设。原镇区仅有2～3米宽横直两街,在20世纪80年代,钱清镇建设了影剧院、邮电大楼、中心校、幼儿园、人民医院和信用社等公共建筑。现有建成区面积达到13.5平方公里,城市化率达72%;镇区逐渐形成了工业集聚区、市场贸易区和小城市核心区三大功能板块。推动一批企业总部、高层住宅和城市商贸综合体项目,建成商业、住宅高楼56幢,计划建成高楼100幢以上,以使城市形象更加靓丽。

钱清镇小城市试点建设取得了丰硕的成果,但也面临着一些棘手的问题:

第一,区位空间限制,难以形成独立的小城市空间形态。钱清镇虽然做了全镇总体规划,期望实现"空间一体化和农村城市化"的新型城市建设目标,但事实是,钱清镇与柯桥、杨汛桥和绍兴城区的空间距离十分近,对于一个乡镇来说,小城市建设必须找到自己的坐标,钱清镇提出的"接轨杭州都市,融入柯桥城区,引领钱杨新城"的发展战略和"国际轻纺原料基地、都市经济圈节点城市、县域经济社会副中心"的功能定位,也是一种无奈的表述。

第二,城市腹地限制,小城市难以形成辐射力。在江南平原区域,小城镇密布,镇区空间腹地十分有限,钱清镇域面积仅仅 53.6 平方公里,目前建成区只有 13.5 平方公里,其所能形成的辐射能力可想而知,公共服务机构难以为更多的人群提供服务,大规模的综合商业中心和住宅楼,必然会产生溢出效应,或容易与邻近城镇产生竞争和利益冲突。

第三,县城建设影响,小城市难以有更大的投入。2001 年,绍兴县政府迁往柯桥,随后柯桥作为绍兴县(今柯桥区)的政治、经济、文化中心,开始快速推进城市基础建设。钱清镇作为绍兴县的一个城镇,每年为上级政府创造大量税收,但被列为试点镇以后,自身建设也需要大量资金,在一定程度上两者会产生矛盾。这些都需要综合考量县城(市区)建设与试点镇小城市建设之间关系。

十一、综合工贸型——泽国镇

泽国镇地处温岭市北大门,是温岭市的第二大镇。南距温岭市区 18 公里,北距黄岩机场 9 公里,离台州市中心、海门港 24 公里。泽国,因"泽"而名,"盖众流汇聚,如财之归库也",故又称"泽库"。泽国镇是历史悠久的浙东南水乡名镇,全镇面积 63.2 平方公里,辖 97 个村居委会,户籍人口 12.8 万人,常住人口 22.9 万人,城镇化率 65%。

20 世纪 50 年代后期,泽国一带乡村集体所有制工业萌芽。在 70 年代,泽国有打铁社、油漆社、铸铁厂、弹簧厂、皮箱厂、汽车配件厂、纺绳厂和皮鞋厂等 10 多家企业。改革开放以后,民营经济进入新的发展时期。1983 年,牧南工艺美术厂经工商部门注册登记,成为中国第一家股份合作制企业。在 90 年代,全镇工业经济快速发展,1994 年,工业总产值 8.25 亿元。其后,工业经济逐渐形成了以水泵、机电、空压机、鞋业四大产业为龙头,以机械制造、金属制品、鞋服箱包、汽摩配件为主体的发展格局。2001 年,全镇实现工农业总产值 102 亿元,其中工业总产值 88.16 亿元。2014 年,泽国镇实现地区生产总值 130.12 亿元,同比增长 10.27%;完成财政总收入 11.51 亿元,同比增长 10.67%,其中税收收入 11.35 亿元,同比增长 10.19%;泽国镇居民人均可支配收入约 4.01 万元,农村居民人均可支配收入约 2.65 万元,高出全市平均可支配收入水平 21.5%。

泽国镇建成区框架日益完善,建有"七纵五横"的道路,建成区面积从 9.5 平方公里扩展到 13.9 平方公里,中心区与温岭城区、铁路新区协调发展。建成区市场繁荣,有机电五金城、机床交易市场、水产品批发市场。这些年,服务业也得到了快速提升,泽国购物中心建成使用,万昌、鸣翔、五洲等星级宾馆和餐饮业初具规模,绿城五星级酒店综合体、中心区商业综合体、机床投创中心等项目也在推进之中。

泽国镇经济发达,社会管理不断创新,文化、教育、科技、卫生、体育等社会各项事业蓬勃发展,获得了众多的名誉,有"中国小型空压机之乡""中国铝塑复合材料之乡""中国铝塑复合建筑材料之乡"和"中国民族鞋业之乡"等称号。泽国镇是国家建设部小城镇建设试点镇、小城镇建设科技示范镇、浙江小城镇综合改革试点镇和首批小城市培育试点镇。

泽国镇小城市培育试点工作虽然取得了较大的成效,但也面临着一些困难和挑战:

第一,产业核心竞争力有待进一步提升。水泵与电机、机床、鞋业、汽摩配等都属于传统产业,"低小散"现象十分突出,核心竞争力不高,而高新技术产业、战略性新兴产业比重明显偏低,需要加快推进产业转型升级,以科技创新赋能传统工业产品,提升小城市竞争力。

第二,建成区环境有待进一步改善,特色风貌有待提升。现有建成区生态环境与"宜居"的要求仍有差距,要充分发挥泽国镇城区山水相映的自然优势,加强丹崖山、牧屿山、新渎山绿心保护,做好南官河景观带、新渎湖的生态建设。老城区东河路北延区块房屋老旧,安全隐患较大,学校密集,道路交通拥挤,需要进一步提升改造,提高公共服务水平,以使中心区域环境优美,宜居宜业。

第三,提高城市管理素质,破解小城市建设要素资源制约问题。小城市建设面临用地指标、建设资金和人才紧缺问题,要通过提高城市管理素质、改革管理的方式方法,通过精细化举措,应对用地指标不足、建设资金困难以及人才紧缺问题,提高城市建设效率。

十二、综合工业型——楚门镇

楚门镇位于玉环县北部,是楚门半岛的中心地带,是中国著名的"文旦之乡"。相传楚门古时原为海洋,丫髻山与西青山形成海中的峡门。元朝末年,筑塘围垦后,楚树(牡荆)丛生,故称楚门。楚门三面环山,一面临海。2014年,行政区域面积37.5平方公里,规划区面积13平方公里;下辖28个行政村,9个居委会。总人口12万人,其中户籍人口5万人,外来人口7万人,城市化率达到67.36%。

楚门镇原是一个农业乡镇,人均土地不足0.4亩,经济落后。改革开放以后,楚门人敢闯敢干,依靠传统手工和铸造工艺,进入了阀门、家具和汽车零部件生产领域。20世纪90年代初期,玉环实施"全岛股份化"战略,一批股份合作制、个体私营企业发展起来,形成了阀门水暖、环保设备和家具三大主导行业,经济不断壮大发展。2006年,全镇实现工农业总产值93.85亿元,财政总收入3.88亿元,其中地方财政收入1.32亿元。阀门、家具两大支柱产业分别实现产值66.11亿元和8.88亿元,增长63.7%和35.6%。外贸出口保持高速增长,实现出口交货值53.49亿元,其中自营出口额33.5亿元。2010年,楚门镇被列为浙江省首批小城市培育试点镇,经过几年的努力,经济取得了显著的发展。2014年,全年实现工业总产值197.10亿元、财政总收入11.25亿元,同比分别增长2.02%和12.5%。

楚门镇为了加快推进小城市建设,委托深圳规划院和浙江大学城乡规划设计院编制了2010—2030年总体规划和中心区城市设计,确立了"强中心、优西南、北拓东连"的城市建设战略,规划建成区面积从原来的9.6平方公里拓展到13.9平方公里。2011年以来,楚门镇加快构建以"五纵四横"为主干,以"三桥"为纽带的新的城区框架,着力提高城镇基础设施建设水平。建设境外引水工程楚门段、市民广场、规划展示馆、环湖路停车场、垃圾中转站,完成公共服务配套工程,建设社会公共服务中心、镇行政审批中心、玉环县第二人民医院。推进旧城改造和老街保护,建设南滨花苑、柳溪小区、五星级的世贸中心大酒店、华龙时代广场、闻莺小区、新民小区,不断提升城市形象。

楚门镇面对国内外经济形势变化,能够积极应对,不断地壮大小城镇力

量,促进小城市的可持续发展,其发展模式可以概括成以下几点:

第一,加快科技创新步伐,促进主导产业提质增效。建设启用了楚门科技创新服务大楼,与全国有影响力的科研院所、高等院校合作,开展基础技术研究、产品设计和开发,其中与浙江工业大学、台州学院等5所高校签订战略合作意向书,还有一批中介服务机构进驻。引导并鼓励企业引进先进设备,申报高新技术企业、研发中心和高新技术产品,协助组建自主研发中心,促进阀门水暖和家具两大支柱产业提质增效,提升地方经济发展潜力。

第二,重视生态环境建设,营造小城市优美环境。2006年以来,取缔污染企业100多家,关闭非法电镀企业20多家,整改机械铸造企业80多家,重塑了城镇生态发展环境。在建成区,开展居住环境整治,特别是对长达1.2公里的大南塘河进行河岸砌石、斗闸拆建、清淤工程、两岸绿化等综合整治,现在已从脏乱臭的大水沟变身为楚门的一道靓丽风景线。

第三,注重综合市场建设,加大品牌培育力度。一方面,依托地方产业优势,整合优化玉环商展中心、飞龙建材市场等资源,加快建设楚门东部物流基地、龙王钢材市场、三联木材交易市场、现代家具城二期扩建等项目,打造大型商贸会展中心和专业器材交易市场,服务本地企业。另一方面,鼓励企业创新,做大做强主业品牌,实现资源共享和产品优化,扩大市场占有率。2011年,本地的华龙阀门和巨水铜业进行了合并重组,优化了产品,增强了品牌著名度,扩大了市场占有率,实现了销售产值的大幅增长。

第四,厚植文化根基,重构古镇历史文化风貌。纯文学季刊《曲桥》扶植了大批文学新人。开展老城区十字街保护修复,建设楚门镇文化公园(文玲书院),实施文澜桥保护工程,重构了古镇历史文化风貌;还修复灵山寺、皆山书院等历史遗迹,对楚门镇东西村文化古迹进行综合开发,积极打造"楚州文化"品牌。同时,培育文化产业,建设文化创意中心,吸引专业技术人才创业,共同培育以"文旦、动漫、海洋、影视"等为主题的创意文化产业。

十三、综合工贸型——柳市镇

柳市镇位于浙江省东南沿海,距温州机场35公里。柳市镇属滨海冲积平原地带,系虹(桥)柳(市)平原的组成部分。柳市镇北临乐清市中心城区,南与温州市区隔瓯江相望,是乐清市"一心两翼"的南翼副中心。2012年,镇域面积92平方公里,辖10个城乡新社区、158个行政村,镇域常住人口达 26.2 万人,户籍人口 21.9 万人,其中建成区常住人口 13.1 万人,户籍人口 9.7 万人。

柳市镇的经济发展道路是"温州模式"的缩影。柳市原是一个农业镇,在漫长的岁月里一直是贫穷与落后的地方。20 世纪 70 年代初,乡镇集体经济有所活跃,一些能人敢为人先,率先涉足低压电器产销领域。1977 年上半年,柳市镇后市街诞生了温州第一家低压电器门市部。改革开放以后,柳市镇更多的农民走向市场,1981 年,低压电器生产厂家达 300 余家。1984 年,乡镇企业政策放宽,柳市镇的低压电器门市部骤增至 1000 多家,供销员队伍达 1 万余人,低压电器从业人员超过 5 万人。由此,以专业市场为龙头、小城镇为依托、家庭经营为主体、供销员为媒介、前店后厂为基本形式的"柳市现象"凸现出来。到 90 年代后期,柳市镇的产业结构开始由单一的低压电器元件生产,延伸至高低压成套装备的全链条生产,集合了输电、变电、配电、工业控制电器和各种特殊用途电器装备生产,培育了正泰、德力西、天正、人民等著名的低压电器生产企业,迅速发展成为一个以工贸为主的现代化新城镇,成为"中国电器之都""中国断路器生产基地""中国防爆电器生产基地"和"中国低压电器出口基地"。进入 21 世纪以后,柳市依靠科技进步提升工业层次,开始由"劳动密集型"向"科技密集型"跨越,由"柳市制造"向"柳市品牌"跨越。

2010 年底,作为浙江省首批小城市培育试点镇之一,柳市镇编制了《小城市培育试点三年(2011—2013 年)行动计划》,明确了由镇向城转变的行动目标和基本路径,取得了显著的成效,主要体现在:

第一,制定更加清晰的定位,进一步拉开城市发展框架。启动编制《柳市战略总体规划》,明确温州"1650"大都市圈核心区扩展区和乐清南翼副中心等功能定位,高起点地修编柳市新区、北片、旧城三个控制性详规的编制工作,规划建成区面积 12.8 平方公里,启动柳白新城建设。开展"八纵八横"路网建设,逐渐拉开城市框架,全力打造中国电器城、会展中心、电器展销中心、商务中心、金融服务中心和物流中心"一城五中心"。

第二,完善城市基础设施,提升建成区城市风貌。建设华山南路、智广北路、沿河西路马仁桥段等一批城市路网工程,完成柳青北路主体工程、柳江大桥和绿洁大桥建设;建设市民休闲广场、社会服务中心、柳市文化中心、市三医、海关、商检和法庭等大楼,提升服务水平;实现城区主要道路的绿化和亮化;建设荷堡、金东等垃圾中转站和柳市垃圾焚烧发电厂;以街景综合改造为突破口,推进旧城改造,建设农房集聚试点,推进旧村改造,不断优化城市环境。

第三,推进重大产业项目,加快经济发展。德力西建设智能工业园,目标是成为乐清市最大的智能电网终端研发、生产和测试基地;人民电器集团投资 14.8 亿元建设高新产业园。柳市镇集中推进新光、象阳、岐头、湖头、七里港等五个工业产业集聚平台建设,大力推进小微企业创业园建设,打造企业集聚发展新平台。利用岐头 2000 亩滩涂围海造地资源,建设滨海物流新城。完成柳市国际电工电器销售中心建设,建设浙南电商园等新型生产性服务业平台,促进专业市场转型升级。2014 年,柳市全年共完成生产总值 202.6 亿元,同比增长 8%;财政总收入 31.77 亿元,同比增长 6.7%;城镇常住居民人均可支配收入 5.11 万元,农村常住居民人均可支配收入 2.37 万元。

第四,开展体制机制创新,进一步完善公共服务。推进城乡统筹综合改革,完成城乡社区布点调整。推进社会管理创新,建立社会管理大网格。搭建公共服务平台,相继建立行政审批服务中心、就业保障服务中心、应急维稳中心、土地储备中心、招投标中心、城市综合执法大队等公共服务平台。加大财政资金、税费扶持和土地等要素保障,切实加强小城市建设。

但是,在快速城市化的背景下,柳市小城市建设也存在一些问题:

第一,城市风貌差,"半城市化"严重。柳市镇在经济总量和财政收入方面多次位列全省 27 个小城市培育试点镇首位,但柳市镇城市建设长期滞后,历史欠账较多,公共配套设施缺失严重,城镇建筑风格呆板,没有呈现出柳市镇的文化品位。

第二,城镇人口流动大,管理水平不高。城镇人口流动大,秩序乱,在城镇老旧区,乱象丛生,房乱建、线乱拉、摊乱摆、车乱开。环境卫生脏,垃圾随意倾倒、乱扔现象还是很严重。在新光工业园区,也存在"脏、乱、差"、村企混为一体等问题,经常处于无序状态。现有执法条块分割、多头管理,执法效率低。

第三,资源要素不足,制约社会经济发展。土地资源紧缺,一些企业外迁,导致建成区产业有"空心化"趋势。中小微企业生存困难,面临融资难、融资贵、用工难、转型难等问题,容易造成社会连锁反应,制约社会经济发展。

　　十四、工业型——塘下镇

　　塘下镇位于瑞安市东北部,属于温州大都市区的核心圈,距温州机场23公里。1949年8月,塘下区辖10镇,驻地邵宅村,1992年撤销区公所,实行县辖镇体制,2011年瑞安市行政区划调整,根据温州市政府的指导意见,设立塘下新区和塘下镇。塘下镇现有区域总面积81.6平方公里,下辖塘下、鲍田、海安、场桥、罗凤5个办事处89个行政村,2011年末,辖区总人口32.77万人,其中本地户籍人口16.98万人,外来流动人口15.80万人,其中城镇常住人口21.92万人(含在本地居住半年以上的外来流动人口),城镇化率约66.89%。塘下镇是全国发展改革试点镇、浙江省27个小城市培育试点镇和温州市强镇扩权试点镇。

　　早在20世纪80年代,瑞安塘下就是“温州模式”的发祥地之一。在改革开放以后,塘下的家庭工业开始发展起来。最初,塘下以“前店后厂”式的家庭作坊生产家庭编织机和“带儿机”闻名,产出一双“带儿”,利润不到一分钱。另外,塘下的标准件生产也十分发达,逐渐成为标准件生产基地。塘下汽摩配行业发源于韩田村,几乎家家户户做汽摩配生意。其中浙江胜华波电器有限公司就是一个典型。1986年6月,王家兄弟仨在塘下新方村河边的老宅办起家庭作坊式加工厂——瑞安市精工电器厂,其后不断发展,成长为中国最大的汽车电动刮水器生产厂家。塘下的汽摩配产业由小到大,由弱变强。现在塘下镇是全国汽摩配产业的重要基地,被称为“中国汽摩配之都”。在2010年塘下镇成为浙江省首批小城市培育试点以后,地方经济快速发展。2014年,全镇实现地区生产总值140.5亿元,同比增长10.2%;工业总产值364.8亿元,同比增长7.3%;财政总收入22.65亿元,同比增长12%;农村居民人均纯收入2.4万元,同比增长10.6%。

　　塘下镇小城市试点发展模式的主要特点有如下几点:

　　第一,区位优势明显,产业集聚程度高。塘下镇作为温州大都市核心圈层的中等城市和次中心,离瑞安市区10公里,距温州机场20多公里,104国道、沈海高速和建设中的滨海大道、沈海高速复线均穿境而过,区位优势非常明显。“四横三纵”建设极大地提升了对外交通的通达能力,经济集聚能力日益增强。塘下镇作为国际汽摩配产业基地,汽摩配行业发展势头良好,已形成汽摩配、通用机械、电气机械三大主导产业。塘下中心区着力培植"总部经济",打造国泰路园区段工程,衔接国际汽摩配产业基地西片区,并发展知识型服务业、休闲服务业、社区服务业、城市公共服务业等新兴服务业。引进陕汽—云顶专用车生产项目,推动汽摩配产业向整车、总成方向发展,推进产业集群化发展。

第二,推进小城市规划,不断完善中心区的城市服务功能。塘下镇虽然民营经济发达,但没有形成集中、有规模的小城镇。2000年瑞安市做行政区划调整,塘下片区五镇合一,确定了约3.9平方公里的塘下中心区。规划总体布局为"一核、两轴、五区","一核"即开发建设以城市综合体和市政中心广场为核心,集总部经济、行政办公和文化休闲于一体的城市商务行政中心;"两轴"指在南北走向的瑞安大道,以及东西横贯的中心路两侧安排市政公共配套和商业服务设施项目;"五区"即在中心区形成5个环境优美、配备齐全、智能管理的生活居住区。然而,小城镇建成区建设速度依然缓慢,塘下镇的主要商业街仅仅是一条塘川街。实施小城市培育试点以后,塘下中心区进入项目建设加速期,先后建成投用中心区小学、街心公园、7个商住地块开发项目,开工建设中心公园、五星级酒店、便民服务中心等;计划建设城市综合体、大型购物中心、全民健身中心、市民活动中心、中心区第二幼儿园等10多个配套项目。

第三,开展综合整治,提升城镇整体环境。针对原有城镇环境"脏、乱、差"现象,通过综合整治,塘下镇打造了一条古韵塘河景观带(温瑞塘河景观带)、两处历史建筑节点(陈傅良纪念馆和朱正均故居)、三个公园绿地(韩田国策公园、中心公园、街心公园)、四个城镇入口和"一路三村五园",完成八条街道整治提升,完善镇域范围内农贸市场管理、截污纳管、垃圾中转站等建设,实现城镇整体环境的提升和优化。

第四,推进体制机制创新,激发小城市建设内在动力。通过强镇扩权政策,理顺基层组织管理体制,不断激发小城市建设的内在活力。要充分发挥塘下一带独特的瓯越文化、榕亭文化和塘河文化以及侨乡文化,提升精神文明建设;充分发挥分布在法国、荷兰、意大利、西班牙等21个国家和地区的海外华侨力量,提升塘下小城市建设的国际化水平。

第二节 丘陵山地型城镇

浙江省大部分土地是丘陵和山地,约占总面积的 70%。在这些地区,土地相对贫瘠,农业生产困难,广种薄收是常态,与此相应,这些区域居住人口也相对较少,城镇数量也就较少。丘陵和山地地区大多崎岖不平,地形起伏较大,城镇建设受到限制,一般规模较小,交通不便,经济落后,城镇发展严重滞后。然而,在现代社会,丘陵山地型城镇获得了发展机会,生态资源优势成为最好的发展优势,"望得见山,看得见水,记得住乡愁"是当代小城市建设最美的画卷。

一、工贸型——店口镇

店口镇位于诸暨市北部,与萧山、绍兴相邻。区位优势明显,浙江 03 省道东复线穿镇而过,交通便利,距沪昆高速出口仅 10 分钟车程,距杭州萧山国际机场仅 40 分钟车程。店口镇区域面积 105.7 平方公里,其中建成区面积 15.6 平方公里,下辖 17 个行政村和 6 个社区。2014 年,店口镇常住人口约 14.5 万人,其中户籍人口 6.5 万人,建成区常住人口约 11.7 万人,城镇化比例为 80.8%,2010—2014 年新增常住人口 1.8 万人。店口镇三面环山,地势东南高、西北低。店口镇内河渠港汊众多,纵横交错呈网状。

店口最早叫"巅口",因地处浙江诸暨、萧山、绍兴三地交界的山巅之口而得名。从地名的由来不难想象小镇的区位条件:浙江北部一个"三不靠"的山区镇,交通不便,信息闭塞。店口镇的崛起可以追溯到改革开放初期开始出现的铜加工产业,店口镇由此迈出工业化的第一步,并在短短的几十年里,完成了别的城镇需要上百年的造城过程,店口镇的发展历史堪称从乡村到城市的奇迹。

店口镇目前是诸暨市副中心,北部经济发展重镇,也是全国知名的五金管业生产基地。到 2011 年底,店口镇有 2 家中国 500 强企业,即浙江海亮股份有限公司和浙江盾安人工环境股份有限公司,8 家上市公司,6 家营业收入 10 亿元以上企业,176 家规模以上企业,3500 多家中小企业,这些企业在店口形成了一个庞大的产业集群。2014 年,全镇实现国内生产总值

124.7 亿元,比 2013 年增长 8%;工业总产值 812 亿元,比 2013 年增长 9.8%;财政总收入 19.7 亿元,比 2013 年增长 8.8%。

店口镇的小城镇发展模式有如下三个重要特点:

第一,专业化生产是店口镇崛起的基础。在 20 世纪 80 年代初,店口镇就开始产镇融合的过程,包括铜加工、管业、汽配和制冷等四大产业集聚和现代服务业发展集聚,凭借五金产业的优势,被冠以"南方五金城"的称号。随着五金产业的发展,店口镇的产业结构开始从农业转移到制造业。店口镇的最大特色在于工业产业的专业化生产,并且形成了一个相对完整的产业平台"华东汽配水暖城"。进入 21 世纪以后,店口镇的五金产业初步完成了转型升级,并在此基础上出现多元创新集聚的新趋势。

第二,城镇人口快速集聚,建成区规模不断扩大。自 2008 年开始,外来"新店口人"超过本地户籍人口(见图 4-1),10 年间店口镇户籍人口仅仅增加了 1 万人,而外来人口增加了将近 6 万人,其原因在于店口镇制造业的快速发展。城镇人口的增加和制造业的发展又带动了现代服务业的发展,继而又带动专业市场的发展。专业市场的繁荣又进一步推动了店口镇主导产业的发展,两者之间的互动加快了店口镇的城镇化步伐。

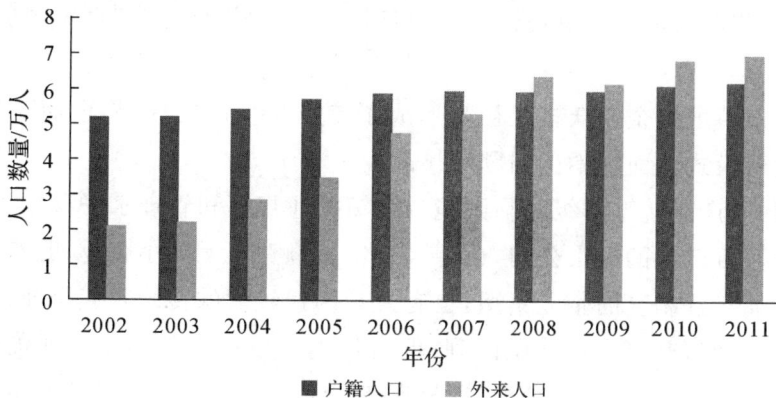

图 4-1 2002—2011 年店口人口数量变化

第三,城镇空间结构的变化。店口镇作为诸暨市的次中心,在空间上具有较强的扩张能力。2001 年,湄池镇并入店口镇,为新的店口镇提供了新的空间。两个镇的建成区实际空间距离不远,现在两个镇的建成区逐渐融为一体。在店口镇工业产业集聚的诱导下,湄池镇原有的乡镇职能慢慢削弱,城镇中心往店口镇方向靠拢。店口镇外部空间的扩散也使得湄池完全地融入了店口镇。这样店口镇就形成了3个片区:湄池片区、中心片区、店口片区。

店口镇和湄池镇建成区空间的相互融合最终形成了一个新的小城市空间。现有的三大片区有明确的分工与合作,并有一定的经济基础作为支撑。原店口镇和湄池镇建成区之间的结合部形成了新店口镇的中心区块,店口镇的行政中心、专业市场、四大产业生产创新中心、现代服务业大都集聚于此。湄池片区的主导功能转向休闲娱乐、教育和居住,工业企业往新中心靠拢。新店口镇建成了浙江首个镇级商贸综合体、首个乡镇四星级农贸市场,建成启用设施齐全的幸福院和设施一流的弘毅小学,现正采用"民资投入、政府租赁"方式,启动"五馆三中心"建设。

第四,推动小城市文明建设。店口镇创办了自己的杂志《城·店口》,拍摄了MV《小城故事》,树立了"365个人"系列人文墙等文化载体,大力培育以"平等、包容、诚信、敬业"为内涵的城市精神,形成普遍认同的城市共同价值观,消除新老店口人的心理隔阂,不断增强市民的幸福感和归属感,还积极挖掘和弘扬以"爱家爱乡、守望相助、诚信敬业、平等包容"为内涵的乡贤文化,这些做法被中央电视台、《光明日报》等中央媒体作为"百家经验"加以推广。

店口镇虽然企业众多且初步形成了专业化生产的优势,但店口镇的小城市发展模式也面临不少问题和挑战:

第一,产业转型升级面临困境。该镇企业规模和管理水平参差不齐,其中既有数百亿元的上市公司,也有大批销售额百万元的小企业;既有已建立现代企业经营制度的企业集团,也有父子两代经营的传统家族企业;大型企业在产业转型升级中走在了前列,但占比达9成以上的中小企业的转型步伐仍相对滞后,产品附加值低、对外部资金依赖性强,加上用工成本的连年增长,不少中小企业的产品利润率已降到不能再降,中小企业要摆脱发展困境仍有一段路要走。

第二,环境污染问题仍然比较突出。店口镇发达的五金制造业对生态环境造成不小的压力,传统的金属加工方式不仅污染了空气和水源,还产生噪音,尤其是"家庭作坊式"的"低小散"企业,环保意识薄弱、生产方式粗放,常存在废气和污水直排、乱排现象。店口镇的环境治理亟待形成常态化机制,重点防止在污染排放上出现反弹。

第三,城镇居民"半城市化"现象依然突出。在店口镇的常住人口中,一半以上的人口是非店口本地人,大多从农业人口转移而来,他们对于城镇生活,仍是相对陌生的,因此,城镇管理仍存在不少问题。另外,"新店口人"是店口镇发展的重要力量,但也带来了一系列的社会问题,如何解决外来人口本地化,如何与本地人口融合,特别是在住房、教育、医疗以及社会保障方面,如何做到同城同待遇,真正做到"共享一座城",仍是一个需要不断探索的问题。

二、生态旅游型——溪口镇

溪口镇位于长三角南翼,奉化西部,距宁波市区 38 公里,是宁波市的卫星镇之一,也是宁波市唯一一处国家重点风景名胜区。全区域面积 379.6平方公里,下辖溪口一村、里村、上山、上白、湖山、新建、联胜、三十六湾等 55 个行政村,4 个居委会,总人口 8.5 万余人。溪口镇先后获得首批国家重点风景名胜区、国家森林城镇、联合国计划开发署中国可持续发展小城镇试点镇、全国小城镇综合改革试点镇、全国小城镇建设示范镇、全国环境优美乡镇、全国美丽宜居小镇、中国十大最美休闲小城、中国气动元件出口生产基地、中国理发器具产业制造基地、全国水蜜桃特色基地等称号。2010 年底,溪口镇被列入浙江省首批小城市培育试点镇。

溪口镇的小城镇发展模式主要以生态环境和历史文化为轴心,带动小城镇的旅游、生态及其相关产业的发展,并形成一种独特的业态优势。溪口镇的发展优势在于其独特的人文景观和秀丽的山水风光,旅游和生态是最重要的一部分。溪口镇地处四明山麓,属多山丘陵盆地,主要河流有剡溪、筠溪、周坑溪、细溪、状元岙溪等。溪口古镇依山傍水,钟灵毓秀。"千年古镇溪口镇、幽谷飞瀑雪窦山、青山秀水亭下湖。"在生态方面,溪口镇辖区内耕地约 2.93 万亩,林地 50.96 万亩,森林覆盖面积达 89.7%;通过"退耕还林"的措施,恢复生态环境,2014 年完成 5000 亩山林"复绿"任务。另外,发展生态农业,在传统的水蜜桃、雷笋和花卉三大产业基础上延伸农业产业链,重点发展高山有机米等特色现代农业园区,农业龙头企业加工的农产品已成功打入日本、美国和欧洲等国际市场,2014 年现代农业总产值 8.61亿元。

溪口镇是蒋介石、蒋经国等人的故里,玉泰盐铺、丰镐房、武岭门、文昌阁、蒋母陵园、蒋氏宗祠等22处历史遗迹保护完整。另外,佛教文化也是一大特色。2008年11月,露天弥勒大佛在雪窦山建成,从而实现了旅游目标的转型升级,溪口—雪窦山风景名胜区成为国家级重点风景名胜区。2014年,来自韩国等境外市场的游客同比增长88.97%。在三大旅游品牌的支撑下,溪口镇旅游从核心景区向全域旅游转变,从观光旅游向度假休闲旅游转型,年游客量突破600万人次,综合收入超过30亿元。

在"旅游、宜居、生态"的基础上,溪口镇搭建以"旅游引领、工业支撑、农业优化"为发展的新路径。溪口镇在工业方面以高效低耗的现代产业为导向,形成了气动元件、美容美发器具、节能照明线缆三大块状经济,其中气动企业300余家,产品销量占全国同类市场35%左右,拥有国家集群示范基地、省区域品牌等荣誉称号;美容美发器具销量占全国1/3以上,是中国美容美发器具生产基地。溪口镇积极推进生态工业,以气动产业为基础打造大岙生态工业园。现有企业法人近1400家,个体工商户3700家。2013年,溪口镇实现地区生产总值40.87亿元,财政收入5.75亿元。

溪口镇的发展理念是"旅游引领、工业支撑、农业优化",走一条不同于其他城镇的发展道路。然而,溪口镇的小城市发展模式也存在一些问题:

首先,城建资金投入单一,市场运作机制匮乏。当前,溪口镇旅游基础设施和旅游产业发展仍以政府投资为主,以企业为主体的市场化运作模式尚未充分形成。第一批小城市培育试点期间,溪口镇旅游项目中的政府投资占比高达60%。市场运作机制相对缺乏,民间资本投入不足,严重制约溪口生态资源的充分开发和利用,并影响着从传统旅游型向养生度假旅游型的转型。

其次,经济总量较小,可持续发展压力较大。相较于其他卫星城试点镇,溪口镇总体经济总量不大,工业经济仍是"短腿"。财政收入较低,所在区域依旧是欠发达地区。

最后,旅游业发展仍处于相对较低的发展阶段,亟须转型。溪口镇虽在打造养生度假城和乡村旅游,但仍处于观光旅游与休闲旅游混合发展阶段。由于溪口镇配套的旅游基础设施和服务不完善,游客逗留的时间较短。

三、均衡发展型——佛堂镇

佛堂镇因佛而名,历史文化底蕴深厚,素有"小兰溪"之称,是浙江四大古镇之一,享有"千年古镇、清风商埠、佛教圣地"的美誉。佛堂镇位于浙江省中部义乌市的南部,紧靠义乌江畔,距中国小商品城10公里。全镇面积134.1平方公里,其中耕地面积32.8平方公里,下辖6个工作片、106个行政村、1个社区。2010年,全镇常住人口14.7万人,户籍人口8.3万人,是义乌市第一大镇。同年,佛堂镇是浙江省27个小城市培育试点镇之一。

佛堂镇历史悠久,曾经是浙江中部的著名商埠。新中国成立以后,佛堂是传统农业大镇,农业在经济发展中占有重要地位。1990年,佛堂镇全镇拥有耕地3562亩,人均耕地面积只有0.82亩,其中大多数为水田,出产的主要是水稻、小麦、糖蔗、柑橘和西瓜等农作物。随着义乌市小商品市场的崛起,佛堂镇的工商业经济也日趋活跃。2011年,佛堂镇实现工业生产总值193.8亿元,其中义南工业功能区发挥了重要作用,全镇共有企业2300余家,从业人员12万余人,规模以上(主营业务收入在2000万元以上)企业66家,形成了纺织、工艺品、食品、医药、金属制品等五大支柱产业。2014年,佛堂镇实现地区生产总值87.25亿元,财政总收入7.44亿元,同比增长9.29%,农村居民人均可支配收入28480元,城镇居民人均可支配收入49311元,城镇化率达到71%。

佛堂镇小城市发展模式有着自己鲜明的特点:

第一,强化工业功能区建设,增强综合经济实力。持续加强义南工业功能区建设,引入省市级科技型企业、高新技术企业,推动佛堂镇的企业品牌建设。大力发展效益农业、设施农业和都市农业,使单一分散的家庭型农业向集体规模型的现代农业转变;与浙江农科院、浙江农林大学等科研院所合作,推广新品种、新技术和新设施,使佛堂现代农业综合区成为省农业十大示范园区。服务行业快速发展,产业结构不断优化。

第二,编制城市规划,不断提升城市建设品位。先后编制《佛堂镇总体规划(2009—2020)》《佛堂镇土地利用总体规划》《佛堂镇城市道路网专项规划》等一系列规划文件,明确国家历史文化名镇、文化旅游工艺品生产基地和义乌国际商贸城副中心三大功能定位,全力实施"中心提升、两翼强化、南北接轨、跨江发展"的空间战略,至2020年实现建成区面积达28.5平方公里,城镇人口达 26 万的发展目标。开展"一江两岸三桥"古镇改造提升,规划 17 平方公里的双林文化园。坚持把古镇保护开发作为第三产业发展的抓手,完成了老街地下管线预埋、鹅卵石路面恢复、古码头重建及古建筑外立面整饬等工程,启动了古民居苑古建筑迁建保护区工程。

第三,深化体制创新,提高管理服务水平。成立佛堂镇财政局,推动扩权强镇改革和"大综合"行政执法改革,提升城市服务管理职能,建设服务型政府;建立"智能化指挥中心—网格长移动终端"网格信息化工作体系,全镇共划分 81 个网格、7 个网格片区,近 60% 的干部下沉至网格,确保网格管理全面覆盖,打通服务群众"最后一公里"。

佛堂镇作为小城市试点镇,也存在一些明显的问题:

第一,面对建成区规模的迅速扩大和常住人口的增加,城市管理机制仍严重滞后,原有农村管理的方式显然无法适应城市管理模式。

第二,传统产业占比高,工业转型升级难。其中纺织服装占比达 40%,而高新技术产业增加值占工业比重仍然很低。

第三,古镇开发保护与城市建设存在冲突。佛堂镇小城市建设正处于大拆迁、大建设的大开发时期,开工项目多,噪音粉尘多,施工不可避免影响古镇的日常保护与利用,甚至是破坏。另外,保护古镇风貌和历史文化需要大量的资金投入,因而时常陷于进退两难的境地。

四、文化产业型——横店镇

横店镇位于浙江中部,离东阳县城约 15 公里。在 20 世纪 70 年代,全镇区域总面积 39.7 平方公里,有 40 个行政村,总人口 2.4 万人,农民收入低。在那个时代,横店镇交通不便,远离港口,没有铁路,缺乏资源。然而,经过 40 多年的发展,横店镇今非昔比。截至 2014 年底,横店镇镇区总面积 121 平方公里,下辖 6 个办事处、10 个社区、18 个行政村。横店镇建成区面积 25 平方公里,总人口 18.2 万人,其中户籍人口 8.7 万人,外来人口 9.5 万人。2014 年,横店镇完成地区生产总值 125.4 亿元,同比增长 11.93%,完成财政收入 28.14 亿元,同比增长 23.96%。

在 1975 年以前,横店镇仍是一个半山区半丘陵的乡村,居民主要从事农业。改革开放以后,横店镇以集体企业为依托,工业迅速发展,横店集团逐渐壮大。横店镇的发展离不开横店集团,40 多年来,横店集团对横店镇建设纯公益性投资达到 20 多亿元,其中光修建马路和桥梁就达数亿元。横店集团采取市场化的运作模式,投资医院、电厂、污水处理厂甚至部分教育机构等市政公共产品和公共服务,并且把这些公共产品作为集团资产运作,日常运营采取企业化管理模式,职工收入与运营收益直接挂钩。根据横店镇政府公布的数据,2012—2014 年,横店非国有投资占全社会投资比重的92.6%,横店集团累计用于小城市建设的资金就高达 150 亿元,投资建设了人民医院、通用机场、客运中心、影视基地以及大量的城市基础设施。

1996 年,横店集团以《鸦片战争》拍摄基地的建设为契机,确定了以建设影视拍摄基地为主的发展战略。至 2004 年,横店集团已经先后在周边农村地区投资了 30 亿元,投资建设了广州街、秦王宫、清明上河图等 13 个影视拍摄基地。仅仅是秦王宫影视拍摄基地的建设,就使横店镇建成区向南延伸了 2 公里;广州街影视拍摄基地的建设使横店镇建成区向北拓展了 3公里;八面山影视拍摄基地的建设使横店镇建成区向东拓展了 2 公里。横店镇成为中国首个"国家级影视产业实验区",被美国《好莱坞报道》杂志称为"东方好莱坞",现已经成为国家 5A 级景区和全球规模最大的影视拍摄基地之一。影视拍摄基地的建设推动了城镇基础设施建设,城镇供水网、供电网也随之延伸,进而将周边的农村地区纳入了城镇范围,加速了横店城镇化建设的步伐。

自小城市培育试点开展以来,横店镇建成区建设主要发挥企业的主导作用,政府则将财政资金主要用于公共服务事业和市政设施建设,进而带动全社会投资 51.7 亿元,主要用于社会事业、基础设施和生态环境领域,建设了 64 个项目,占全部投资比重接近 1/3。横店镇建设用地主要是利用山丘坡地,可以说,横店镇是利用山丘坡地的一个典型。在经过几十年的建设以后,横店镇已经在海内外产生了巨大的影响。

横店镇的发展模式具有"工业化超前、城镇化滞后"的特点,主要问题在于城市定位不明确、规划缺位、基础设施和公共服务滞后等。

第一,在城镇发展理念、规划、建设和管理方面,政府与企业之间并不协调,缺乏必要的分工。城镇的规划、建设和管理衔接度不够。在建成区,政府难以介入,而在非建成区,又需要政府来进行管理,两者之间有时候会形成矛盾。

第二,横店镇的建成区空间分布从小城镇形态建设的角度来说并不合理,各个影视拍摄基地较为分散,与商业街之间缺乏必要的衔接,形成有影视城而无城镇街区的格局。

第三,公共文化设施缺乏。横店镇虽然在影视景区建设及相关配套设施方面投入了大量的资金,大大地改善了镇区的环境和面貌,提升了横店景区的旅游服务功能,但是,在剧院、展览馆、美术馆、博物馆、图书馆等公共文化设施的建设方面,与现代化小城市的标准仍有距离。横店镇的文化、体育、休闲娱乐场所匮乏,不能满足居民及游客日益增长的需求。

这些因素在一定程度上会影响到横店镇的可持续发展。

五、古镇新城型——新登镇

新登镇位于杭州市西南部,与桐庐、临安接壤,区域面积 180 平方公里,距富阳城区中心 25 公里,浙江 05 省道、14 省道、23 省道在镇区交会。全镇下辖 28 个行政村、4 个社区,常住人口 10.4 万人。新登镇以其悠久的历史文化和深厚的人文底蕴而著称,三国黄武五年(226)置县,至今已有近 1800 年历史。老城区历史遗迹保存较为完整,现存有古城墙、古城河、联魁塔、古牌坊、圣园碑林、罗隐碑林、湘溪廊桥等文物古迹,古城墙更是历经 1300 余年仍基本保存完整,在浙江省内极为罕见。新登镇目前是富阳市第一大镇,是富阳市西部的经济、文化、商贸中心,城镇建成区功能齐全。2010 年 12 月,新登镇被列入浙江省第一批小城市培育试点镇。

改革开放以来,新登镇较早走上了乡镇企业带动城镇化进程的道路。在 20 世纪 80 年代,乡镇企业发展相当迅速,被誉为"头上一把伞,身上一件衣,脚上一双鞋",轻纺织业非常发达,但在 90 年代以后,新登镇轻纺织业的发展便面临着巨大困境。2008 年以来,新登镇主动对接大杭州,利用杭州市产业布局调整的机遇,规划建设总面积 10.97 平方公里的富阳经济开发区新登新区,一大批具有带动力的大企业入驻新区,包括新兴铸管集团有限公司、杭州中策橡胶有限公司、富春江冶炼有限公司等大型企业的重点项目,新登镇的社会经济发展进入了快车道。2014 年,新登镇实现工农业总产值 257.5 亿元,比上年增长 15.4%;其中工业总产值 249.1 亿元,农业总产值 8.4 亿元;全年实现财政总收入 4.4 亿元。

新登镇把小城市培育试点作为推进新型城镇化、统筹城乡发展的有效载体,按照浙江省小城市培育试点工作目标,制订了《新登镇小城市培育试点三年行动计划》，以"富阳市域副中心、杭州西部产业新平台、富春江畔宜居宜业小城市"为功能定位，抓住新区、新城与新农村建设三条主线，通过突出定位、健全机制、政策扶持、要素保障、项目支撑等各项工作举措，经济建设和社会发展迈上了新台阶。

新登镇的小城镇发展思路是从倚重核心区、新登新区，向老城区、核心区与新登新区统筹发展转变，从倚重工业向工业、服务业和农业协调发展转变，从倚重城市向城乡协调发展转变，在继续推进核心区、新登新区建设的情况下，加快老城区和农村地区的发展。经过几年的努力，新登镇经济实力明显增强，城镇基础设施与公共服务水平得到有效提升，城市魅力初步显现。

新登镇发展模式主要得益于以下几个方面：一是对接大杭州，盘活闲产，发挥工业平台辐射延伸作用。二是实行"退二优二、退二进三、退工兴城"，承接"新商回归"。三是优化城镇空间布局，提升城镇品位，扩容现代服务业，增设金融网点，引进并扶持民营金融机构，降低企业融资成本，服务小微企业。四是提升休闲旅游产业，发展农家乐、乡村游，增加休闲旅游产业的产值和从业者收入，扩大农民充分就业。五是加强社会关爱工作，扶持青年网商开网店，增加失业、待业青年收入；扩容残疾人阳光庇护中心，增加残疾人家庭收入。六是加强农业生产改革力度，依托农民专业合作社加强农业经营，打造农产品品牌，增加农产品附加值；依托科技兴农，提高农产品产量和质量；全力实施宅基地复垦，增强农业可持续发展能力，增加村级集体经济收入；依托水库塘坝资源，经营精品水产，增加村级组织集体收入；盘活山林资源，增加林业经济收入等。

虽然近年来新登镇小城市培育试点取得了一定成效，但仍存在一些明显的问题：一是传统乡镇企业大多"低小散"，转型升级压力大。二是财政收支不平衡，城镇建设资金依然短缺，基础设施建设滞后，老城保护需要大量资金，提升城市品质仍有挑战。三是规划管理功能薄弱，小城镇建设仍缺乏统一的强有力的整体规划，虽然环境卫生有了较大提升，但城镇特色不明显、品质不高，影响了乡镇人口和乡镇企业的聚集。四是公共服务遇到瓶颈，虽然也有医疗、教育和其他公共设施，但服务水平有待提高，以留住更多的人才。

　　六、均衡发展型——分水镇

　　分水镇位于浙江省杭州市桐庐县的西部,是浙江省中心镇、第二批小城镇综合改革试点镇、桐庐县的副中心城镇。分水镇地处杭州—千岛湖—黄山的黄金旅游线上,距杭州 80 公里,距千岛湖 57 公里,距桐庐县城 35 公里,浙江 05 省道、16 省道在此交会,距离闻名的瑶琳仙境仅有 10 公里。镇域面积 299.43 平方公里,有 26 个行政村和 1 个居委会,建成区面积 5.4 平方公里。2013 年,全镇常住人口 5.1 万人,流动人口 2.3 万人。2014 年,分水镇实现地区生产总值 29.5 亿元,同比增长 14.3%;完成固定资产投资 22.06 亿元,同比增长 10.24%;完成财政总收入 3.41 亿元,同比增长 21.79%。

　　在 20 世纪 70 年代末,分水镇的制笔业开始兴起,其后成为这个镇的支柱产业。经过 30 多年的发展,已形成从产品设计到模具加工、原料供应、元件配套、加工生产,再到产品包装、物流销售等,集产品开发、加工生产、贸易销售、笔业市场于一体的产业集群,成为杭州地区特色鲜明的块状经济带。2002 年,分水镇被中国轻工业联合会和中国制笔协会命名为中国制笔之乡。作为闻名的"中国制笔之乡",分水镇现有制笔企业 600 多家,配套企业 300 多家,开发出圆珠笔、中性笔、水性笔三大系列 3000 多个品种。2007 年,全镇产销各类塑料笔 62 亿支,产值达到 28 亿元,产值和税收的贡献率均约占全镇的 65%。分水圆珠笔的产量占全省的 70%,全国的 40%。制笔业的发展和繁荣不但解决了当地农民的就业问题,还吸收了 2 万多外来人口,而且辐射到了周边的县和乡镇。习近平在任浙江省委书记期间,曾视察分水制笔业,提出了"做大做强、强化特色、拓展空间、城乡联动"的"十六字"发展方针。[①] 2016 年全镇共有制笔及配套企业 992 家,2000 万元以上规模制笔企业 19 家,吸纳从业人员 1.2 万余人,全行业实现总产量 76 亿支,销售收入达 62.8 亿元,五年来增加 18.5 亿元,年均增长 7.2%。

　　2010 年 12 月,分水镇被选为浙江省首批小城市培育试点,近几年发展成效显著,其小城镇发展模式具有以下几个特征:

---

　　①　杭州日报:《杭州桐庐县委书记朱华:努力建设山清水秀民富县强的美丽中国》,杭州网,2017 年 12 月 6 日,https://z.hangzhou.com.cn/2017/lhxzc/content/2017-12/06/content_6734629.htm。

第一，对照浙江省小城市培育试点工作要求，编制《小城市三年行动计划》，修编完成了新一轮城市总体规划和土地利用总体规划，完成老城区、中心区、南门区块、库区休闲度假核心区、滨江片区（江东区块）、工业功能区（天英区块）控制性详细规划的编制，制定并实施《城镇规划管理技术规定试行办法》，围绕"一城三地"（富春江畔绿色生态城市、中国制笔科创基地、浙江绿色农业基地、杭州休闲生态旅游胜地）目标定位，提出了"不求大而求精，不求全而求美"的发展要求，努力创建特色鲜明的小城镇。

第二，明确功能分区，进一步拓展城镇发展空间。建设东溪、天英、城西三大园区，为产业发展拓展空间；充分利用"中国笔乡网"资源，完善网上电子商贸平台，完善"一带一园一中心"建设，"一带"为桐庐产业带，通过做大一马平川电子商务品牌，积极开拓代运营业务，为中小企业提供电子商务运营服务，扩大电子商务进企业的覆盖面。"一园"为分水电子商务创业孵化园，集综合服务、人才培训、咨询代办、管理协助等功能于一体。"一中心"为中国（杭州）制笔知识产权快速维权中心，形成国际国内、实体虚拟市场互为补充、互相依托的较为完善的市场营销网络。

第三，做强特色农业，打造"美丽乡村"。推进农业产业现代园区建设，打造粮油功能区、高山蔬菜基地、油茶基地、青笋竹基地四个农业现代园区。创建杭州市清洁能源乡镇、农作创新项目，实施中药材水稻轮作、粮油功能区稻田养鳖、高山蔬菜套种香榧等农作创新项目。积极对接阿里巴巴农村电商计划，发展农产品电子商务。做靓美丽乡村精品区，按照"以清新淳朴江南民居风格为主导的时代特征"这一新农村建设的要求，先行启动杭派民宿民居建设，全省农房改造示范村试点建设，串点成线，连线成片，努力打造"美丽乡村"精品区。

第四，建管并举，塑造分水镇新面貌。推进"主城区丰满提质，商住区沿江东进，工业区沿线西延，休闲旅游区南北拓展"发展战略，深入开展洁化、序化、绿化、亮化、美化"五化"工作，全面提升"窗口"形象，以医院、学校、市场、房产的建设带动新区开发，以文体中心改造提升、新淳路立面改造、武盛古街改造等项目的实施推动旧城改造，着力创建国家级宜居小镇。在背街小巷地段进行老城区、老街巷、老小区、老宿舍等"四老改造"，打造"活力分水、靓丽分水、生态分水、和谐分水"新名片。

分水镇虽然在小城市试点改革方面取得了一些成绩，但也存在一些明显的问题:一是制笔行业一枝独秀,但产业利润率不高,需要继续提高科技含量,以提升赢利能力;二是城镇规划水平不高,缺乏区域性合理布局,新区大量现代建筑破坏了生态景观的整体性;三是建设投入不足,筹资渠道单一;四是城镇环境欠优,相关配套政策滞后;五是管理不力,对外形象较差。虽然分水镇拥有天然的优良生态环境,但小城镇的知名度并不高。

七、工贸型——壶镇镇

壶镇镇位于缙云县东北,距缙云城区25公里,位于瓯江支流好溪上游,坐落在括苍山西北麓的好溪冲积盆地上,地处"三市(丽水、金华、台州)四县(缙云、永康、磐安、仙居)"交界处,自古有"浙南北窗"之称。该镇交通优势明显,台金高速公路东西贯通,42省道、35省道南北穿连,高速铁路也在规划中。现有镇域总面积228平方公里,建成区面积4.5平方公里,下辖55个行政村、5个居委会,户籍人口8.1万,常住人口10.2万。

壶镇镇是缙云县的副中心城市和丽水市的工业重镇。改革开放以来,壶镇抓住乡镇企业发展的机遇,市场经济意识得到了充分发挥,各类企业如雨后春笋般崛起,相配套的各类市场也随之兴旺,已经形成缝纫机、带锯床、工刃具、建材金属、炊具等块状产业集群,尤其是缝纫机行业和带锯床行业,产值分别达到全国的10%以上和60%以上,是"全国重要的家用和工业特种缝纫机生产基地""全国最大的带锯床生产基地""浙江省机床工具品牌商标基地",带锯床和特色机械装备产业被列入全省21个块状产业向现代产业集群转型升级示范区试点。2014年,壶镇镇实现地区生产总值58.35亿元,固定资产投资36.45亿元,工业总产值173亿元,财政总收入7.01亿元。

自2010年启动小城市培育试点工作以来,壶镇镇以建设"特色机械装备城、生态文化名城、丽金台三市交会新兴城"为目标,走出一条"产城互动、创新驱动、民生带动、文化推动、民意促动"的绿色崛起、科学跨越之路。壶镇镇的小城市培育试点工作得到上级充分肯定,在浙江省2011年度小城市培育试点考核中,获得优秀等级(第九名),在浙江省2012年度小城市培育试点考核中,壶镇镇获得良好等级。壶镇镇小城市培育的基本措施归纳如下:

第一,坚持规划引领。壶镇镇坚持以规划引领城市发展,在全省镇一级率先采用《区域经济和社会发展规划》《城市总体规划》《土地利用总体规划》"三规合一"的做法进行镇区规划，保证了规划的实用性和前瞻性。此外，2012 年壶镇镇新编两个控制性详细规划，分别为《缙云县壶镇镇苍山区块控制性详细规划》和《缙云县壶镇镇中心区控制性详细规划》，实现了全镇控规的全覆盖。适当超前的规划和科学准确的功能定位为壶镇的小城市培育指明了方向。

第二，坚持创新驱动。壶镇镇在小城市培育中，不走简单的城市规模粗放式扩张的老路，而是坚持走创新驱动的新型城市化之路，积极创新机制，出台政策措施，为小城市培育提供强有力的政策支撑。充分利用扩权强镇政策机会，推行以"部门放权、壶镇镇受权、就地服务、双重领导"为特征的扩权强镇新模式。创新投融资体制，将原有的六大商业银行全部升级为二级支行，同时新增浙江杭银村镇银行、稠州商业银行以及晨龙小额贷款三家股份制银行，为小城市培育营造了良好的投融资环境，保证了丽缙五金科技产业园区等一批重大项目的顺利推进。创新城市管理体制，积极推行数字城管，破冰宅基地置换住房改革，快速推进城镇人口集聚速度，探索农民市民化改革，创新户籍管理制度。

第三，坚持"产城互动"。城镇化与工业化互为表里，在壶镇镇小城市培育的过程中，坚持把实现新型城镇化和新型工业化互促共进作为一项重要目标，统一规划，同步推进。

第四，坚持民生带动。试点小城市培育以来，壶镇镇通过争取民生扶持政策、加大民生基础设施投资，以打造优质教育、放心医疗、安居工程、环境整治、安全生产、精品文化、保障就业为重点，不断改善居民生活质量。

第五，坚持民意促动。壶镇在小城市培育中注重听取民意，汇聚民力。一是充分利用互联网等新兴媒体与民众互动，听取他们对城市发展的意见建议，如壶镇官方微博的原创量和听众数均位于全县各乡镇首位。二是建立了全市首个乡镇级规划展览馆，并对公众开放，班子成员和党委代表轮流接待参观群众，直接听取群众对壶镇小城市培育的意见建议。三是建立重点项目监督员队伍，让"两代表一委员"与普通群众参与到全镇重点项目的一线监督，形成社会大众支持项目建设的良好环境。

壶镇的小城镇发展模式存在的问题如下：一是经济发展和城市建设明显不匹配，城市基础设施亟待改善。壶镇过去几十年坚持"发展就是硬道理",敢闯、敢拼的壶镇人确实在相应领域打下一片天地,但是城市建设、居住环境、卫生状况等明显滞后。二是需要培育城镇未来发展的核心竞争力。壶镇的发展过去很大程度上主要依赖于地理优势、传统优势,尚缺乏强劲的投资吸引力。提升壶镇软实力,吸引人才并带动落地产业走向高端是壶镇面临的一项重大挑战。

八、传统工业型——贺村镇

贺村镇位于江山市区西南 12 公里处,浙赣铁路、205 国道、浙江 46 省道穿境而过,是浙西商贸重镇,江山市重要的工业基地,全国小城镇建设示范镇和浙江省新农村规划试点镇。贺村镇镇域面积 129.52 平方公里,下辖 2 个社区、45 个行政村,建成区面积 8.5 平方公里,总人口 9 万余人,其中户籍人口 8 万余人。

贺村镇的工业发展与其位于浙赣铁路和 205 国道交会处的交通位置优势密不可分。改革开放以来,贺村镇抓住发展机遇,木材加工企业大批出现,成为浙江竹木工业专业区,其他行业也随之兴起。已初步形成建材水泥、竹木加工、机电五金、纺织服装、食品与饲料加工、文体用品等 6 个主导产业,形成了以竹木加工为主导产业的专业市场,是国内最大的人造板生产基地、浙江省木门产品商标品牌基地。2002 年 11 月,贺村镇被衢州市确定为四个经济强镇之一,同年被命名为浙江竹木工业专业区。2010 年,贺村镇成为浙江省首批重点培育的 27 个小城市试点之一。2013 年,贺村镇完成工业总产值 132.3 亿元;2014 年,全镇实现地区生产总值 46.6 亿元,同比增长 12%;固定资产投资额 35.17 亿元,同比增长 15%;城镇常住居民人均可支配收入 2.66 万元,农村常住居民人均可支配收入 1.73 万元,同比分别增长 11.4%和 12.8%。

贺村镇的小城镇建设布局是"一城二园三区":"一城"指江东新城,位于江山港东面;"二园"指莲华山工业园和贺村工业园,其中莲华山工业园为产业集聚大平台,规划面积 23 平方公里;"三区"则是指镇北居住区、镇中核心区和镇南商贸区,均位于江山港西面片区。贺村镇开展"四纵六横"7 公里的道路网建设,整治提升江贺经济走廊贺村段、贺康路、贺滨路、江滨路等交通主干道,实施 205 国道江山贺村互通立交工程,全面改善镇区交通条件;同时,相继开发顺和家园小区和香樟花苑小区,建设江滨休闲绿化带和贺滨休闲文化广场,初步形成"一江两带"滨水城市形态,进一步提升贺村小城市功能品位。

贺村镇的小城镇发展模式在浙江省内陆区域具有一定的典型意义。一是传统工业占有主导地位。在贺村镇的小城镇发展过程中,传统的建材水泥、竹木加工、机电五金、纺织服装、食品与饲料加工、文体用品依然是经济增长的主要力量。与第三产业相比,工业仍占有绝对优势。二是城镇建成区规模迅速扩大,由原沿国道线的两侧的城镇开始发展成相对独立的城市空间。三是工业经济获得较大发展,尤其是由传统的建材产业逐渐向机电产业和文体用品产业拓展。四是小城镇管理水平也有了较大的提升。

然而,贺村镇的小城镇发展模式也存在着一定的不足:一是小城镇规划超前,但难以构建独立的城市形态。贺村镇距江山市区仅 12 公里,在《江山市域总体规划(2006—2020)》中,贺村镇仅是江山市江贺工业区块的一部分,虽然现在做了"一城二园三区"的规划,但在实施过程中,这些区块空间规模非常大,似乎在短期内难以吸引大量的企业。城镇人口的发展趋势似乎也不支持小城镇的大规模建设。二是贺村镇的最大问题是传统产业的转型升级。一方面,贺村镇的企业普遍存在规模小、产品单一、科技含量低、产品附加值低、企业可持续发展能力较差,面临产业层次、企业档次的升级。另一方面,竹木工业专业区主要以水泥和竹木加工两大产业为主,都是资源消耗型产业,尤其是水泥在生产过程中对环境污染较大。经济增长方式是粗放的,"高投入、高消耗、高污染、低效率"现象较突出。三是贺村镇的小城镇管理水平仍有待提高。贺村镇在行政管理、医疗卫生、社会保障等方面仍处于较低水平,环境整治还不够理想,包括道路整治和清洁卫生。

九、生态健康型——乾潭镇

乾潭镇地处富春江—新安江—千岛湖国家级风景名胜区中段,是建德市的东大门,也是富春江国家森林公园的核心区域,杭州"三江两岸"黄金生态旅游线的重要节点,距杭州市城区 80 公里,杭新景高速公路横贯全境,并设有 2 处高速互通口。乾潭镇域面积 386 平方公里,居全省乡镇镇域面积之首,建成区面积约 3.4 平方公里,辖有 24 个行政村和 1 个社区,常住人口 6 万人。经过 20 多年的艰苦努力,乾潭镇逐步发展成为建德市东北部的经济、文化中心和商品集散地。2014 年实现地区生产总值 29.17 亿元,增长

8.2%;其中第三产业增加值5.8亿元,增长13.73%;财政总收入1.82亿元,增长8.33%。

作为浙江省第二批16个小城市培育试点单位之一,乾潭镇的生态资源优势较为突出。乾潭镇地理位置优越,自然资源丰富。

首先,城区位于山间盆地中,其南面为气势磅礴的乌龙山。乌龙山系天目山支脉昱岭山的东南脉,主峰高909.7米。山上植被茂密,空气清新,自古就是避暑休养的场所。

其次,富春江穿越乾潭镇境内,从建德市梅城镇至桐庐县富春江镇的水面,俗称七里泷,大部分水域在乾潭镇。七里泷有著名的峡谷风光,这就是历史上著名的"七里扬帆"景观。

最后,在乾潭镇境内,有富春江国家森林公园的核心区域。富春江国家森林公园是1995年7月经林业部批准建立的,面积达90平方公里。乾潭镇森林覆盖率为82%,森林总面积为113.75平方公里,形成了满目青山、苍翠欲滴的景观。在土地利用总体规划图中,这种状况已经清楚地呈现出来。

乾潭镇除了有自然生态资源优势,也有着良好的工业基础。家纺行业起步较早,历史悠久。乾潭镇的家纺产品主要为各类绒毯、毛毯、被子、枕头、靠垫、坐垫、床单、床罩、成衣、窗帘、浴帘、浴帽等,已经形成了裁剪、缝制、针织、绣花、印染、整烫、包装等一整套完善的流水线程序。其他行业也有比较好的基础,五金机械和服务业有了大幅提升。

乾潭镇小城镇发展模式的优势与不足一样突出:一是乾潭镇的自然生态资源非常丰富,是小城镇可持续发展的基础,但境内交通不便;二是传统工业基础良好,但家纺、五金机械等行业的转型升级压力巨大;三是服务业发展迅速,但城镇建成区的服务业水平仍严重滞后。在今后的小城镇发展中,乾潭镇应该突出生态资源优势,做足生态文章,充分发挥东西部"无人区"200多平方公里的森林产生的生态效应,使其转化成产业动力;促进传统工业转型升级,寻找创新源泉;合理科学地规划小城镇的建成区建设,以一流的规划来确保小城镇的可持续发展。

十、小县大城型——云和镇

云和镇是云和县的城关镇,位于云和县中部,为县政府驻地,是全县的政治、经济、文化中心。横跨龙泉溪支流浮云溪两岸,东接云坛乡,东北邻石塘镇,南界安溪畲族乡,西连崇头镇,北靠紧水滩镇,属中亚热带季风气候,四季分明,温暖湿润。全镇总面积 145 平方公里,下辖 6 个社区居委会,37个行政村,173 个自然村,319 个村民小组。全镇有 7.3 万人,其中农业人口2.9 万人,非农业人口 1.9 万人,流动人口 2.3 万人。

云和县总面积 984 平方公里,地处浙江南部丽水市腹地,素有"九山半水半分田"之称,总人口约 11 万人,其中农业人口 9.03 万人,占 82%。在农业人口中,有相当一部分祖祖辈辈都居住在高山、深山、库区及地质灾害隐患区,生产生活条件比较恶劣。作为一个相对欠发达的地区,人口数量小而又居住分散,云和县的财力无法解决基础设施建设问题,无法改善山高路远地区的交通、通讯、水电、医疗卫生、文化教育等生产生活条件,也无法让这些地方的人民享受现代社会的发展成果。

基于这样的客观条件,云和县在 20 世纪 90 年代中期就提出了"小县大城"的战略,其核心就是通过制定优惠的下山转移政策,引导和鼓励居住在库区、地质灾害隐患点和高山远山的困难居民向县城、建制镇和中心村转移。这种"小县大城"的发展模式使云和县的人口逐渐向县城聚集,县城人口现已达到全县总人口的 65%,近年来云和更是将"小县大城"作为打破城乡界限,城乡统筹发展,主动引导产业、人口、要素等向县城集聚,通过做大做强县城这个增长极,提升集约化水平,带动县域经济社会整体实现跨越式发展的战略。基于云和县的发展状况,云和镇入选浙江省第二批小城市培育试点。

云和镇小城市发展的主要特征有:

第一,产业集聚并加快转型升级。云和镇按照"集中布局、用地集约、产业集聚"的原则,结合区域资源环境承载能力、产业基础和发展优势,统筹产业布局,抛弃传统的工业企业无序、分散和小而全的传统经营模式。以园区建设为载体,产业集聚为抓手,制定相关的扶持和引导政策。全县 95% 的产业和企业集中在云和镇,其中 1/3 的企业安置在工业园区,这为后期实施"下山工程",实现人口集聚提供了可能。政府通过引导木玩、阀门产业转型升级,推进小微企业创业平台建设,鼓励电子商务、旅游等第三产业发展方式,大力推动产业集聚发展,2014 年新增个体工商户 1871 户,同比增长24.2%,增幅位列丽水市第一。

第二，人口加速集聚。云和县通过"下山工程"等制定一系列包括土地、建房、创业扶持、户籍以及税费等优惠政策，吸引人口向县城集聚。在县城云和镇新车站附近，建设了第一期为农民自行建房的农民新村。由政府统一规划，房屋结构为排屋式建筑，以 2.3 万～2.8 万元/亩的价格将地基优惠出售给农户，由农户自行建设；县政府统一建设农民公寓，以接近成本价的价格出售给农户，面积一般在 90 平方米以下，普光农民公寓出售给农民的房为 1650 元/平方米，还不到当地商品房价格的一半。通过这种方式，目前全县 70％以上的人口集中在县城，城市化率迅速提高，达 64.1％。

第三，科学规划，提升城镇的生活品质。云和县秉持"老云和、新童话、真山水"规划理念，对云和镇做了科学合理的规划，形成了"南山行政服务和文化创意中心"、"城北旧城提升区"、"城东现代服务业集聚区"和"城西现代制造业园区"，这样的布局为未来小城市建设打下了一个良好的基础。同时，结合"美丽县城"建设和小城市培育试点的契机，把县城当作景区建，把单体建筑当作景观建。如今，包括仙宫大道景观提升工程在内的城市建设"六个一"工程相继完工。在自然环境的衬托下，整个县城呈现出景城交融、童话色彩突出的特点。

第四，生态环境进一步优化。偏远地区人口的大幅度搬迁，特别是整村搬迁，有效缓解了当地生态环境面临的压力，植被覆盖与生态多样化得到恢复。2014 年以来，通过"五水共治"，第一批 50 个村的生活污水治理项目完成建设，首批通过丽水市治水办"清三河"达标验收，提前实现"一年变净"的目标，并结合"六边三化三美"，进一步优化了生态环境。2014 年，云和县出境 Ⅱ 类水以上天数比例达 100％，全年空气环境质量优良天数达 330 天，PM 2.5 均值为 35 微克/立方米，县城环境空气质量达到国家二级标准，位列浙江省第 9 位。

第五，体制机制创新，提升城市的综合服务水平。推进全国扶贫改革和农村金融改革，先后实施了农村集体产权制度、户籍管理制度等改革，推出宅基地使用权跨社流转、农村住房按揭贷款等创新举措。2014 年 12 月 15 日，云和完全取消了农业和非农业户口性质划分，将城镇、农村居民户口统一登记为"居民户口"；建立城乡统一的劳动力市场，完善城乡就业服务网络，定期举行人才市场交流会，为下山转移农民就业架设桥梁；制定转移农民就业扶持政策，实行农民培训制度，在农民安置小区开设农民技能培训场所,免费为下山转移农民开展职业技能和实用技术培训,还建立了来料加工培训基地,引导无就业门路的下山转移农民从事来料加工业务。云和县明确规定,下山转移对象转为非农户口的,享受城镇居民待遇;下山转移对象的子女就学享受居住地居民子女同等待遇;进城镇落户农民不仅可保留土地承包权、集体资产收益权、宅基地使用权,还可享受与城镇居民同等的劳动就业、社会保障、教育、卫生等权益和待遇。

云和的"小县大城"发展模式是典型的,成绩也是显著的。2014年在浙江省小城市培育试点考核中,云和在生态环境保护、生态经济发展、生活品质提升、人口产业集聚和体制机制创新五个方面获得重点生态功能区总分第一,被浙江省政府评定为优秀。

然而,这种模式也同样面临不少问题。

第一,城市管理面临挑战。主要有两个方面的原因,一是短期内快速的城市化所带来的问题,如城市配套基础设施跟不上、城市公共服务不完善、居民的市民意识不强等,给城市管理带来巨大的压力。二是下山移民带来的生活方式挑战。"下山工程"把全县35%的山区人口吸引到县城居住,他们原有的生产方式、生活习俗和行为方式与原有城市居民存在差异,文明程度也有差距,这给社会服务与管理带来一定的难度。

第二,建设资金缺口巨大,财政资金有限。云和县经济总量小、财力薄弱,无法满足产业和人口快速集聚以后产生的城市基础设施、教育、文化、卫生等需求。二是上级政府实施扶持的一些民生项目,要求欠发达地区与发达地区实行相同的配套比例,以及许多专项转移性支付要求定向用于农村或偏远山区的公共服务建设,与目前云和县人口布局并不相符,进一步弱化了县城的公共服务能力。三是居民要求提供高质量公共服务产品的愿望与推进公共服务均等化的矛盾仍然比较突出。

第三,产业亟待转型升级。云和县坚持城市化与工业化"双轮"驱动,推进企业集聚到园区发展,提高产业竞争力。但是,目前云和的主导产业是木制玩具、阀门铸造等行业,属于劳动密集型产业,产业层次偏低,企业规模较小,自主创新能力不强,缺乏核心技术和关键技术,在生产、市场、研发等方面难以形成规模经济优势和竞争优势,在现有产业背景下,急需转型升级和创新发展。

第三节　海岸(海岛)型城镇

　　浙江省是沿海省份,海岸线总长约 6700 公里,其中大陆海岸线 2200 公里,海岛岸线 4500 公里,有面积 500 平方米以上岛屿 3061 个,是中国岛屿最多的省份。浙江沿海区域海岸线曲折,港湾众多,小城镇分布广泛。与平原型、丘陵山地型相比,海岸(海岛)型城镇具有明显的差异:一是具有优越的海洋资源,通常具备港口、渔业、运输和其他海洋产业的发展条件,但土地、水和森林资源稀少;二是人口数量相对较少,竞争力弱;三是城镇基础条件差,交通严重滞后。在现代条件下,海岸(海岛)型城镇存在生态系统的脆弱性,无限度围垦海涂、近海养殖、海洋资源开发容易引发环境污染和生态破坏,2011 年国务院批准的《浙江省城镇体系规划(2011—2020 年)》中就强调了海岸地带与岛屿重点要对围垦区、岸线、大型岛屿等空间资源要加强管理,海岸(海岛)型城镇具有良好的发展前景,但也需要尊重规律,以实现经济社会的可持续发展。

　　一、临港产业型——六横镇

　　六横镇位于舟山群岛南部海域,西距宁波北仑 7.5 公里,与梅山国家保税港区隔海相望,北距沈家门港 24.8 公里。六横镇辖区内包含六横、佛渡、悬山、对面山和凉潭 5 个住人岛,以及 30 个无人岛、80 个岛礁,陆域面积 121 平方公里。六横岛是舟山群岛的第三大岛,下辖 9 个社区、45 个行政村、87 个村(社),户籍人口约 6.5 万人,常住人口约 10 万人。2014 年,六横镇实现地区生产总值 73.1 亿元,同比增长 12.5%。

　　直到 21 世纪初,六横镇仍然交通不便,经济发展还相对滞后。其后,随着基础设施、交通条件的改善,六横镇的经济发展驶上了快车道。2008 年 5 月,六横镇的管理体制进行了重大调整,挂牌成立了舟山市六横开发建设管理委员会,2011 年成为舟山市唯一的省级小城市培育试点镇。2013 年,浙江舟山群岛新区六横管理委员会成立。六横镇的发展定位是临港产业岛群,岛群范围以六横岛为核心,包括虾峙岛、佛渡岛、东白莲岛、西白莲岛、凉潭岛、湖泥岛等,现已初步形成以船舶修造、港口物流、休闲旅游等产业为主的临港产业雏形,下一步着重发展港口物流、大宗商品加工等现代临港产业和海水淡化、深水远程补给装备、海洋新能源等海洋新兴产业。

六横镇的小城镇发展模式具有独特的区位资源禀赋及优势:

第一,优越的地理位置。六横岛地处长江、钱塘江和甬江的入海处,上海、宁波、舟山港通往世界各地的主要国际深水航道虾峙门航道和条帚门航道都在六横岛附近,岛西部的双屿港是 16 世纪著名的国际贸易港。六横岛是舟山南部最靠近大陆的大岛,西北距宁波北仑仅 7.5 公里,距国家保税港区梅山岛仅 4.2 公里。随着宁波舟山港口的一体化,特别是宁波穿山疏港公路(六横—宁波跨海大桥)的建设,六横岛的区位优势将更为突出。

第二,丰富优质的岸线港口资源。全岛海岸线总长 85.05 公里,其中水下 10 米以上水深,并且有一定腹地配套的岸线 36.3 公里,占整个舟山市可用深水岸线的 21.93%。全区域可通航水道 11 条,岛西北双屿水道、汀子港是我国沿海南北航线的主航道;岛东北的条帚门航道可通航 20 万～30 万吨级船舶,为国际备用航道;岛北紧靠虾峙门国际航道,岛附近的虾峙门锚地、峙头锚地、东浪咀锚地、马峙门锚地为国际锚地。六横岛区域就是宁波舟山港的核心区域,综合建港条件得天独厚。

第三,宽广的平原腹地。六横岛的平原腹地面积较大,超过 50 平方公里,土地储备相对丰富,这些土地基本集中在岛屿中部。与深水岸线较近,岸线和腹地的良好配合在舟山其他岛屿和周边区域都较为少见,为海岛小城市建成区扩展奠定了基础。

第四,良好的城镇基础设施和配套服务基础。岛陆交通、电力、供水等重要发展要素基本获得保障,能够满足六横镇经济社会的发展需要。

六横镇是一个典型的海岛型小城镇,海岛、海岸与港口资源优势突出,但其发展也存在着一些制约因素:一是海洋资源并不突出。六横镇的渔业资源几乎已经消失,养殖面积不大,滩涂资源有限。"围填海造地"的海岛资源优势也在逐渐消失,大规模地围海造地容易改变原有岸线环境,破坏海洋资源。二是港口、物流、船舶、化工和能源项目容易受国际产业大环境的影响,产业发展波动性很大;另外,大规模的重化产业布局也易造成生态环境问题,进而影响海岛居民生活环境。三是海岸(海岛)型小城镇同质化竞争日趋激烈,如金塘镇、石浦镇的发展模式也有类似之处。四是岛屿的基础设施仍相对薄弱,与外部的联系虽有改进,但仍显不便。

二、古镇新城型——石浦镇

石浦镇地处宁波市象山县,象山半岛南端,距宁波市区约 100 公里,镇域面积 126.06 平方公里(含海岛面积 19 平方公里),常住人口 11 万人,流动人口 4 万余人。辖 8 个社区、2 个居民区、54 个行政村。2005 年 11 月,石浦镇入选中国历史文化名镇,镇区保存有中街、延昌街、后街、城隍庙弄等具有渔港传统风貌的老街古巷,又有城隍庙、二湾摩崖等反映海防和渔港历史的文物古迹。

石浦镇北连舟山渔场,居大目洋、渔山、猫头洋等国内主要渔区的中心,历来是东海渔场主要渔货交易市场和商贾辐辏之地。现为全国六大中心渔港之一,省二类开放口岸,渔业固定资产超过 10 亿元。石浦镇工业门类众多,至 2012 年,共拥有工业企业 900 余家,其中规模以上企业 72 家,依托水产品园区、万泰机电城、科技园区、门前塘园区和打鼓峙船舶基地“四园一基地”。2014 年,石浦镇实现地区生产总值 72.2 亿元,同比增长 10%;财政总收入 5.1 亿元,同比增长 7.1%;实现规模以上工业总产值 66 亿元,同比增长 14.2%;完成固定资产投资 27.5 亿元,同比增长 41%。现已形成水产品加工、机械制造、医疗器械、食品生产为主、其他门类为辅的产业结构。近年来,石浦镇产业发展氛围日渐浓厚,工业经济规模和质量得到较大提高。

石浦镇能够快速发展的原因主要包括以下几个方面:一是人文历史深厚悠久。石浦镇历史悠久,《汉书·地理志》已记载先民在此耕海牧渔。明代以后,石浦镇因其重要的地理位置和港口条件,经济社会发展迅速,与天津卫、威海卫齐名,素有“浙洋中路重镇”之称。改革开放后,石浦镇作为环石浦港和三门湾区域发展的重要节点,其地位和作用更加突出,并成为浙江省重要的台胞接待和对台经贸基地。二是港口区位得天独厚。石浦港临近舟山渔场,是全国六大中心渔港之一,位于石浦镇的中国水产城是目前亚洲最大的水产品交易市场。石浦也因此成为象山县经济增长的重要引擎,其人口规模、经济贡献度均占到象山南部六镇乡的 50% 以上,是象山县南部的中心城镇。随着石浦周边交通基础设施的开工兴建及建成通车,如象山港大桥、三门口大桥、铜瓦门大桥等,石浦的港口区位优势将愈发显现。

石浦镇目前存在一些急需解决的问题:一是第二、三产业发展需要加快转型。石浦镇工业企业众多,但普遍存在技术含量低,污染严重,企业效益差的问题,产业转型升级是这些工业企业普遍面临的挑战,石浦的旅游产业也存在规模小、不规范、无特色的问题,亟待相关职能部门加以引导和改进。二是石浦的城市管理水平有待提升。石浦镇目前常住人口已达 11 万人,但镇政府的规模仍停留在一般小城镇的水平,与经济社会发展程度不相匹配,在一定程度上造成了石浦城镇管理较为混乱的局面。

三、工贸型——杜桥镇

杜桥镇位于台州湾北岸、临海市东部的椒北平原,是东部沿海地区的商贸集散地,距临海市 60 公里,台州市椒江区 13 公里,海门港 10 公里,20 万吨级自然深水港头门港 13 公里,台州机场 30 公里。南接台州市中心城区,北接三门湾,交通便捷,是全国发展改革试点镇、首批省级中心镇、省小城市培育试点镇,被誉为"眼镜之乡"。全镇陆域面积 186 平方公里,辖 7 个办事处、4 个社区、123 个行政村,现有户籍人口 21 万人,外来人口 6 万多人,长期在外经商人员近 6 万人。

杜桥镇历史悠久,商周时属东瓯地,北宋熙宁五年建杜渎盐场管理盐业,历史上与乐清虹桥、路桥并称"浙东南三桥"。杜桥镇一直以来是椒北平原的经济、商贸和文教中心,对周边乡镇近 600 平方公里、周边乡镇 60 余万人口有较强的集聚辐射能力。改革开放以来,杜桥人民发扬"吃苦耐劳、敢为人先、勇于创新、开放包容"的"杜桥精神",大力发展实体经济,取得了令人瞩目的成就。全镇现有眼镜业等主导产业上规模企业 134 家,浙江眼镜城、中国迪拜眼镜中心等各类市场 20 多家。2014 年,全镇实现地区生产总值 110.2 亿元,增长 14.5%;城镇居民人均可支配收入和农村居民人均纯收入分别为 4.05 万元和 2.03 万元,分别增长 12% 和 10%。

杜桥镇的小城市建设具有得天独厚的优势:

第一,杜桥紧邻台州市区,土地资源丰富,城市功能日趋完善,自身集聚功能较强,特别是规划建设的甬台温高速公路复线、台金高速公路东延线在该镇交会,随着头门岛深水港区等一批重点工程的建设及以杜桥为中心建设 100 平方公里滨海工业新城战略的实施,杜桥的区位优势将进一步凸显,开发潜力将得到有效发掘,发展前景非常广阔。

第二,发展机遇千载难逢。台州市委、市政府提出了主攻沿海战略,着力打造台州湾循环经济圈,从临海东部一直到温岭东部、规划面积达 600 多平方公里的新平台,发展"低消耗、高效率、低排放"的循环经济区;临海市委、市政府提出了"港口引领、陆海联动、多极发展、全面跨越"的战略部署,特别是头门港的开发建设将全面引领临海经济从"灵江时代"迈向"东海时代",这些战略部署都为处于临海东部核心区域的杜桥带来历史性的发展机遇。

第三,交通优势逐渐显现。台金高速公路东延线、83省道改建、椒江二桥、疏港公路等重大基础设施项目加快推进,甬台温高速复线已经开始规划建设,杜桥的交通条件将得到进一步改善。依托交通优势,彻底改变依靠唯一通道75省道进出镇域的历史,杜桥将在更大的范围发挥辐射影响力。

第四,外来务工人员队伍庞大。杜桥镇目前大约有5万名外来务工人员,分布在杜桥镇各大工厂,对于杜桥的劳动力补充起到了很大的支持作用。而且外来务工人员的到来,也给这个崛起的小城带来了文化的多样性,丰富了杜桥的文化生活,同时也带来了大量的日常消费。

杜桥镇在小城市建设过程中也存在急需解决的问题:

第一,杜桥虽然商业贸易较为发达,但实际经济实力并不强。近年来,杜桥虽然发展速度较快,经济每年都以较快的速度在增长,占全市的比重逐年提升,但工业经济总量少,综合实力弱,在台州市的中心镇排名中比较靠后;产业层次较低,企业自主创新能力不强;具有较强带动辐射能力的集团企业不多;工业发展依然缺少大项目的支撑,"低、小、散"现象比较突出,重化工业、装备制造业、船舶工业等先进制造业(临港型工业)仍处于起步阶段。重化工业、眼镜制造业、船舶工业虽然已经有一定规模,但是主要还是停留在劳动力密集型的生产模式,科技创新和产业的革新脚步较慢,产业发展过程中产生的污染问题也相对棘手,这也是杜桥镇作为未来临海副中心的一个制约因素。

第二,城镇建设质量、管理水平不高,社会服务水平较低。杜桥作为一个小城镇,其城镇建设水平、配套设施和社会化服务水平已经达到较高的水平。但是,作为全国发展改革试点镇、省级中心镇和省首批小城市培育试点镇,杜桥的城镇建设水平还是比较低的,其中,主要问题可以总结为:杜桥镇基础设施薄弱,缺乏完善的水、电、路和环卫等配套设施。镇区道路交通设施较差,镇区与其下辖的几个乡镇之间只有零星的几条路线的公交车作为往来的交通工具。老城区道路过于狭窄,集市日小商贩集聚在道路上,难以管制;大多数人是以人力三轮车和残疾人机动车作为主要的代步交通工具,对于镇区整体的交通格局产生较大的影响。城镇基础设施和公共设施建设已经明显滞后于当地经济的发展,工业区与居民区混杂,主要道路边占道摆摊现象屡禁不止,镇容镇貌改观不大。

第三,城市功能不完善,城市管理不到位。杜桥虽说已经具备小城市的框架,但目前城市建设和质量仍处于低水平。一方面,城市功能分区不合理,各功能区用地不协调。工业企业零散分布于生活居住区,商业过于集中在老城区,缺乏综合体类型的大型商业设施。另一方面,城镇基础配套设施有待健全。镇区公共设施建设标准不高,除医院和部分学校外,其他公共设施配套水平还需要进一步提高,公共休闲绿地和场所较为缺乏。开发建设方式落后,以分散零星建设为主,综合开发效率低,整体环境差。由于城镇规模小,金融、信息、技术等方面的服务水平低,生产要素市场发育不足,小城镇在人才、项目引进、产品技术更新和产业升级等方面都受到很大的制约,影响城镇功能的提升。

第四,外来务工人员队伍越来越庞大,由此导致的社会治安问题凸显。据统计,目前在杜桥暂居的外来流动务工人员达到5万人以上,占到杜桥人口总数的近1/4。近年来,外来务工人员与本地居民产生的民事刑事纠纷屡见不鲜,这对于杜桥城镇建设也产生一些不利影响。

第五,从农村城镇化到城镇城市化,农村居民阻力不小。小城镇的人口凝聚性差,主要是政策性原因,没有优惠政策就不能吸引农民向小城镇转移集中。具体表现为:一是户籍制度的障碍。没有本地户口,很多事情比较麻烦,而要迁移户口又有政策限制,诸如交纳增容费、落户费等。二是承包地与资产的障碍。多数农村现行的办法是,凡户口迁移后,承包地就要收回,每个农民均有一份集体财产,但不能变现支付。三是宅基地障碍。农民进入小城镇,就等于放弃原来不花钱的宅基地,再花钱购买新宅基地,很多农民认为不划算。除此以外,少数领导缺乏城镇发展的观念和眼光,不理解人口集中能带来商机与活力,错误地认为人口集中是增加小城镇负担,并对之采取一些限制措施。

四、临港产业型——鳌江镇

平阳县鳌江镇是历史悠久的百年老镇,位于鳌江入海口,与龙港镇隔江相望。鳌江镇是一个具有水路、公路和铁路交通网的城镇,深受海西经济区和温州大都市经济圈的辐射。鳌江镇域面积 164.3 平方公里,建成区面积 13.9 平方公里,户籍人口 19 万人,常住人口 29 万人。下设 10 个社区、99 个村(居民点)。

鳌江镇作为鳌江流域的中心城镇,是温州市首批强镇扩权试点镇和省级小城市培育试点镇,历来是温州市的经济、科技、金融和交通重镇,平阳县的经济、金融和交通中心。2014 年,全镇实现地区生产总值 108.2 亿元,同比增长 8%;财政总收入 16 亿元。

鳌江镇历史源远流长,北宋年间由渔人集聚成市,清朝初年设置了海关,正式建镇于 1933 年。改革开放后,鳌江镇社会经济发展迅速,城镇人口猛增,建设步伐加快。鳌江镇 2009 年被列为温州市首批强镇扩权改革试点镇,2010 年被列为浙江省首批小城市培育试点镇。2011 年经过行政区划调整,附近的钱仓、南麂、西湾、梅溪、梅源等 5 个乡镇撤销建制并入鳌江镇。

鳌江镇小城市发展具有以下几点优势和特点:

第一,交通区位优势明显。104 国道、沈海高速公路、温福铁路穿境而过,鳌江动车站是温福铁路在温州地区仅次于温州南站的二等站。鳌江港是台轮停泊点和浙江省四大联运港口之一,是浙南和闽东北地区重要的物资集散地和主要商埠,航线可直达沿海各城市,现已建成千吨级码头 2 座、500 吨级码头 10 座。此外,鳌江港区拥有鳌江流域乃至瓯南、闽北边界地区 5000 平方公里的腹地,辐射人口近 500 万人。它拥有功能齐备的集装箱码头和多个深水多功能码头,计划在鳌江滨海区打造年吞吐量亿万吨深水港区。

第二,人文及自然资源丰富。鳌江镇被著名的社会学家费孝通誉为“瓯越明珠”,新并入的梅源、南麂办事处原来均是全国环境优美乡镇,其中南麂列岛是国务院批准建立的中国首批五个海洋类型的国家级自然保护区之一。鳌江镇成为南麂岛和南雁荡山旅游服务接待中心,拥有南雁门和龙潭等多处风景名胜,发展休闲旅游等服务业前景广阔。鳌江镇历史底蕴深厚,民间文化特色鲜明,其中东方第一龙“鳌江大龙”被列入 2009 年全省十大非物质文化遗产新发现之首,入选参展“中国(浙江)非物质文化遗产博览会暨浙江省首届文化艺术节”,“梅里和剧”被列为浙江省非物质文化遗产,“龙山头石棚墓”为全国重点文物保护单位。

鳌江镇目前存在的问题有：一是城镇人口偏少，集聚程度不够，相比于温州市的其他大镇，鳌江的城镇人口仍然偏少，人口的聚集是城镇经济发展的重要推动力，鳌江必须将吸引人口流入作为未来的一项重要任务；二是城镇建设水平仍需提高，城镇基础设施相对于经济发展水平仍显落后；三是城镇空间布局亟须合理规划。

五、市场主导型——龙港镇

龙港镇位于温州市苍南县，于 1984 年建镇，因 20 世纪 80 年代农民自费造城改革实践而闻名，被誉为"中国第一座农民城"。建镇之初，龙港镇仅辖 5 个村，面积 5.2 平方公里，约 6800 人。至 2014 年，龙港镇已发展为镇域面积 172.05 平方公里（其中建成区面积 23 平方公里），镇区人口 25.2 万人，全镇常住人口约 45 万人。2014 年实现地区生产总值 206.1 亿元，公共财政预算收入 20.8 亿元，城镇常住居民人均可支配收入 3.55 万元，农村常住居民人均纯收入 1.74 万元。龙港镇经历了从乡村到"农民城"，再到"产业城"两个发展阶段，并经历了第三次大跨越，即从"产业城"向"鳌江流域中心城市"跨越的重要阶段。

为了解决建设之初的资金和人口困境，龙港镇在全国率先推出"三大改革"：一是实行户籍管理制度改革，解决了农民进城问题；二是实行土地有偿使用制度改革，解决了建城资金问题；三是实行民营经济改革，解决了小城镇的发展问题。通过这三大改革，龙港镇的城镇化水平快速提高，大量农村村民在城镇买房定居。1992 年 3 月在撤区扩镇时，龙港镇又并入了周边的沿江、龙江、白沙、海城 4 个乡；2000 年 8 月，乡镇再次"撤扩并"，合并了湖前、江山、平等 3 个乡镇。这样，龙港镇辖 9 个办事处、107 个行政村、21 个居民区、2 个社区，辖区面积 83 平方公里，其中建成区 16 平方公里。至 1994 年常住人口已经突破 13 万人，10 年间增长了 15 倍。这样，龙港镇成功地走出了一条农村城镇化的路子，成为中国农民自费建城的样板，被誉为"中国第一座农民城"。2010 年，浙江省开展小城市培育试点工作，龙港作为第一批 27 个试点镇之一在列。2011 年，龙港进行行政区划调整，撤销肥艚镇、芦浦镇、云岩乡的建制，其行政区域并入龙港镇，龙港镇的常住人口增加到 39.6 万人。据统计资料显示，2013 年龙港常住人口 41.9 万人，2014 年常住人口 43.6 万人（见图 4-2）。

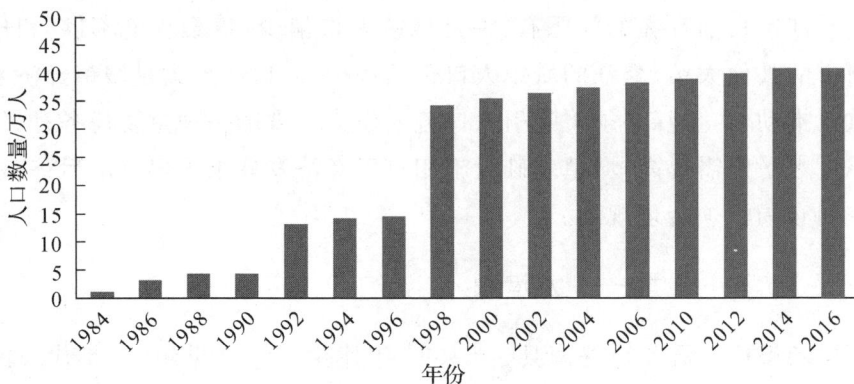

图 4-2　龙港镇常住人口数量变化

数据来源:《苍南县统计年鉴》(1984—2014 年)。

随着龙港镇经济社会的快速发展,龙港镇有了新的规划,规划的龙港新城西起时代大道,东至二期围垦区,南至崇家岙港区,北至鳌江南岸,规划总面积为 106.8 平方公里。龙港新城濒临苍南东部沿海,是浙台(苍南)经贸合作区的核心区,是苍南县实施"双海双区"战略主阵地。

龙港镇的发展模式主要有以下几个特点:

第一,敢于冲破传统体制,政策引导,充分发挥市场机制,自主建设小城镇。龙港镇是浙江省所有建制镇中的另类,一个从无到有的小城镇。20 世纪 80 年代初期,一群先富起来的温州万元户,在龙港镇自理口粮、自建住宅、自办企业而自发形成了"中国第一座农民城"。

第二,发挥工贸专业化优势,推动小城镇的产业发展。龙港是一个工贸型的小城镇。印刷、纺织和礼品业等是龙港的传统支柱产业,这些劳动密集型产业吸引了大量的劳动力。进入 21 世纪以后,大力培育不锈钢、微晶玻璃、超细纤维和陶瓷等新兴产业,经济组织形式开始从家庭工业、合伙制企业向公司制企业转变,实现从"农民城"到"产业城"的转变。

第三,政府规划引导,推进小城镇建设,提升城镇的现代化水平。现在龙港大力推进城市建设,不仅主导城市的未来规划,而且大力塑造城市的品质,使龙港成为"鳌江流域中心城市、宜居宜业的滨海工贸特色城市"。

龙港小城镇发展模式现有优势是充分运用改革优势、已经形成的区位条件、丰富的海涂资源,以及既有的工业基础和龙港人强烈的创业精神,这些为其未来的发展奠定了良好的基础。然而,龙港小城镇发展模式也有其发展中的烦恼:一是人口集聚力在下降。从图 4-2 中可以看出龙港经历四次人口的爆发式增长,这四次增长有的是行政区划调整导致,有的是国家和省市的有利政策促成的,都是属于外部性因素引起的人口集聚。在《苍南县龙港镇城市总体规划(2011—2030)》中,预计 2030 年龙港总人口约 73.1 万人,其中城镇人口约 67.3 万人,要想实现这个宏伟目标,龙港镇需要注重内涵式发展,增加城镇内部的人口吸引力,提升城镇品质,否则这一指标将存在极大的困难。二是产业转型升级困难重重。到 2014 年,印刷、礼品、纺织和塑编业仍是龙港镇的支柱产业,虽然有新型产业的增加,但传统产业的转型升级仍是相当艰巨的任务。三是城市发展腹地狭窄,龙港镇的对面就是平阳县的鳌江镇,对于龙港镇来说,这是需要面临的一个重要问题:如何与之协调,走城镇群集聚式发展之路?四是行政管理问题突出,试点方向不明确。龙港镇 40 多万的常住人口给行政管理带来了极大的难度,如何应对成为棘手的问题。可以说,在镇级行政体制、产业转型升级、城市建设和城市管理等方面,龙港镇在经受着成长的烦恼。

调研篇

第五章　浙江小城市培育试点镇调研报告

　　浙江小城市培育试点工作开展至今约有 10 年,虽然政府已经做了阶段性考核,试点工作成绩斐然,但小城市培育试点工作仍未结束,依然在进行之中。项目课题组自 2013 年下半年开始实施大量的实地调研,考察了浙江首批小城市培育试点镇和第二批部分试点镇,其后,我们也持续关注浙江省的小城镇发展问题。本章是项目课题组关于浙江省小城市培育试点镇在考察、研究和思考后形成的报告。

第一节　"小有小的美":小城市试点目标与考核

　　与大中城市相比,小城镇(市)同样具备一定的地理优势、历史传统和资源条件,有些小城镇在历史长河中长盛不衰。在当今世界,美丽小城镇(市)数量非常多,不胜枚举。意大利的帕多瓦、维琴察、维罗纳,法国的艾克斯·普罗旺斯、阿维尼翁,比利时的布鲁日、根特,德国的海德堡、弗莱堡,奥地利的哈尔施塔特、阿尔卑巴赫,英国的哈罗、米尔顿·凯恩斯等都是环境优美的小城镇(市),浙江也拥有南浔、乌镇、塘栖、溪口、石浦、慈城、梅城等美丽的小城镇。在激烈竞争的时代,虽然很多人认为:"增长总是积极的,收缩是消极的(在这方面,城市像手机一样是事物的正面)。或许我们的任务是重新思考如何将规模和增长作为这种计算的一部分。……有没有可能把保持小看作某种事情,而不是看成是停滞或缺乏雄心呢? 收缩能够被认为不同于损失吗？"①事实上，一些小城镇（市）如果能够挖掘自身优势，可能比试图做大的小城市更有竞争力。在浙江，无论地处水乡平原、海天泽国，还是丘陵山地，每一个区域的小城镇都有自身的资源优势，如果能够把握机遇，顺势而为，打造环境优美、特色鲜明的"小而美"，也能真正实现"看得见山，望得见水，记得住乡愁"的小城镇发展愿景。

一、小城市培育试点工作的目标

从政府层面来看，小城市培育试点工作的目标是清晰的，2010年浙江省人民政府办公厅在发布的《关于开展小城市培育试点的通知》中指出："以加快推进人口集中、产业集聚、功能集成、要素集约为着力点，加大改革创新力度，加快培育一批经济繁荣、社会进步、功能完备、生态文明、宜居宜业、社会和谐的小城市，构筑集聚能力强、带动效应好、体制机制活、管理水平高的城市化发展新平台，走出一条具有浙江特色的城乡一体化发展新路子。"当然，小城市培育试点工作希望破解浙江特大镇遇到的困难与瓶颈，"加快实现特大镇向小城市转型发展，有利于基础设施、公共服务、现代文明向农村延伸、覆盖和辐射，促进城乡一体化发展；有利于优化城乡空间布局，缓解大中城市发展压力，实现大中小城市协调发展；有利于探索建立权责一致的乡镇管理体制和运作机制，提升基层社会管理和公共服务水平"。

在有关小城市培育试点镇建设目标方面，《关于开展小城市培育试点的通知》列出了小城市培育试点的中心镇到2015年要实现四个方面的主要目标：一是建设规模。建成区面积8平方公里以上，形成布局合理的居住、工业、商贸、生态等功能分区。建成区户籍人口6万人以上或常住人口10万人以上，建成区户籍人口集聚率60％以上。形成比较完备的水、电、路、气、环保等基础设施网络。二是经济实力。年财政总收入10亿元以上，农村居民人均纯收入2万元以上。工业功能区工业增加值占全镇工业增加值80％以上，第三产业增加值占地区生产总值比重在40％以上，第二、三产业从业人员比重在90％以上。三是服务水平。科技教育、文化体育、卫生计

① David Bell and Mark Jayne, "Afterword：Sizing up small cities" in David Bell and Mark Jayne (eds.), *Small Cities：Urban Experience beyond the Metropolis*, London：Routledge, 2006, pp. 246-247.

生等设施完备,形成比较完善的社会事业网络。商业、金融等服务业网点布局合理,形成比较繁荣的商贸金融服务网络。社会保障体系逐步健全,保障水平稳步提高。基本公共服务、居民互助服务、市场商业服务三结合的社区服务体系进一步健全,形成便民利民的社区服务网络。四是管理体制。建立与小城市发展相适应、权责一致、运作顺畅、便民高效的行政管理体制。建立权责明确、行为规范、监督有效、保障有力的行政执法体制,推进县(市、区)综合行政执法试点和相对集中行政处罚权工作,并向试点镇延伸。健全社区党组织领导的充满活力的社区自治机制,形成管理民主、运作规范、服务完善、文明祥和的社区管理服务体系。①

在上述小城市培育试点工作目标中,我们可以看到,有一些特大镇是非常容易达到这些目标的,或者已经超越了这些目标,但有一些规模不大的城镇就难以达到这些目标。另外,这些目标也带有很多含糊的地方,既含有小城镇建成区的任务,也含有小城镇行政区域的任务,有时候可以说是城乡合一的概念,还很难说是小城市的概念。

二、小城市概念及其发展目标

迄今为止,有关小城市的概念仍是不明确的,大多数情况下只是一个与大城市相对的概念,通常以人口多少来判断城市的规模等级,或许人口规模是最容易判断的一个尺度。1955 年,国家基本建设委员会在《关于当前城市建设工作的情况和几个问题的报告》中首次提出了大、中、小城市的划分标准,明确"二十万人口以下的为小城市"。1980 年国家基本建设委员会修订的《城市规划定额指标暂行规定》、1984 年国务院发布的《城市规划条例》、1989 年 12 月的《中华人民共和国城市规划法》等法规或条例,对小城市都做了人口规模的界定。2014 年,国务院发布的《关于调整城市规模划分标准的通知》指出,城区常住人口 50 万以下的城市为小城市,其中 20 万以上、50 万以下的城市为 Ⅰ 型小城市,20 万以下的城市为 Ⅱ 型小城市。②从人口规模来划分固然是最容易的方式,但对于小城市的内涵与外延并没有一种清晰的界定。浙江省在推出小城市培育试点过程中拟定了小城市的

---

① 《浙江省人民政府办公厅关于开展小城市培育试点的通知》(浙政办发〔2010〕162 号),2010 年。
② 《国务院关于调整城市规模划分标准的通知》(国发〔2014〕51 号),2014 年。

概念:小城市参照基本相似中等城市的标准进行规划建设,比照城市的要求实施服务管理,参照城市经济的发展模式和人口规模,推进人口有序集中、产业集聚、结构优化,常住人口超 10 万人,第二、三产业从业人员比重超90%,第三产业比重超 40%。[①] 然而,这个概念是套用中等城市的标准,仅仅是一个缩小版而已,并没有反映小城市的规律与特质,实际上容易引发小城市培育试点镇重视城市规模,追求做大做强。

当然,要定义小城市类别的特质事实上存在很大的难度,因为我们日常所讲的小城市仅仅是一个相对的概念,从来没有清晰地指出小城市与大城市的差别究竟在什么地方,即便以人口规模来区分,小城市也存在巨大的差异,常住人口 50 万人以下或 20 万人以下都可以称为小城市,但实际差距很大。其实,虽然我们习惯上认为建制镇以上规模的城镇才有可能被称为小城市,但小城市(小城镇)的发展是有其自身规律的。"小城市基本上是一个小城镇,只是由于大都市工业活动或大型公共机构选择转移而扩大了规模。即使一个小城市可以超越一个小城镇的规模,并开始获得某些大都市的要素,但其不会必然地容不下小城镇结构和相互影响的类型。"[②]也就是说,小城市(小城镇)有其自身的核心结构和类型,也往往有长期的各种要素积淀,虽然规模小、人口少、设施不全,但其在服务半径内却是最有效率的,往往是城乡之间的重要节点。

浙江的小城市培育试点镇类型是多种多样的,总体发展水平并不均衡。那么,小城市培育试点究竟应该建成一个什么样的城市,也即什么样的生活居住社区? 这个问题尽管很复杂,但简单地讲,就是要建设一个宜居宜业的可持续发展的小城镇。"可持续发展"是一个广义的概念,就一个小城镇来说,主要包括经济、社会、科技、人口、资源、环境、规划、建设、管理等全方位的综合发展。党的十五届三中全会明确指出:"发展小城镇是带动农村经济和社会发展的一个大战略,有利于乡镇企业相对集中,更大规模地转移农业富余劳动力,避免向大中城市盲目流动,有利于提高农民素质,改善生活质量,也有利于扩大内需,推动国民经济更快增长。"小城镇作为我国城市体系

---

①　蒋蕴:《浙江发令　小步快跑》,《浙江日报》2011 年 1 月 11 日,第 17 版。
②　Timothy R. Mahoney, "The Small City in American History", *Indiana Magazine of History*, Vol. 99, No.4, 2003, pp. 311-330.

的重要部分,虽然因独特性而区别于纷繁复杂的特大城市,但其可持续发展指标体系也应该包括社会发展指标、经济发展指标、资源环境指标、科技指标和社会建设指标五大系统,每一系统也可以包含自身的外延指标和内在指标。由于每一系统都是由复杂的多元参量组成,因此,小城镇可持续发展的外延指标与内在指标同样也会构成一个庞大而复杂的指标体系,浙江省的"小城市培育试点三年行动计划"也同样显示出这样的复杂性。

三、小城市培育试点的建设标准

在中心镇发展初期,浙江没有提出一个明确的小城镇建设标准,但面对2010年27个小城市培育试点工作的需要,浙江提出了总体要求和培育目标,27个试点镇结合各自的实际情况,提出本镇的功能定位,并给出三年时间,加快推进实施小城市培育试点的"五项主要任务"和"九大提升工程",并落实相应的政策保障措施。其中,"五项主要任务"指"加强科学规划、加大试点力度、加快产业集聚、加大公共投入、加快体制改革";"九大提升工程"指"城镇化质量优化提升工程、特色产业转型提升工程、现代服务业壮大提升工程、城市基础设施完善提升工程、社会事业发展提升工程、环境保护整治提升工程、城乡统筹发展提升工程、服务水平全面提升工程、体制机制创新提升工程"。

浙江在全国率先研究提出小城市的基本理念和45项建设发展标准,其后,组织编制了《小城市培育试点三年行动计划(2011—2013年)》实施要求,推出了一套规范化的行动计划,通常分功能定位、行动目标、主要任务和保障措施四个部分,另外,需要填写一系列的附表,详细地描述行动计划,其中附表一是"三年行动计划主要指标及年度安排",主要指标有八大类,共57项指标,以2010年作为基期年,详细安排2011—2013年各指标的年度目标值。附表二是"三年行动计划建设项目分类汇总",对三年内的建设项目进行分类汇总,共分六大类,即工业经济类、商业住宅类、基础设施类、社会事业类、生态环境类、公共服务和体制创新类,并分别统计各类项目的项目数、投资总额、投资分类、年度投资计划、项目用地等指标。附表三"三年行动计划建设项目"至少罗列了几十个项目,并给出各项目的资金、用地、进度、责任单位等的详细安排。附表四"三年行动计划建议列入省重点建设项目一览"罗列了可能列入浙江省重点的项目。有人认为"浙江小城市建设规划之细之复杂到了令人惊诧的程度"，在调研过程中，有一些培育试点镇的领导也谈到"小城市培育试点三年行动计划"的复杂性，对于他们来说，这是一项全新的工作。"小城市培育试点三年行动计划"无疑就是一套指标体系，浙江小城市培育试点需要按照既定行动计划开展小城镇建设。

2012 年浙江省有关部门对 27 个小城市培育试点进行考核，按照"听取汇报、核实材料、现场踏看、汇总反馈"四个阶段实施，把握"听汇报、查资料、核数据、看现场"四个环节的要求，对各小城市培育试点镇的政策扶持力度、平台建设和规划编制实施程度、经济社会发展速度、体制改革创新深度等五大方面 33 项内容和创造性工作推广度（加分项）、57 个二级指标进行综合考核，总分为 100 分。

2011 年度的考核结果是，全省共有 9 个小城市培育试点镇被评为优秀单位，18 个被评为达标单位：优秀单位是玉环县楚门镇、杭州市余杭区塘栖镇、余姚市泗门镇、乐清市柳市镇、东阳市横店镇、临海市杜桥镇、嘉善县姚庄镇、绍兴县钱清镇、缙云县壶镇镇；达标单位是苍南县龙港镇、诸暨市店口镇、慈溪市周巷镇、德清县新市镇、温岭市泽国镇、象山县石浦镇、瑞安市塘下镇、桐乡市崇福镇、吴兴区织里镇、奉化市溪口镇、义乌市佛堂镇、平阳县鳌江镇、萧山区瓜沥镇、秀洲区王江泾镇、富阳市新登镇、江山市贺村镇、桐庐县分水镇、普陀区六横镇。

2012 年度的考核结果是，全省共有 9 个小城市培育试点镇被评为优秀单位，9 个为良好单位，9 个为达标单位：考核为优秀单位的是余杭区塘栖镇、东阳市横店镇、玉环县楚门镇、湖州市吴兴区织里镇、乐清市柳市镇、慈溪市周巷镇、诸暨市店口镇、温岭市泽国镇、桐乡市崇福镇；考核为良好单位的是绍兴县钱清镇、余姚市泗门镇、嘉善县姚庄镇、象山县石浦镇、舟山市普陀区六横镇、缙云县壶镇镇、平阳县鳌江镇、临海市杜桥镇、杭州市萧山区瓜沥镇；考核为达标单位的是苍南县龙港镇、义乌市佛堂镇、嘉兴市秀洲区王江泾镇、桐庐县分水镇、瑞安市塘下镇、富阳市新登镇、德清县新市镇、江山市贺村镇、奉化市溪口镇。

2013 年度的考核结果是，全省共有 10 个小城市培育试点镇为优秀单位，10 个为良好单位，7 个为达标单位：考核为优秀单位的是余杭区塘栖镇、东阳市横店镇、玉环县楚门镇、诸暨市店口镇、余姚市泗门镇、慈溪市周巷镇、乐清市柳市镇、嘉善县姚庄镇、吴兴区织里镇、柯桥区钱清镇 10 个镇；考核为良好单位的是桐乡市崇福镇、温岭市泽国镇、萧山区瓜沥镇、平阳县鳌江镇、普陀区六横镇、桐庐县分水镇、苍南县龙港镇、义乌市佛堂镇、秀洲区王江泾镇、缙云县壶镇镇10个镇;考核为达标单位的是临海市杜桥镇、瑞安市塘下镇、德清县新市镇、江山市贺村镇、奉化市溪口镇、富阳市新登镇、象山县石浦镇7个镇。

随着首批27个小城市培育3年试点工作的完成,浙江省相关部门邀请部分专家做了总结,认为浙江小城市培育试点工作已经取得了阶段性的成果,通过推行强镇扩权、财政管理体制改革、城乡联动、民生为先、产城融合和制度创新等举措,27个试点镇已经初具城市形态和功能,小城市培育试点镇在经济发展中的地位举足轻重,对周边乡镇的辐射作用初步形成,在商贸服务、人居、产业发展和公共服务等方面的中心地位凸显,成为带动周边的龙头。

第一,经济增长快速。根据《中国财经报》发布的信息,2011—2013年,浙江省财政厅安排30亿元资金支持浙江省首批小城市培育试点工作,成效显著,有效激发了27个试点镇的发展活力,增强集聚辐射带动能力,成为浙江省新型城镇化的一大新亮点。2013年,27个试点镇共实现地区生产总值2411亿元,其中有9个试点镇地区生产总值超100亿元,瑞安市塘下镇、平阳县鳌江镇、吴兴区织里镇、诸暨市店口镇、绍兴市柯桥区钱清镇、东阳市横店镇、温岭市泽国镇7个为新增试点镇,最多的柳市镇达187.6亿元。[1]

第二,工业产业加速集聚。27个试点镇工业功能区扩大12平方公里,新集聚企业9697家,规模以上企业累计达到3211家,亿元销售企业750家。规模以上企业增加值占全部工业增加值比重为75.6%,工业功能区用地亩均地区生产总值产出为34.6万元。上市企业由2010年的18家增加到2013年的23家。[2]

第三,财政收入持续增长。在3年中,27个试点镇财政收入年均增速16.3%,比全省快4.1个百分点;2013年完成财政收入达305亿元,镇均超11亿元,占全省财政总收入的比重由2010年的3.77%提高到4.44%,提高

---

① 宗禾:《浙江财政:积极推进新一轮小城市培育试点》,《中国财经报》2014年5月27日,第3版。
② 浙江省发改委:《2013年我省小城市培育试点"五手"齐抓取得"五快"成效》,2014年3月29日,http://fzggw.zj.gov.cnz866f.ipv6.onewocloud.cn/art/2014/3/29/art_1620993_30374055.html。

了 0.67 个百分点。完成年财政总收入 305 亿元，其中，东阳市横店镇继乐清市柳市镇后成为超 20 亿元的新成员，另有 13 个试点镇财政总收入超 10 亿元，其中余杭区塘栖镇、慈溪市周巷镇、平阳县鳌江镇、桐乡市崇福镇、温岭市泽国镇、玉环县楚门镇、临海市杜桥镇 7 个为新增试点镇，最强的柳市镇财政收入达 29.8 亿元，高于省内 24 个县。①

除此以外，仅仅 2013 年，27 个小城市培育试点镇共实施在建项目 4878 个，完成投资 1341 亿元，同比增长 20.1%；投资额占全省投资比重达 6.64%，高出全省平均 2 个百分点；其中，工业投入达 580.6 亿元，占总投资比重 43.3%，高出全省平均 8.5 个百分点，非国有资本投入达 76.4%，高出全省平均 7.9 个百分点。投资最大的龙港镇总额突破百亿元，达 111.9 亿元。三年行动计划期间累计完成投资 3618.7 亿元，年均增速 32.6%，比全省平均快 11.8 个百分点；占全省投资比重由 2010 年的 4.65% 提高到 2013 年的 6.64%，提高了 1.99 个百分点。②

27 个小城市培育试点镇基础设施加快完善。2013 年新增城市道路 370 公里，累计城市道路 2287 公里；新增 110 千伏变电站 6 个、管道煤气用户 3.14 万户、日供水能力 13.81 万吨。旧城改造不断推进，商业配套设施加快建设，27 个试点镇新开业村镇银行 2 家、小额贷款公司 6 家，新建城市综合体和专业市场 64.2 万平方米，新开业星级宾馆 6 家。③ 与此同时，服务效能加快提升，行政审批、就业保障中心与县中心实现网络连接，高效运作，行政审批每个试点镇日均办理 272 件，比上年增加 42 件；就业保障中心全年介绍就业 15 万人次。④

然而，对于小城市培育试点镇的考核指标体系是否合理，有一些学者提出了不同的意见。"虽然浙江省在进行小城市培育试点工作之初对 27 个试点镇的类型进行了适当划分，如郊区卫星城型、综合开发型、工业主导型、生态旅游型、市场带动型等，但对于各种不同类型的试点镇并没有制定差异

① 宗禾：《浙江财政：积极推进新一轮小城市培育试点》，《中国财经报》2014 年 5 月 27 日，第 3 版。

② 浙江省发改委城乡体改处：《2013 年小城市试点镇有效投资总量大、增速快、质量好》，2014 年 3 月 18 日，http://www.zjdpc.gov.cn/art/2014/3/18/art_62_637357.html。

③ 浙江省发改委：《小城市试点镇商贸服务业快速发展》，2014 年 3 月 28 日，http://www.zjdpc.gov.cn/art/2014/3/28/art_362_640206.html。

④ 浙江省发改委：《小城市试点镇多措并举提升公共服务能力》，2014 年 3 月 21 日，http://www.zjdpc.gov.cn/ant/2014/3/21/ant_362_638305.html。

化、针对性的考核指标,确定的 57 项指标仍然过于笼统。"①当然,考核指标体系远非差异化的问题,小城市培育试点本身的基础条件和功能定位也是存在问题的。

2014 年,浙江省决定扩大小城市培育试点镇范围,增加了 9 个中心镇和 7 个重点生态功能县城。考虑到新入围的中心镇和侧重于生态功能区的县城,相关部门修订了小城市培育试点镇的考核内容,有关小城市培育试点镇的考核分成两个系列,一个系列是 36 个小城市培育试点镇,另一个系列是 7 个重点生态功能区的县城。

第一个系列的考核共 5 个方面 22 项指标,与第一轮小城市培育试点镇的考核指标稍微有些区别,5 个方面的内容分别是经济发展、城市建设、社会和谐、生态环境和政府服务。而 22 个指标涉及社会经济的各个方面,如经济发展方面包括地区生产总值、投资总额、财政总收入、第三产业占比和二三产业从业人员比重;城市建设方面包括建成区常住人口、建成区常住人口集聚率、城市道路和安全饮用水供水能力;社会和谐方面包括城镇居民人均可支配收入、农村居民人均现金收入、高中段毛入学率、千人医生数、城镇职工养老和医疗保险参保率、城乡居民养老和医疗保险参保率;生态环境方面包括人均公共绿地面积、垃圾集中无害化处理率、污水集中处理率和饮用水供水水质达标率;政府服务方面包括行政审批服务中心集中办理事项、行政执法事项和就业保障服务中心介绍就业人数。

2014 年全省 43 个小城市培育试点的考核结果为:17 个镇获得优秀等级,16 个镇获良好,10 个镇为达标。2014 年小城市培育试点考核结果考核优秀单位为:小城市培育试点镇为横店镇、织里镇、姚庄镇、店口镇、楚门镇、崇福镇、钱清镇、塘栖镇、泽国镇、泗门镇、瓜沥镇、柳市镇、周巷镇、长安镇、佛堂镇;重点生态功能区县城小城市培育试点单位为云和县城、淳安县城(千岛湖镇)。考核良好单位为:小城市培育试点镇为杜桥镇、六横镇、王江泾镇、分水镇、新市镇、新登镇、鳌江镇、慈城镇、壶镇镇、石浦镇、溪口镇、贺村镇、金清镇;重点生态功能区县城小城市培育试点单位为开化县城(华埠镇)、景宁县城、泰顺县城(罗阳镇)。考核达标单位为:小城市培育试点镇为

---

①　翁加坤、余建忠:《浙江首轮小城市培育试点三年行动计划评估方法——以象山县石浦镇为例》,《小城镇建设》2014 年第 4 期,第 60 页。

塘下镇、练市镇、崧厦镇、金塘镇、龙港镇、古山镇、西店镇、乾潭镇；重点生态功能区县城小城市培育试点单位为庆元县城、文成县城（大峃镇）。

2015年小城市培育试点考核共确定优秀单位16个，分别为东阳横店镇、吴兴织里镇、乐清柳市镇、嘉善姚庄镇、桐乡崇福镇、余姚泗门镇、余杭塘栖镇、诸暨店口镇、慈溪周巷镇、玉环楚门镇、柯桥钱清镇、海宁长安镇、义乌佛堂镇、开化县城（华埠镇）、云和县城、淳安县城（千岛湖镇）；良好单位22个，分别为桐庐分水镇、温岭泽国镇、普陀六横镇、萧山瓜沥镇、临海杜桥镇、江北慈城镇、上虞崧厦镇、平阳鳌江镇、秀洲王江泾镇、德清新市镇、富阳新登镇、瑞安塘下镇、缙云壶镇镇、奉化溪口镇、宁海西店镇、苍南龙港镇、南浔练市镇、象山石浦镇、江山贺村镇、建德乾潭镇、庆元县城、景宁县城；达标单位5个，分别为定海金塘镇、永康古山镇、路桥金清镇、泰顺县城（罗阳镇）、文成县城（大峃镇）（见图5-1和图5-2）。

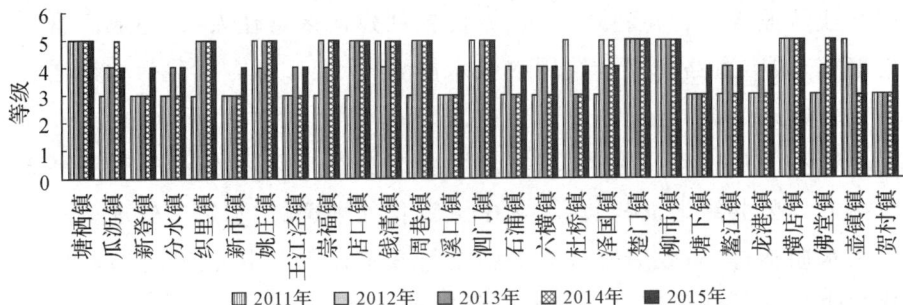

图 5-1　首批 27 个小城市培育试点镇考核结果（2011—2015 年）

注：等级 3 为达标，4 为良好，5 为优秀。

现有小城市培育试点考核指标比较明确地分布于各个要素之中，能够清楚地看到小城市试点镇一般都是按照要素指标来建设。虽然具体任务的分解也有利于项目推进，但考核指标体系能否完全体现小城镇的发展水平和特色，仍需我们重新去考量，也就是形式与内容的结合问题。另外，这些指标涉及小城市培育试点镇建设的各个方面，特别是社会经济生活的方方面面，对于试点镇的社会发展来说，可能起到了很大的推动作用。小城市培育试点镇建设者们为了完成考核指标，动员一切力量去推进社会各方面的工作，快速地行动，但是最为核心的城镇建设方面并没有非常详细的指标，即：小城市培育试点镇到底如何建设？小城市试点镇的居民到底需要什么？

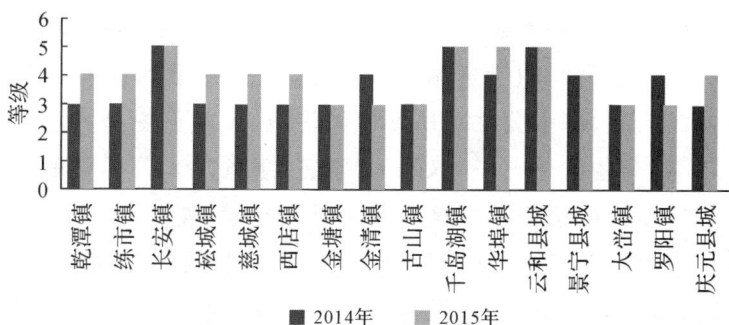

图 5-2　第二批 9 个小城市培育试点镇和 7 个重点生态功能县城考核结果

（2014—2015 年）

注：等级 3 为达标，4 为良好，5 为优秀。

是否需要配备三星级以上宾馆、大型商场？虽然这些指标涉及社会经济生活的各个方面，但并不完全是按照小城市形态设定的，最终将会影响小城市培育试点镇的未来发展。

第二节　小城市培育试点镇发展问题和困境

浙江省小城市培育试点工作走在全国前列，取得的成绩是显而易见的，但与理想中的小城市（镇）仍存在着很大的差距，与欧美发达国家的小城市相比，差距或许更大一些。一个明显的现象是这些试点镇仍是"千城一面"，缺乏自己的个性和特色，其中原因主要有两个方面：一方面是这些小城镇本身的问题；另一方面是这些小城镇以外的问题，或可以说是外部因素造成的问题。比如，小城市培育试点镇建设趋于高楼大厦，部分是因为自身的追求，部分是考核指标助推了小城市培育试点镇的城市形态向大中城市靠拢。有些试点镇的工作人员表示，"我们也没有办法，上面这样要求，我们只能按照这个要求去做"。但大多数的试点镇工作人员兴致勃勃地带我们去看文体中心、养老服务中心、高档商业中心、高档商品房楼盘、高档写字楼等大型建筑。确实，这些是被认为最拿得出手的现代建筑，与大城市的建筑是一种类型的。当然，与之配套的基础工程也是"大手笔"的，公园、马路、广场及其相关的景观有时候非常靓丽，简直可以与大城市的相媲美。但是，这些城市公共工程放在大城市并不显眼,而在小城市试点镇是非常扎眼的,无疑是一种"面子工程"。在我们的考察调研过程中,并未感觉到这些崭新的城市公共空间有什么人气,许多公共场所冷冷清清,到了晚上更是安静。许多项目仍在建设之中,有些虽然已经建好,但"空置"现象是十分严重的。有一些小城市试点镇的领导也很担心,"这样快速投入建设,如难以吸引人来入住,就无法形成良性市场,也就无法持续下去"。就目前的情况来说,大多数小城市试点镇的管理者对于小城市没有清晰的理念,建设工程更多是去完成"三年行动计划"的各项指标,而这种指标的制定有时候也是不切合实际的,带有明显的功利色彩。因此,我们看到大量非常宏大、现代和超常规的规划,如果这些规划都能建成,那么必定会产生大量形态、功能、建筑、社区十分相似的现代小城市。这样的小城市是否就是我们能够建设的唯一形式?我们有时难以给出一个明确的答案,似乎现在城市也只能如此了。但是,这种认识无疑是存在偏差的,小城市建设可以有多种多样的形式。

我们将在对小城市培育试点镇进行考察的过程中发现的一些明显的、带有共性的问题进行概括和归类,主要有以下几个方面。

一、建设理念问题

(一)核心理念问题

大多数小城市培育试点镇主要领导对于小城市没有一个清晰的理念,通常以大城市为模板,特别缺乏现代小城市的建设思维。究竟要建成一个什么样的小城市?领导心中没数,百姓更是模糊。大多数小城镇的行政人员仅仅把试点工作作为一项日常工作,关心的问题主要是考核成绩。"我们主要关注考核,考核是最重要的","我们想做特色,但考核指标无法反映大量的具体工作"。一个十分明显的问题是,这些行政人员大多缺乏现代小城市的发展理念、小城市建设理念以及科学管理理念。有的工作人员说,"我们希望规划设计单位提供一套适合本地特色的规划,但规划过程中要我们提供一些规划目标,结果只能根据领导的意图来做,自然也无法形成特色","上级来检查工作,但从来不谈具体的小城市建设问题,我们参加培训,也从来不涉及小城市规划、建设和管理的问题,真的不知道小城市的核心理念究竟是啥"。这种现状肯定会极大地影响小城市的培育试点工作。一些干部仍停留于传统乡镇管理的理念,或等待上级部门来部署任务、推进落实、督促工作。再者,有关城市建设的专业人才,如规划师、建筑师和工程师大多身居大城市,缺乏对小城市地方特色的了解,许多建设观念也会误导小城市建设,因而,我们在试点镇看到的规划、沙盘模型、公共空间、道路设计和大型建筑(文体中心、商业综合体、行政中心)等都带有明显的大城市思维和烙印。有些区块被称为"小外滩""小香港",即反映了这种现象。几乎所有小城市试点进行新城建设都建有一样的道路、商店、小区、工业区或开发区,城市形态极为相似,特别是一些现代高层建筑更是类同。

　　一些人口规模比较大的小城市培育试点镇迫切希望"戴帽"(授予"城市"称号),"我们已经按照三年行动计划做了,什么时候可以戴帽呀","如果再这样试点下去,会名不正,言不顺,工作将极难继续"。在他们看来,如果能叫"某某市",至少可以改变目前的很多困境,比如,权力行使、行政人员编制数、管理队伍待遇、城市建设用地审批权限、财政收入分成等问题,总之,希望通过城镇的更名来改变现有发展状况,解决有关城市资源的要素分配问题。不过,大多数培育试点镇清楚自身地位,人口数量不足,规模不大,如叫城市会感觉别扭,特别原有名称也并不十分响亮。小城市建设理念滞后,自然会导致很多的问题。事实上,小城市培育试点镇主要领导的城市观念在某种程度上将决定今后数十年内的小城市形态、风格以及可持续发展的潜力。他们的"一念之差"可能会造福该小城镇的发展,也可能极大地阻碍未来的发展。大多数小城市培育试点镇的行政人员没有受过专业的城市理论培训,也没有城市管理经验。一些人仅仅是因为工作岗位的需要而从事小城镇建设工作,有的原有岗位可能与城市建设无关,而是负责农村产业工作、渔业工作、水利工作、行政村工作等。这些行政人员虽然或许有强烈的事业心和城市生活情感,但城市建设绝非乡村工作那么简单,城市是一个复杂的有机体。如果以农村的方式来建设城市,那么很容易出现"农民城",既不像城市,也不像农村。

　　(二)"家园"认同问题

　　大多数试点镇缺乏建成区中心及其标志性建筑,虽然有老街和有规划的街道、工业区、新的行政楼,但并没有形成一个公认的城市中心。少数试点镇由于行政合并,形成两个或三个建成区、三个或四个工业区,空间距离分散,新区与旧区缺乏有机的衔接,新区是新区,旧区是旧区。我们看到在那些老街道上总有三三两两的老人们一起聊天,或聚集在一些小屋里打麻将、喝茶、聊天,过着安逸的晚年生活,但这些老街已经不再是城镇的中心,老人们所认同的中心与现在周边的新街区是完全不一样的。一些老年人表示:"这条老街以前是很热闹的,有很多店铺、客栈、茶馆,但现在已经冷落了,除了住户、老年人,其他的人就很少来了。"城市中心的缺失也使居民缺少了一些基本的认同,而社区仅仅成为一些居民生活的基本单位而已。有学者指出,"未来的关键目标必须是关注使用城市的人的更大的需求"。①

　　事实上,我们发现一个非常有趣的现象,大多数小城市培育试点镇的行政人员下班以后纷纷驾车离开工作的小城镇,只有少数人留在工作的小城镇。这种情况在浙江省小城市培育试点镇是一个普遍的现象,也就是说,白天上班在城镇,晚上住宿在邻近的大城市(或县城)。例如,余杭塘栖镇、萧山瓜沥镇、富阳新登镇、绍兴钱清镇、余姚泗门镇、慈溪周巷镇、乐清柳市镇、东阳横店镇、义乌佛堂镇、江山贺村镇等。对于一般的居民而言,这种情况也有相当大的比例。这从另一个角度反映了小城市培育试点镇的发展危机,说明小城市培育试点镇在就业、服务、生活和未来发展上仍缺乏一个城市应该有的吸引力,也还没有形成生活认同。那么,在行政人员自身对小城镇还缺乏认同的情况下,也就遑论对于小城镇的感情问题。当然,这个问题也事出有因,现有的行政体制决定了乡镇主要领导岗位轮流制度和异地任职制度,而行政人员又大多通过公务员渠道而来,因而异地任职也是非常普遍的。如果我们对小城市培育试点镇行政人员做一个工作和生活地点统计,就可以清楚地揭示这个问题。

　　(三)城市建设问题

　　小城市培育试点工作最为重视的是产业,一般认为只有产业的快速发展才能支撑小城市的发展,但问题是,产业发展是有其自身规律的,政府可以引导产业转型升级,可以关停污染企业,但不应该过多地干预企业的正常运行。如果小城市培育试点镇的产业出现问题,单靠政策是不能解决的。有些试点镇的主导产业仍是传统的纺织、成衣、化纤、印刷、木业和金属制造等行业,属于"低小散"的低端产业,这些产业随着经济周期的变化而变化,有很大的风险。最近几年宏观经济增速放缓,一些试点镇的产业园区虽然体量庞大,但显得很空旷,"机器换人"淘汰了落后产能,部分产业不景气,这

---

① 扬·盖尔:《人性化的城市》,欧阳文、徐哲文译,北京:中国建筑出版社,2010年,第6页。

种现象反过来也影响了小城市的就业、人才吸引力和建成区建设。从另一个角度来说，小城市培育试点镇的核心工作首先应该是小城市建设，目标是提升整个小城镇的建设特色和生活品质，产业不应该是最重要的工作层面，政企之间有联系，但也应该有明确的边界，两者的属性是完全不同的。

二、内生动力问题

从小城市的发展规律来说，小城市的兴衰是由多种因素决定的，而政策是其中的一个重要因素。浙江省一些小城镇被选择为小城市培育试点对象，本身就因为其发展达到了一定的高度，比普通小城镇拥有更多的要素聚集，特别是工商业快速发展使其超越了传统小镇的规模。另外，这些小城镇有一定的区位优势，可以说这些小城镇的扩张是有其内在动力的。但是，由于历史原因，这些小城镇与社会经济快速发展明显不相协调。现有小城市培育试点镇大多以小型工业功能区为载体，块状经济明显，企业数量虽多，但规模偏小，整体集聚功能弱小，实力有限。就小城市试点镇来说，也有相似的情况，建成区规模偏小、建成区环境凌乱、城市功能不全，自身动力还不足以驱动城市建设。政府出台一系列的政策，目的是推动小城镇的城市建设，进而促进区域经济的可持续发展，提升区域的城市化水平。如今，这些政策已经成为小城市培育试点镇的重要动力。

然而，有相当一部分小城市培育试点镇把外在动力当作内在动力，他们把完成上级任务、完成年度考核、完成"三年行动计划"考核作为最主要的工作重心，试点镇已经存在明显的政府路径依赖。当然，这也与我们上级政府对他们的要求有关，现在的小城市培育考核指标几乎成了试点镇的操作标准，"一年一个样，三年大变样"，"跳一跳，可摘桃"，虽然从小城市培育试点工作的角度看，这样的考核指标和要求似乎是无可厚非的，但如此执行的结果也是可以预见的，最终这些小城市会趋于一致化。在基层一线，我们可以听到很多的抱怨，"我们为了完成任务，四套班子齐出动，一起对付征地、拆迁、补偿、安置等问题"，"大会战""大决战"成为试点镇的工作新常态。然而，城市建设不是搭积木，而是一个相对长期的过程，急功近利，粗制滥造，那样的城市建设是可想而知的。而一旦政府政策变化，扶持力度减弱，一些小城市或许就会停滞不前或衰落。

三、功能定位问题

(一)发展目标不够清晰

小城市培育试点镇都提出了自身的功能定位,第一批 27 个试点镇看似功能定位存在某些差异,例如,"杭州都市经济圈的工贸卫星城市、环杭州湾地区的现代物流基地,杭州东南部的宜居新城;江南水乡历史文化名城、杭州都市区宜居宜业新城;杭州西部休闲旅游胜地、生态型绿色小城镇;千年渔港名城、海洋休闲旅游胜地;杭州湾畔活力型品质宜居之城;国际著名旅游胜地、历史文化名镇、全国生态宜居小城镇;长三角地区改革创新先行区;宜居宜业的滨海工贸特色城市;海滨宜居活力新城;创业投资总部经济示范基地、国家先进电工电气制造业基地;浙南特色装备制造业基地;浙北经济雄镇、太湖魅力新城;京杭运河活力新城;杭州都市圈示范节点城市、江南运河文化名城;国家历史文化名镇;人文生态名镇",这些功能定位存在几个明显的问题,一是有"为赋新词强说愁"的嫌疑,如果我们不看培育试点镇的名称,无法把这些称号与哪个试点镇相吻合;二是有些培育试点镇的定位是重叠的,或是相似的,没有区分度;三是这些功能定位最大的问题是与小城镇似乎没有多少关系,缺乏唯一性;四是这些定位大多没有深入分析自身的资源禀赋、社会发展优势以及人文传统,无法体现自身的真正价值。

(二)城市形态缺乏特色

在我们的调研过程中,小城市培育试点镇给人的强烈视觉冲击就是都在进行新城建设,没有差别的道路、街道、商店、建筑、小区、工业区、开发区,城市形态极为相似。有些小城市培育试点镇建成区规模较大,已经超越小城镇的概念。城市建设按照功能分区进行,其城市形态直逼大城市,而建成区相对规模较小的试点镇则仍处于从传统乡镇向现代城市的转型过程中,街区无规划、建筑杂乱、没有建成区中心、新旧街区泾渭分明,建成区与周边环境不相协调。总体而言,由于缺乏小城市该有的城市定位,试点镇建设到处充斥着盲目行为,超现实规划、超常规建设,小城市迷失于现代大都市的形态之中,存在大量的"奢华""躁进""崇洋"等不良现象,"千城一面"。由于没有科学的现代小城市定位,现有试点镇的一些建设仍是盲目的,建成区没有形成相对核心的公共空间,新旧城之间没有很好的衔接,没有体现小城市精神风貌的建筑物,没有小城镇物质生活活动的市场中心,总的来说,小城市培育试点镇的规划仍欠缺点面合理的空间布局。在节点规划上,小城镇培育试点镇缺乏城市社会核心功能的塑造与建构,也即没有形成标志性的中心建筑,如中心广场、市政娱乐中心、行政中心或商业中心。在面的规划上,一是无法形成一个自然的小城市,这可能是空间布局的制约。在现有试点镇中,有些镇事实上由于自然区位的局限无法建成一个自成一体的小城市,例如,塘栖镇、瓜沥镇已经为杭州的城市规划所涵盖,离杭州主城区、余杭和萧山副城都很近,卫星镇的定位可能是最确切的。嘉兴的王江泾镇、湖州的织里镇、宁波的慈城镇也是这种情况。如果仍以小城市的目标去发展,肯定是得不偿失的。另外一些试点镇,虽然有一定的区位优势和独立性,但与县城距离也非常近,一般只有10多公里的路程,如嘉善姚庄镇、桐乡崇福镇、绍兴钱清镇、诸暨店口镇、上虞崧厦镇、余姚泗门镇、慈溪周巷镇、宁海西店镇、临海杜桥镇、路桥金清镇、温岭泽国镇、乐清柳市镇、瑞安塘下镇、平阳鳌江镇、义乌佛堂镇、永康古山镇、江山贺村镇,这些试点镇离县城的距离都非常近,要使这样的试点镇发展成为小城市,其实有很大的难度,随着附近城市的扩张,这些小城镇势必成为中等城市的一部分。然而,另有一些小城市培育试点镇完全具有小城市的潜力,如果加以引导,完全可以建成相对独立的小城市,如富阳新登镇、桐庐分水镇、舟山六横镇、缙云壶镇镇等。二是以功能分区的方法来建造城市将无法形成具有小城市特点的紧凑型城市,在未来也不可能形成环境友好的符合本地特点的社区生活。

(三)文化资源利用乏力

在浙江小城市培育试点镇中,有一些试点镇具有非常深厚的历史底蕴,老旧街区文化资源十分丰富。例如,余杭塘栖镇、富阳新登镇、宁波慈城镇、桐乡崇福镇、德清新市镇、永康古山镇等,还有较多的传统街区、文物古迹、自然遗产和非物质文化遗产,然而,在这些试点镇的建设中,虽然也有历史文化名城的功能定位,重视历史文化遗产的保护,但对于一个小城镇来说,保护资金十分有限。快速城镇化使得有些历史建筑遭到了破坏,让人非常遗憾。在小城市培育试点镇的新旧城建设之间,对于具有历史遗产资源的小城镇来说,历史文化资源的挖掘和利用仍是非常有限的。

四、行政管理问题

现有小城市培育试点镇普遍希望增加行政编制数量,扩大行政管理队伍,提升行政级别,减轻工作压力。为什么? 在我国传统的行政架构下,行政管理趋于科层化、条块化,政府部门往往事无巨细,统包统揽,缺乏效率;又由于行政管理是一种垂直的行政管理体制,上级部门的任务都会下达到基层一线,因而一线行政人员需要应付上级部门的任务,有做不完的工作。许多行政管理人员抱怨,"自从被列为小城市培育试点,我们的工作就没日没夜,加班加点成为正常现象,五加二、白加黑成为常态","这样做的结果,有时候还得不到认同,由于征地、拆迁、补偿等问题,与群众之间的关系还弄得特别僵","我们的活,现在是越来越难做了,与群众沟通不易","上级下达的任务,我们在一线工作的人都需要做出成绩来,都需要完成各项指标,'四边三化''五水共治''三改一拆'等都有考核要求,我们需要全力以赴,我们哪有那么多的时间和精力来对付小城市建设"。这种局面已被称为"小马拉大车","我们现有常住人口 30 万,但综合执法编制人员仅 10 来人,要我们管理如此多的人,根本管不过来"。对于小城市培育试点镇来说,既要完成原有的工作职能,又要进行小城市培育的试点工作,"在我们现有的行政层级中并没有对应的城市建设机构,乡镇级既没有国土办,也没有住建办、规划办,更没有城管办",各项工作叠加,小城镇的行政人员变成是"万能的",这带来了行政功能的紊乱。现在,一些小城市培育试点工作是由党委书记直接负责,一些镇则由一位副镇长兼管,而实际工作可能由党政办、综合办、小城镇办、发改局或服务办来做,往往只有两三个人负责与小城镇建设相关的事务。许多行政人员认为这块工作量大、复杂难做,还不如做一些面上工作更简单、更轻松。

小城市培育试点工作的一块重要工作内容是"强镇扩权",即赋予试点镇更大的行政审批权。浙江省为了推进中心镇的工作,下放了许多行政审批权限,其中行政审批事项 70 多项、行政执法事项 100 多项。2010 年浙江启动小城市培育试点工作,27 个小城市培育试点实施扩权改革,平均下放扩权事项 149 项。推进投融资体制改革,试点镇组建了 51 个建设发展有限公司,2011 年通过公司与银行对接融资 41 亿元。"行政审批服务中心"是一项工作特色,主要设有公安、工商、税务、国土、城建、城管等窗口。"强镇扩权"虽然提高了小城市培育试点镇的办事效能,节约了城镇居民办事成本,但仍有不少问题,有些涉及事项不是基层特别需要的,有的窗口一年办不了 2 件;有些行政审批仅仅是形式,但后道手续还必须去县城办理,如建设用地的审批。另外,"行政审批服务中心"是县级派出机构,工作人员主要为县级政府派出人员,小城市培育试点镇的人员经费负担不大,但试点镇仍需要付出很大的成本,大楼建造或租用都需要支付大量费用。

五、发展瓶颈问题

小城市培育试点镇在建设过程中普遍遇到一些瓶颈问题,很多人认为这些问题制约了小城镇的进一步发展。

（一）人口数量问题

对于特大型城镇来说,人口数量不是一个很大的问题,因为人口数量远超 10 万人的指标要求。在第一、第二批小城市培育试点镇中,大约有一半试点城镇的人口在 10 万人以上,而另有一半试点镇人口少于 10 万人。对于人口数量有限的城镇来说,要加速人口集聚是一个十分困难的问题,"我们的城镇人口少,要达到 10 万人的指标很难;不知道到哪里去把这些人吸引过来","人口数量指标对我们来说太难了,现在城镇化率已很高,能保持就算不错了,担心的是人口流失,城镇人口更少"。在相当长的时间里,城镇人口仍是一个自然增长的过程,人口增长速度相对缓慢。小城镇是城乡之间的节点,在传统的区域社会中,乡镇非农人口占比非常小,绝大多数是农村居民,因而,"乡镇"的概念是非常有特点的,乡镇的实际核心是市集,一个商品交换的场所;后来,乡镇有了政治功能,因为有一些常设的管理机构,负责农业事务。随着改革开放的推进,乡镇工业化迅速发展,原有产业结构开始发生变化,乡镇居民增加,在统计意义上城镇居民比重上升了,但"两栖生活"的居民在小城镇还是比较普遍的。在一些试点镇,虽然建设了一些村民安置小区,特别是嘉兴地区实行了"两分两换"(宅基地与承包地分开、搬迁与土地流转分开,以土地承包经营权换股换租换保障,推进集约经营,转变经营方式;以宅基地换钱换房换地方,推进集中居住,转变生活方式)和"土地流转",但效果并不明显:一是"流转土地"并不能转化成城市建设用地;二是居民仍"心挂田地",关注自己的承包地;三是宅基地利用率不高。简单方法下的"新农村"聚集,农民有"被上楼"的现象。在这样的城市化过程中,城镇新居民的生活出路仍存在问题。而在常住人口比例方面,一些试点镇本地人口占较大比重,外来人口的比重较低。随着小城市培育试点工作的推进、工业发展的转型升级,特别是"机器换人"政策的推出,外来人口就业空间受到挤压,企业外地人口非但没有增加,反而呈现下降趋势。这就使一些试点镇的人口增长可能面临更多的困难,城镇化率的指标更加难以完成。

(二)建设用地问题

对于小城市培育试点镇来说,城市建设用地是一个最为急迫的问题。一些试点镇抱怨,"我们好项目很多,来谈的企业也特别多,但就是没有建设用地可供开发使用,每年的几十亩土地指标仅仅建基础设施就不够","现在要开发的项目很多,就是建设用地指标严重不足,能否给试点镇更多的建设用地指标"。有些试点镇领导甚至提出"省级政府能否直接把建设用地指标切分给试点镇,减少中间环节,以拿到足够的建设用地,否则指标往往被克扣"。对于一些雄心勃勃的试点镇来说,10平方公里的小城市建成区、工业园区、公共建筑和商业小区等等,肯定需要大量的建设用地。而地从哪里来?首先要取得建设用地指标,其后通过多种方式来做地:一种方式是确定公共基础设施项目以后,需要获得建设用地的指标审批,其后才能征用土地,储备土地;另一种方式是专项用地,有些省级重大项目可以专用项目的形式,直接向上级部门申报,然后取得建设用地指标;还有一种方式属于存量土地的使用,即原有城镇的一些企业因落后产能被淘汰,其转产、停产或搬迁后,原有土地再利用。其他土地的使用是受严格限制的,如"拆村并居"以后的土地利用,特别是新农村建设带来的建设用地。目前小城市培育试点镇的建设用地来源多样,形式复杂。当然,一方面是建设用地严重不足,另一方面土地浪费也是明显的。有一些工业园区,厂房稀疏,马路开阔,行人稀少,存在明显的土地资源浪费现象。

与建设用地相关的另一个复杂问题是拆迁。对于小城市培育试点镇建设来说,按照"三年行动计划"来完成计划指标,大规模的建设也是势在必行的。只要有建设,就必然涉及拆迁问题。在现有社会背景下,社会民生是一个大工程,而拆迁就涉及这个问题。对于基层一线的行政人员来说,有些城市建设工程的推进是非常困难的,特别是遇到拆迁补偿问题,不是一天两天就能解决的。一位干部指着一条马路说:"拆迁是我们最头疼的问题,也是工作量最大的问题。我们为了修一条路,仅动迁工作就做了三年,到现在也还没有最后完成。"我们看到这条新马路,过了交叉十字路口,前面就是民房与小道相杂,远处是已经征用的空地。而城中村更是"一根难啃的骨头"。一个试点镇的领导说:"城中村问题太难了,而我们镇又涉及很多的城中村。

由于历史的原因,村落无序蔓延,连片扩散。现在政府没有财力,无法去拆迁,即使修一条马路,也难以处理。村民的要价也是越来越高,一间店面房,补贴二三十万也不愿意搬迁。"现在,群众维权意识越来越强,拆迁工作实在不好开展,"政府能否出台统一的城中村拆迁办法? 或出台相关拆迁法律,这样我们也好依法做工作,免去不必要的麻烦"。由于国家没有统一的拆迁和补偿标准,也没有相关的法律,"拆迁"容易带来很多问题。虽然现在是领导带头,分解任务,工作到户,做大量细致入微的沟通、谈判和签约工作,但仍会遇到难以解决的问题,"钉子户"是常见的现象。

（三）建设资金问题

小城市培育试点镇的建设资金是一个大问题,现在基础设施建设投入巨大,每年需要的投资额达数十亿元,而从财政收入中切分的能够用以投入的资金非常有限。"三年行动计划"实施以来,投入建设资金巨大,来自上级财政拨款的投入仅仅是非常少的一部分,财政资金基本维持"吃饭财政",大量建设资金不得不进行融资。许多城镇坦言,"现在建设资金压力巨大,如果没有持续的资金来源,建设将难以为继"。大多数试点镇现在是负债经营,这个问题已经成为一个难以言说的现象,一些试点镇的债务规模估计在10亿元左右。具体来说,在城市建设资金的筹措方面:一是政府渠道的常规资金,如财税分成而来的资金;二是政府专项投入的资金,如乡村道路建设专项、"五水共治"专项、"三改一拆"专项等;三是通过土地出让而来的资金;四是企业投资的资金;五是通过资产抵押向银行借贷的资金;六是民间借贷的资金。前些年,由于城市建设资金渠道窄小,"土地财政"现象十分严重,土地出让金是城市建设的主要资金来源。许多试点镇通过开发工业区、商业中心和商业楼盘,把拍卖土地而获得的资金用于城市建设。然而,在政府规范地方债的背景下,试点镇的融资压力陡然增加,如何解决巨额债务以及建设资金将是一个非常棘手的问题。

（四）建设人才问题

随着小城市培育试点工作的推进,专业建设人才问题非常突出。一些试点镇在座谈中明确指出:"小城镇层级特别缺乏专业人才,我们没有专业的城市规划人才,没有基础设施建设人才,缺少工程监理、水质监测人员,也缺乏城市管理人才。"事实上,这或许是一个普遍现象,规划、供水、排水、道路、管道、建筑、绿化、工程监理、财税等人才在试点镇几乎还是空白,试点镇基本上仍是农民建城市的方式，"农民城"的称呼有时候是合适的。大量在职干部只能边干边学，经常要付出不必要的"学费"。而在一些试点镇，人浮于事，办事缺乏效率。由于大多数的试点镇是"撤乡并镇"而来，原有的乡镇干部基本得以保留，行政队伍基数庞大，少则数百人，多则上千人。如何使这些行政人员转变观念，以专业的素养进行城市建设仍是一个巨大的挑战。

（五）城市管理问题

大多数试点镇仍处在转型过程中，城市管理明显没有跟上小城镇发展的速度。传统农村的生活方式不可避免地影响城镇生活，以"脏、乱、差"概括并无不当。无论是街道、小巷、院子，总能让人感觉道路坑坑洼洼，各类车辆混杂；一些建筑随意搭建，墙壁灰浆剥落，门窗破烂；即使是新建筑物，也是保安笼遮住窗框，各类电线缠绕，窗外晾晒衣物；建筑物表面、电线杆、公共车站、卫生间，各类广告、招贴满目皆是。公共场所环境杂乱，厕所肮脏。除了环境不佳，居民素养也有待提高，停车、穿行马路等行为习惯都有待进一步改进。"三分建，七分管"，管理难也一直困扰着小城市培育试点镇的管理者，有些试点镇领导说："我们城镇现在人太多了，执法人员少，管不过来。"城市需要人去管理，这是没有问题的。但问题是，依赖传统的乡镇管理方法，肯定无法应对现代城市的管理需求，有时候甚至会适得其反。

第三节　小城镇能够实现"大梦想"：对策建议

在浙江省城镇化体系中，小城镇拥有无可争议的地位，就如那满天星斗，熠熠生辉。小城市培育试点需要遵循城镇化规律，充分发挥城乡节点的重要作用，以符合时代的理念，重塑小城镇之美，实现小城镇的"大梦想"。针对浙江小城市培育试点镇面临的发展问题，我们提出一些思考与建议。

一、遵循城镇化规律，提升小城市试点建设理念

对于小城市培育试点镇建设来说，当务之急是遵循城镇化规律，认清时代使命以及小城市的发展趋势。由于大多数试点镇的领导仍是乡镇领导，尽管现在的主要工作转向城市建设，但其在意识中仍具有非常强烈的乡村工作意识。如何改变这种边工作、边学习，"摸着石头过河"式的工作现状？

虽然通过小城市建设实践，乡镇干部也会提升对于小城市的理解，但无法形成卓越的小城市建设理念。小城市建设若没有科学精神，"大干快上"或蛮干、强干，对于小城市的未来可能是贻害无穷的。

（一）加强城市理论学习，优化小城市试点建设理念

费孝通先生在 20 世纪 80 年代就提出了"小城镇，大问题"，在今天，"小城镇与大城市"依然是大问题。小城镇（市）与大城市的建设目标有着重大的区别，在我国新型城镇化体系中，小城镇建设要坚持"小而特"，在城市形态、空间、规模、人口、就业、生产、消费或休闲等方面，小城市的最大特色应该在于"小、精、特"，也就是以人为中心，建造"紧凑型"的城镇，小城市应该坚持"做小做精"，而不是"做大做强"。

小城市培育试点镇建设者应该了解现代小城市的发展趋势、理想类型和城市功能，还应该熟悉我国城镇化政策及其城市建设的专业知识，如城市规划、空间尺度、基础设施、公共建筑、公共空间、城市形态以及城市美学等等，只有拥有科学的小城市建设理念，才能更好地开展城市建设工作。小城市培育试点镇的建设者应该学习现代田园城市理念，因地制宜，让城市与乡村有机结合，在建成区周围形成农田带和绿带，与其他城镇相间隔，并且充分发掘小城市的历史文化资源，丰富小城市的文化内涵，真正做到"望得见山，看得见水，记得住乡愁"。

上级政府部门应该改变过去那种只重考核、不重实践指导的方式，应该给小城市培育试点镇干部带去更多的城市理论与实践指导，帮助克服"大干快上"、蛮干与强干，改变那种"摸着石头过河"式的工作现状，避免在未来给小城市试点带来更大的难以修复的工程。开展试点镇建设的专业人才培训，特别是教授有关规划、设计、道路基础设施、给排水、电力、煤气等方面的知识，提高试点镇干部的专业水平。

（二）强化"参与式规划"，实施"接地气"的小城镇规划设计方案

小城市培育试点镇的发展规划需要强化共建共享机制，让小城镇的各利益相关方积极参与总体规划、分区规划以及单元规划的讨论和修订，共同规划试点镇的特色发展方向。一个成功的小城镇需要有"接地气"的规划设计方案，需要有"小城镇文化、生命共同体"的目标意识，强调基层、政府和民众的参与，培育和凝聚社区意识，这样才能实现真正有特色的小城镇建设。

在"参与式规划"实践过程中，一方面，需要组织小城镇建设专家参与，

以使理念与实践相结合，需要组织城市规划设计师把理念转化成实施方案。另一方面，也是小城镇建设最重要的层面，需要组织当地社群和居民参与，只有他们真正地了解小城镇的地理环境、历史、经济和文化，了解小城镇的邻里关系，了解日常生活节奏与规律；城市规划设计师通常缺乏地方小城镇的生活经验，不熟悉小城镇的生活节奏，许多的规划方案好高骛远，脱离现实。

小城镇建设是千秋大计，"参与式规划"是小城镇走特色化途径的重要手段，虽然需要花费大量的时间，人力与财力兼顾各方意见，协商沟通，但这个过程也是建立共识的过程，有利于小城镇特色的构建与可持续发展。

（三）开展试点镇建设的专业人才培训

小城市培育试点镇建设需要加强小城镇建设的专业培训与引导。在很长时期里，部分乡镇干部并不重视城市问题，认为那不是自己的事。然而，事实上，现在的试点镇已经不再是传统意义上的乡镇，更多的已是现代小城市了。很多试点镇的行政管理人员对于特色小城镇的体验极为有限，城市建设内容更多的是基于大城市的经验。在有关试点镇干部培训方面，首先，应该增加有关城市理念、城市建设和城市管理的内容，使这些干部了解现代社会的城市观念，认知现代小城市的规律、特点和发展方向。小城市培育试点镇的大多数行政人员还应该接受城市建设的专业培训，例如，规划、设计、道路基础设施、给排水、电力、煤气等。政府部门应该定期组织有关小城市建设的培训班、短训班、研讨班、专题班，经常性地研究城市问题。其次，小城市培育试点镇也应该经常地组织研讨、调研，既研究自身的资源优势与问题，也研究世界小城市的发展规律，汲取其他区域小城镇的建设经验，提高专业建设水平。

（四）组织专业性的小城镇建设考察

大多数小城市培育试点镇的行政管理人员基本上是本地人，对于外地的小城镇感受不是很多，需要交流取经。目前，一些试点镇虽然也组织异地取经，交流学习，但这种自发的行为并没有从根本上解决问题，有组织的考察可能更加重要。对于外国的经典小城镇，我们一线工作者了解更少，有机会考察访问的更加鲜见。如果国家政策和经济条件允许，应该组织一线小城市培育试点镇工作者去国外样板小城市，特别是发达国家的小城市学习考察，开阔视野，与国外专家和管理人员探讨，学习借鉴先进经验，从而树立世界眼光,建设具有世界水准的小城市培育试点镇。

二、激发内生动力,增强小城市培育试点镇的竞争力

就上级政府来说,如何激发试点镇的自身动力是最为重要的一件事情。小城市本身就是一种社会产物,也就是社会各种要素互相作用的结果。对于试点镇来说,要按照小城市发展规律,充分挖掘自身的资源优势,利用各种要素加以创造和创新,从而形成自己可持续发展的动力。

(一)明确建设目标

如果没有明确的小城市建设目标,过度追求经济增长和产业的发展,小城镇最终只能走向一个"工业园""产业园""专业市场""物流基地"或"睡城"。小城市培育试点镇要明确建设目标,走品牌化、特色化发展道路,如横店镇那样目标清晰,数十载坚持发展文化产业,建设成为全球知名的影视拍摄基地。小城市建设定位清晰,就能调动各种资源要素,协同各方利益相关者,以品牌化寻求特色化的发展道路,而各利益相关者的创造力也就是试点镇发展的内生动力。

(二)凝聚社会力量

小城市试点镇应该以人为中心,广泛动员社会力量,无论是个人还是社会群体,都应以试点镇的未来发展为重心,充分发挥主人翁精神,广泛参与规划、设计、建设、管理及经营,共同探讨存在的问题以及解决的方法,提升试点镇的内部凝聚力,推动试点镇的可持续发展。

(三)借助外部要素

在充分挖掘自身动力的同时,试点镇也要充分利用外部驱动力,这也是一种激励因素,如果能加以合理利用,就会变成可以激发试点镇内在动力的因素。例如,上级政府的政策红利有利于加快相关配套措施落地,推进城市功能建设;也要利用周边大中城市外溢资源,转化落地;开展与相关都市圈、城市群的协作,融入城镇化体系,打造节点城市,促成小城镇的快速发展。当然,如果外部要素不能及时转化,那么有时候也会带来副作用。有一些小城镇原来也是相当活跃的,在区位、人口、经济等各个方面也有良好的影响,但由于没有很好地借助外部力量,在撤乡并镇过程中逐渐趋于没落。

三、深化体制机制改革，提高小城市行政效率

现有试点镇的行政人员究竟是多了，还是少了？这个问题事实上涉及行政体制问题。现有建制镇的管理队伍并不弱，一些试点镇的副镇长就有6位或7位，党政班子齐全；专职管理队伍往往有数百人，有些大的城镇办事人员多达千人。然而，即使有这样的行政管理队伍，管理职能的行使有时候仍十分困难。其原因何在？一是政府职能重叠，通常既是城市建设者，又是城市管理者；二是缺乏相应的法律法规，凡事依靠临时组织人员去应对；三是组织形式单一，社会力量参与度低。这些体制性问题是试点镇首先需要破解的问题，也是国家新型城镇化综合改革试点的一个重要任务。小城镇需要进一步深化体制机制改革，做好"强镇扩权"，变管理型政府为服务型政府，其中重点有三个方面：

第一，依法办事。在小城镇治理过程中，依法办事是最根本的原则，只有通过依法办事、遵章办事，才能处理长期解决不了的环境卫生、违章建筑、秩序混乱等顽疾，才能解决城市管理过程中各种各样的复杂问题。

第二，简政放权。试点镇需要减少人员配置，实行扁平化管理，以事权为中心，提高办事效率。在推进行政工作过程中，尽可能减少应付性事务，简化办事流程，降低办事成本。

第三，问政于民。现在的试点镇建设，大多数事务由政府包办，社会力量参与度低。城市建设是一项百年大计，应该广泛听取居民的意见，邀请他们参与重大事项的讨论、听证、实施和监督，以实现共建共享的目标。

四、打造"紧凑城市"，建设美丽宜居的小城市

小城市的最大特色应该在于"小"，也就是围绕小城市理念来定位，小城市应该是"做小做精"，而不是追求"做大做强"。如果是大城市郊区的试点镇，那么需要重新定位自身的小城镇功能，如何能够在大城市体系中谋求自身的发展，在住房、交通、社区、环境方面以人为本，营造舒适、整洁、安静和优美的生活环境，避免"大城市病"。小城市试点镇应该坚持"紧凑城市"建设原则，不"贪大求洋"，而是追求精致美丽。

具体来说，一是设定相对明确的小城市边界，以"紧凑城市"为标准，城市形态紧凑化，在适度的空间，建设能够以步行时间为尺度的环境友好型社

区。与相邻城市错位发展,保持一定空间距离,而不是加以连片发展。二是突出小城市中心设计,以中心辐射周边,做适宜的邻里尺度规划;倡导建设复合功能的社区,可以融入购物、休憩以及其他各种社会活动。三是建设步行可达的公共设施,博物馆、图书馆、学校、车站等布局应该围绕中心区域展开。四是营建本地特色的蔬菜种植、食品加工和运输网络,弱化对外部供给的过度依赖。五是坚持生态建设,降低能耗。在各类建筑、基础设施和产业中体现低碳生活的精神,建设生态城市。

五、应对发展挑战,解决小城市试点建设的瓶颈问题

目前,小城市培育试点建设虽然遇到了一些瓶颈问题,但本质上更多地与我们的小城市发展观有关。至今,关于小城市没有权威的定义,一般是根据城市人口规模来界定。2014 年国务院《关于调整城市规模划分标准的通知》中将城区范围的常住人口作为统计范围,小城市的城区常住人口规模上限由 20 万人调整到 50 万人,但下限并未有明确的划分标准。按照这样的划分标准,"小城市"仍是很有弹性的一个概念。那么,如何解决小城市培育试点镇建设过程中面临的瓶颈问题呢?

（一）城镇人口

每个小城市培育试点镇是一个基本的行政单位,也有一定的人口基数,人口基数是小城市规划的重要指标。我们所说的城市人口集聚,主要是指把农村人口集聚到城镇建成区,扩大建成区规模,这样就是城镇化了,但这样的做法是有问题的。费孝通先生说过:"一个城镇究竟有多大规模,能承包多少人口为最宜,应当先要心中有数。住在城镇里居民主体是从事于各种产业的生产者,同时还有为这些人服务的人,以及要这些人供养的老人和孩子。这就是城镇的人口结构。一个城或一个镇的规模是城镇建设的前提。"[①]关于小城市试点镇的人口考核指标,10 万人可能是一个合适的指标,但是,就城市规模来说,3 万人至 10 万人的人口规模都是合适的。尽管最佳的小城市发展模式要有一定的人口基数,但并非人口越多越好,追求人口数量最大化必定会物极必反,会带来许多试点镇无法解决的问题。因此,小城市试点镇需要重视人口素质的提升,只有拥有高素质的城市人口,这个城

---

① 费孝通:《小城镇研究十年反思》,载《费孝通论小城镇建设》,北京:群言出版社,2000 年,第 319 页。

市才有可持续发展的潜力。

小城市培育试点镇人口集聚的最好方式:一是以精美的城市吸引人。整洁的街区、舒适的社区、优美的环境、便捷的交通,这样才能吸引异地城乡人口。二是以可持续发展的产业吸引人。适度规模的产业是人口持续增加的前提,挖掘产业潜力,促进人口增长。三是以优质服务吸引人。建设公共配套设施,提供充足的社会服务。优质的学校、医院,著名的文体中心、购物中心和居住社区是城市生活的重要基础,要通过优质的社会服务来吸引高素质人口。总之,小城市试点镇应该突破传统体制羁绊,打造自身特色,以使小城市形成合理的人口结构,在高端人才与专业人才、创业者与就业者、外来人口与本地人口之间保持某种均衡,并保持人口增长的稳定性。

(二)建设用地

建设用地是一个非常复杂的问题,既涉及小城市究竟需要多少建设用地,也涉及如何获得和使用建设用地指标。首先,一个小城市的建设用地数量是需要经过严格科学测算的,尽管我们一般是根据城市人口基数来计算用地数量的,也就是每平方公里的人口密度(每平方公里1万人被认为是合理的数字),但是,小城市应该与大城市不同,应该按照紧凑型城市理念来进行建设,人口密度指标应该有所提高,也就是可以用更少的土地承载更多的人口。在编制建设用地规划的过程中,试点镇应该科学测算今后几十年的人口、产业、居住和城市发展趋势,"坚持节约集约用地,稳妥建立城乡统一的建设用地市场,完善和拓展城乡建设用地增减挂钩试点"。[①] 其次,试点镇应该是"争指标"与"盘活存量"相结合。考虑既有建设用地的利用效率,采用"退二进三"模式,关键是提高土地利用率;同时,要充分利用存量土地,挖掘各类可供利用的土地。最后,一个很重要的问题是监测和核查既有建设用地的利用效率,即既有建成区的利用效率,特别是公共建筑的利用效率,从而真正做到节约用地和集约用地。

与建设用地紧密相关的是房屋拆迁问题。小城市培育试点镇应该把握两个方面的准绳:一是增加小城市建设的透明度,让公众参与规划、参与决策、参与监督;二是在规划阶段做大量细致的工作,包括涉及公众利益的问

---

① 李克强:《政府工作报告》(二〇一五年三月五日),载中共中央文献研究室编:《十八大以来重要文献选编(中)》,北京:中央文献出版社,2016年,第387页。

题,及时修正规划方案,不能简单粗暴地进行拆迁;三是依法实施拆迁,协商拆迁或许可以加快进度,但容易积聚矛盾,损害公共利益,形成恶性循环。

（三）建设资金

这里有两个问题:一是建设资金的来源,二是建设资金的使用。目前试点镇的主要建设资金来源于财政拨款、专项资金、土地出让和抵押贷款,然而,这样的来源显然仍是比较单一的。浙江民间资本实力雄厚,小城市培育试点镇可以放开市场,建立规范多元可持续的城市建设投融资机制。具体做法可以是:在城市建设过程中,开放市政公用市场,吸引社会资本直接投入;使用政策性抵押贷款,成立专门的城市建设投资公司,吸引社会资本;有条件的小城市设立创业投资引导基金、村镇银行和小额贷款公司;建立小城市发展基金、投融资平台和发行小城市债券。另外,在构建多元化可持续的投融资机制的同时,还应该加强对地方政府融资平台公司运行情况的监管,规范地方政府举债行为,厘清企业与政府的关系,正确引导市场预期,防范和化解财政金融风险。

（四）建设人才

小城市发展之争事实上也是人才之争。人才问题涉及社会方方面面,小城市建设需要建设人才、管理人才、企业人才、教育人才、专业服务人才等。吸引人才的最好方法是发挥小城市本身的特色优势,如居住环境优势、创业优势、就业优势、资源（自然资源和人文资源）优势,关键因素是培育试点镇的可持续发展预期、就业和创业环境、生活环境。如果小城市没有突出的自身优势,没有完善的设施,没有健全的服务,就难以吸引优秀人才的加入,也难以为城市的可持续发展做出贡献。

六、转变管理模式,加强小城市现代治理能力建设

在高质量发展的今天,小城市培育试点镇需要加快转变传统的乡镇管理模式,采用现代城市治理模式,推进可持续发展。在小城市治理过程中,一方面,试点镇政府应该着力于法律、法规和政策的制定,充分调动企业、居民、社会团体的积极性,监督、规范和协调小城市建设。另一方面,试点镇政府应该充分发挥居民的作用,促使社会多元主体共同参与城市规划、城市建设和城市管理,共建共享建设成果。具体对策有以下几点:

第一,以法治为目标,制定小城市试点镇相关法律法规。通过法律法

规,规范建设用地、建筑空间、建筑立面;建造道路、道路设施、道路照明;保障供水、排水,电力、煤气、通信、网络;营造公共空间、广场、公园、绿地;规范街头广告、道路广告;提供绿化、植物、花卉;完善休闲、公共走廊、休憩设施;等等。通过立法,既加强公众行为的约束,又提升常住居民的素质。

第二,加强目标管理,实施小城市精细化的分类管理。以居住区、工业区、商业区、混合区为对象,提出小城市分类管理与指导原则;每一区域适当限定其中从事的主要活动。例如,在工业区可以设置少量的商业配套,但禁止设置娱乐场所;而商业区可以设置少量的艺术工坊,但禁止设立工厂。另外,可以细化户外标识管理。如果能够实行精细化管理,小城镇就不会出现大量常见的大型广告标识或楼顶大字标识,进而提升城市整体风貌。

第三,开展"智慧城市"建设,加强小城市治理能力的现代化建设。当前我国科技发展迅猛,小城市试点镇可以充分利用大数据技术手段,协助解决小城市区域的交通拥堵、公共安全问题和社会突发事件。开展"智慧城市"建设,推行社会网格化管理,提升小城市治理水平。试点镇要考虑进行适度的数字技术建设,不宜大规模推进,这是因为:一是投入资金巨大,技术更新迭代快。二是容易形成治理路径依赖,弱化行政管理机制的积极效能。三是现代技术突飞猛进,城市管理智能系统不可能持续更新,否则也容易造成极大的资源浪费。

第四,创建公众参与机制,提升小城市试点镇的治理水平。试点镇应该改变原有单向度的自上而下的管理模式,创建公众参与机制,广泛动员社会力量,充分调动公众的责任感、参与感和创新感。政府负责制定管理目标和规则,协调各种社会力量,吸引企业、居民和社会团体参与管理。建立有关小城镇规划、交通基础设施以及其他公共事务的听证制度,广泛听取公众的意见、建议和评价;发动志愿者组织来协调和共同举办城市公共场所清洁、城市纪念日等公共活动,凝聚对小城市的认同。

第六章　浙江小城市培育试点个案调研报告

2013 年 6 月,本项目课题组申报获得批准后,即开始组织课题组成员分别赴浙北、浙东南、浙中及浙西北等试点小城镇进行实地调研。在调研过程中,我们与相关小城市培育试点的镇政府、发改办、住建办、档案局等单位进行座谈,并有计划、有重点地进行现场走访,先后考察了王江泾纺织城、崇福皮草城、中国轻纺原料城、横店影视城等相关小城镇的支柱产业市场,也实地走访了小城镇城市基础建设情况,并对部分小城镇的居民进行了问卷调查,旨在通过考察,了解小城镇发展过程中居民的生活幸福度等问题。在调研考察的基础上,课题组分工形成了部分调研报告,有部分曾经发表,也有部分并未刊发。

第一节　杭州小城市培育试点建设调研报告

一、余杭塘栖镇小城市试点建设调研报告

改革开放以来,城镇化、人口迁移和专业化生产已成为我国经济社会持续发展的三大重要动因,并将在未来继续影响我国社会发展与转型。其中,城镇化被视为我国未来经济发展最重要的引擎。然而目前我国大城市过度扩张,中小城镇发展不均,城镇体系布局亟待优化,如何遵循密度、距离和分割等特性的变迁,协调推进城镇化,推动农村现代化,最终实现城乡一体化,这是新型城镇化过程中必须加以解决的重大现实问题。费孝通先生曾提出解决这一问题必须走大、中、小城市和村镇发展并举的城市化道路,认为如果只有大城市、中等城市,没有小城镇,农村里的政治中心、经济中心、文化中心就没有腿。2013 年 12 月,中央城镇化会议明确提出,要紧紧围绕提高

城镇化发展质量,稳步提高户籍人口城镇化水平,大力提高城镇建成区人口密度;根据资源环境承载能力构建科学合理的城镇化宏观布局,把城市群作为主体形态,促进大中小城市和小城镇合理分工、功能互补、协同发展。未来我国人口变动中一个长期显著的特征仍将是人口的迁移流动和再分布。浙江作为全国重要的人口导入区,城镇化建设一直走在全国前列。2011年浙江省在全国率先启动试点小城市建设,首批27个省级重点中心镇入选小城市培育名录。其中杭州地区有富阳新登、余杭塘栖、萧山瓜沥、桐庐分水4个镇。自入选培育名录后,各中心镇在浙江省政策的引导和投资驱动下获得了快速发展。由于27个试点小城市在区位条件、产业基础、人口规模及功能定位上都有较大的区别,在浙江新型城市化深入发展阶段,这些试点中心镇如何把握好政策的优势,充分发掘自身的潜力,形成符合镇域情况的特色小城市发展模式,最终充分发挥人口集聚和产业集聚功能,形成大中城市与小城市良性互动发展,促使小城市发展顺势而为、水到渠成,是这些试点小城市未来发展中应予以重视的现实问题。针对这一问题,课题组以余杭区塘栖镇为研究个案,先后两次进行调研和访谈,以了解塘栖镇自试点小城市建设以来的发展现状及存在的主要问题,总结归纳塘栖特色的试点小城市发展模式,为浙江城镇化发展提供范例。

(一)塘栖镇区位条件及发展现状

余杭区塘栖镇位于杭州市北部,是27个试点小城市中距离杭州中心城区最近的一个省级重点中心镇。其发展的区位优势明显,人文底蕴深厚。著名的京杭大运河穿镇而过,使其成为苏、沪、嘉、湖的水路要津,自古以来就是杭州市的水上门户。塘栖地少人多,务农人口较少,多数农民依赖副业及做小贩为主要收入来源,其工业起步较早,工业门类较为齐全,涉及丝绸、纺织、机械、电子、化工、造船、服装、食品、酿酒、印刷、建筑等多个行业。根据统计新口径,2011年塘栖全镇规模工业总产值124亿元,年均增长15.29%,顺利完成"工业经济及装备制造业三年行动计划",基本完成工业功能区的开发建设;规模以上企业达到109家,其中产值超亿元的33家;培育市级以上高新技术企业23家,上市企业1家;培育市级以上名牌产品(商标)22个,其中中国驰名商标3个;开发新产品210个,获得专利100项;累计引进工业项目65个,完成投入24.16亿元。形成了宝鼎重工、国能汽轮、中强轧辊、富特带钢、争光实业、宝晶生物等一批行业龙头和重点骨干企业,产业的集聚度和骨干企业的带动效应进一步增强。塘栖镇现为全国综合实力千强镇、浙江省文明镇、浙江省综合实力百强乡镇、浙江省十大历史文化名镇、浙江省卫生镇、浙江省魅力乡镇、浙江省基层民主政治建设示范乡镇、杭州市经济发展十佳乡镇、杭州市现代化标志性教育强镇、国家原产地域保护之乡。

2011年实施小城市培育试点以后,塘栖镇经历了历史上城镇化发展最快、变化最大的三年。该镇把握小城市培育的发展契机,充分利用各种有利政策,结合自身原来的产业优势和区位优势,围绕"江南水乡历史文化名城、杭州湾先进机械设备制造基地、杭州都市区宜居宜业新城"三大功能定位,精心打造一个产城融合、新旧共生、宜居宜业宜游的"江南佳丽地、塘栖品质城",走出了一条具有塘栖特色的精致发展式的城镇化之路。在社会经济方面都取得了重大进展,城乡发展高度一体化,镇域常住人口充分分享试点小城市的发展红利,在27个试点小城市建设中,塘栖镇在2011年获得小城市综合考评第二名,2012年考核上升至第一名。

1.人口城市化速度加快,城市规模不断扩大

新型城镇化的关键在于人口城市化,加速建成区人口集聚、提升建成区人口密度是实现农村人口就地市民化和推动城乡发展一体化的重要途径。2002年,余杭区行政区划调整,塘栖镇撤销里仁路、东小河、北小河、西小河、乐苑、新苑、广济路、运动新村、西苑、南苑、水北居民区,新建东小河、西小河、乐苑、广济路、南苑、水北社区。目前,塘栖镇共辖7个社区、18个行政村、503个村民小组,镇区总面积为79平方公里,建成区面积7.0平方公里。从余杭区历年统计年鉴来看,塘栖镇人口持续增长(见图6-1),1988—2010年,塘栖镇常住总人口增长了3.14倍,而且阶梯性增长的趋势十分明显,其中1990—1991年、1996—1997年以及2002—2004年这三个时间段人口有爆发性增长,除最后一次为塘栖镇自身行政区划调整外,前面两次塘栖镇并未进行行政区划调整。在相应时期内,杭州市行政区划进行了调整,原有区县有较大的变动。行政区划调整后,中心城区的城市化水平进一步提高,极化效应随之加强。杭州市"一主三副六组团"的城市规划布局凸显出临平副城的重要性。距离杭州主城区仅20公里,距离临平副城仅13公里的塘栖镇,作为城乡结合地带,人口集聚规模也随之增加。特别是2011年以来,塘栖镇通过实施户籍制度、宅基地置换、住房保障制度改革,积极推进

城市人口集聚。2013 年底，塘栖镇域人口达到 11.7 万人，建成区常住人口达到了 7.76 万人，2011—2013 年新集聚人口 2.61 万人，建成区常住人口集聚率达到了 64.1％，比 2010 年提高 14.8 个百分点。该镇稳步推进农村宅基地置换城镇产权住房，实施农村宅基地置换城镇住房项目达到 69 万平方米，总投资近 17 亿元，三年实现农村宅基地换城镇住房近 1210 户 4620 人。在推动人口集聚的同时，该镇置换与节约用地，三年累积盘活土地 36.7 公顷，但是没有出让过一寸土地，可谓是土地节约型人口城市化的一个典型样板。

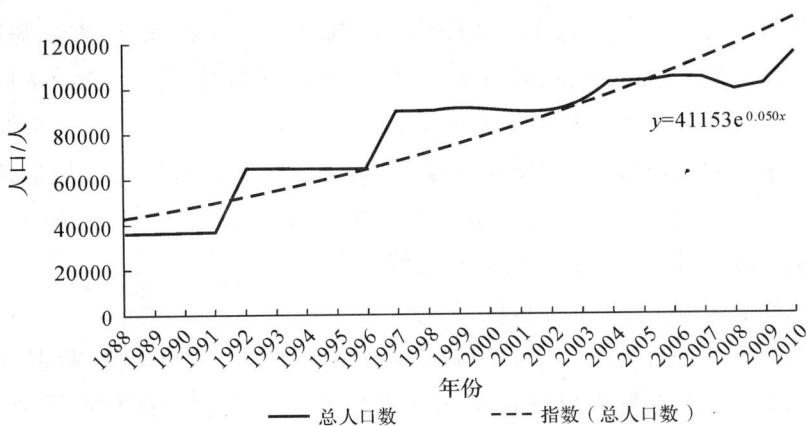

图 6-1　1988—2010 年余杭区塘栖镇总人口变动趋势

数据来源：《余杭年鉴》，1989—2011 年。

2. 工业加速转型，城市经济不断发展

产业集聚和产业结构是衡量试点小城市的两个重要指标。塘栖镇产业基础较好，试点小城市培育三年以来，该镇坚持"工业强镇"战略，工业经济保持高质量运行，工业总产值连续三年领跑余杭区各乡镇街道。全面完成浙江省有关试点小城市在产业和经济方面的考核指标。2013 年，塘栖镇完成地区生产总值 71.8 亿元，同比增长 15.56％，超额完成目标考核任务。在经济总量不断上升的同时，塘栖镇也加快了工业集聚转型发展。2013 年末，该镇工业功能区面积达到 13.2 平方公里，比 2010 年增加 8.3 平方公里，工业功能区工业增加值占全镇工业增加值比重达到 80％。

在工业集聚和功能提升的同时，塘栖镇产业结构也不断优化。通过树立"产城融合"的发展理念，塘栖镇立足水乡特色，坚持做强工业、做精农业、做大服务业的发展思路,加快推进三次产业协调发展。三次产业比重从2012 年的 6.8∶64.25∶28.95 调整为 5.9∶63.2∶30.9。借助运河申遗和超山、运河两大综合保护工程,塘栖镇 2013 年第三产业总产值达到 20.54亿元,第三产业占地区生产总值比重提高了 6.2%。三年来,塘栖镇深入挖掘古镇文化和运河文化,依托超山梅花节、塘栖枇杷节、运河开街节等节庆活动,大大提升了塘栖的知名度和影响力,有效带动了塘栖旅游业的发展。2011 年还成功创建了省级旅游强镇,围绕打造"品质旅游"目的地的目标,不断完善旅游服务设施和城市服务功能,新建了大型商场 2.53 万平方米、三星级以上宾馆 1 个。随着产业发展、游客增加和常住人口增多,金融机构也不断进驻塘栖,目前已有金融机构 11 个。随着秋石高架延伸段的建成、丁山湖的开发、钱江科技城的发展,塘栖镇现代服务业发展潜力无限,旅游服务业和金融服务业的提升将有力地推动城市经济的发展。2013 年,塘栖镇第二、三产业从业人员比重达到 90.33%,同比提高 0.54%,完成浙江省考核目标的 100.03%。

对于如何将试点小城市的城镇化与农业现代化结合起来,塘栖镇也有自己的特色探索之路。在借助钱江科技城和塘栖装备机械产业园两大平台培育高新技术产业和推进现代装备工业集聚化发展的同时,塘栖镇也推进枇杷、蚕茧、水生作物等特色农业规模化和现代化发展。"塘栖枇杷"成功申报中国驰名商标,让传统农产品融入了文化的元素和品牌的保障。通过整合山水资源,将旅游业和农业融合起来,塘栖古镇 2011—2013 年接待游客815 万人。该镇推出了超山梅花节、塘栖枇杷节、运河开街节、古镇年味节等"四大节庆",在充分利用和挖掘古镇传统文化特色的同时使节庆品牌和办节水平不断提升。城镇居民人均可支配收入 4.01 万元,同比增长11.01%,农村人均纯收入 2.49 万元,同比增长 12%。

3.城市基础设施不断完善,公共服务水平有效提升

与大中城市比较而言,小城镇基础设施的配置和公共服务水平长期在我国饱受诟病。然而,试点小城市培育工程以来,这一面貌已大为改观。2011—2013 年塘栖镇城镇建设与发展的速度前所未有,三年共投资近 38亿元用于基础设施、公共项目的建设。通过抓实推进"百项百亿"工程建设,进一步扩大有效投资,极大地提升了塘栖镇可持续发展的后劲。2013 年塘栖镇累计实施各类项目建设 223 个,完成固定资产总投资 73.8 亿元,同比

增长 24.7%。其中，非国有投资三年累计 128.98 亿元。运河、超山两大综合保护工程三年共累计完成固定资产投资 13 亿元。保障房、中医院、宝鼎大厦、秋石高架路（余杭延伸段）、钱江国际广场、国家盲人门球训练基地、杭州钱江科技创新中心等一大批重点项目都在该镇落地推进。目前，全镇公路通村率、道路硬化率达到 100%，申嘉湖杭高速公路建成通车，09 省道完成综合改造，新建城市道路 53.14 公里、公共停车位 3502 个，城市内外交通条件得到极大改善，区位优势相对以前更为明显。

在大力推动城镇基础设施建设的同时，近三年塘栖镇也积极改善基本公共服务，在居住、教育、医疗卫生、文化教育、养老服务等方面也取得了很大的进步，完成有关社会事业重点项目 7 个，三年累计投资 25.92 亿元，社会事业发展积极向好，初步形成与小城市规模相适应的社会事业网络。在教育公共服务方面，完成了超山中心小学、塘栖成人文化技术学校宿舍楼、柴家坞完小及幼儿园危房改造工程；全力推进卫生工作，实施中医院迁建升级项目，并成功创建市级油品完全示范镇。

（二）塘栖镇试点小城市建设推进经验总结

从对《塘栖镇小城市培育试点三年（2011—2013 年）行动计划》执行情况的评估结果来看，近三年塘栖镇城镇化建设不仅取得了突出的成就，而且在小城市建设推进模式上也形成了自己的经验与特色。

1. 政策推动与四级政府的有效联动

从世界各国城镇化的经验看，城镇化动力大体上可分为三种：政府动力、市场动力与民间社会动力。对于我国的城镇化，虽然长期存在自上而下和自下而上两种力量，但总体而言，主导力量是自上而下的。政府主导是中国城镇化推进模式及动力机制最突出的特征。试点小城市建设也具有鲜明的政府主导特色。在塘栖镇小城市培育建设推进过程中，来自浙江省人民政府的政策无疑是核心推动因素。省政府从财政、用地等方面出台了很多有利于试点小城市发展的政策，杭州市人民政府则早已将塘栖镇作为网络化大都市格局的重要战略节点进行布局，通过秋石高架延伸工程的推进缩短塘栖镇与主城区的通勤距离，并将钱江科技城选址在塘栖，使塘栖镇融入杭州新型城镇化进程，大大推动了塘栖镇城乡发展一体化进程。余杭区政府大力支持塘栖镇小城市培育试点工作，2013 年区财政拨付塘栖镇预算内资金达到 2.6 亿元，三年累计 7.28 亿元，其中，税收超基数实际分成

1187.83 万元,三年累计 4283.79 万元。同时,区政府还按照与省财政补助不低于 1∶3 的比例建立小城市培育专项扶持资金,每年支持 1.5 亿元。在建设用地上,区政府以每年专项安排不少于 500 亩建设用地指标用于镇本级项目建设,并明确塘栖镇整理盘活的建设用地 100% 留镇,从而确保了塘栖作为小城市发展的空间拓展。2013 年,塘栖镇落实建设用地面积为 835.8 亩,三年累计 2988.72 亩。可以看出,塘栖镇试点小城市的推进,实际上从省级政府到区级政府都为塘栖镇城镇化建设提供了很好的政策红利,极大地调动了作为城镇化建设主体的镇级政府推进小城市建设的积极性。通过制定三年行动计划,落实项目,完善小城市建设各方面的指标,实际上,从上到下四级政府为试点小城市建设做了很好的制度安排,在试点小城市建设推进过程中实现了高效的对接与联动。

2. 投资拉动和市场力量的积极参与

对于政府主导的城镇化过程,有些学者认为这是一个非市场化过程,很多时候目的在于"化地"而非"化人"。在很多小城镇,政府主导的农村城镇化进程确实存在以房地产项目开发或工业园区建设推动招商引资来实现的,在政府主导与市场化运作之间尚未形成良性互动的城市基础设施投融资体制。从塘栖镇试点小城市建设的情况来看,并未出现大规模的房地产开发运动,也没有出现土地财政的现象,该镇连续三年未出让土地。该镇小城市建设基础设施的改造和完善较好地融合了政府与市场的力量,实现了投资与融资的多元化。在落实小城镇建设专项经费推动大型项目建设的同时,该镇积极鼓励社会资本投资参与项目的建设和运营,国家盲人门球训练基地均由民营企业投资、建设和经营。大力吸引金融机构入驻塘栖,成功引进浙江德商村镇银行总部及杭州银行二级支行。积极搭建融资平台,成立小城市开发建设公司,加大城乡建设融资力度,利用民间资本,筹建小额贷款公司,为该镇中小企业、"三农"提供更多服务,并利用小城市培育的平台,积极与浙江省湖南商会洽谈战略合作,从而较好地推动了多级市场的联动开发。

3. 文化带动与小城市建设的特色培育

小城市建设一般不宜沿用大中城市的建设套路与发展模式,追求"小而全"。凝练产业特色,形成清晰的功能定位,特别是在实现小城市建设过程中如何挖掘并突出文化特色,是很值得重视的问题。实际上,塘栖镇与乌镇一样，具有深厚的历史文化底蕴，然而由于各种原因，塘栖镇未能获得同样的深度开发。但是，在首批试点小城市中，塘栖镇可能是将传统文化传承的保护与开发有效结合的一个范例。该镇围绕"历史与未来共生"的建设理念，全力实施运河综保工程建设，配合市政府开展京杭大运河申遗，完成古建筑修复3.8万平方米，新建商业用房4万平方米；构建了"一河"（市河）、"三街"（广济街、水南街、水北街）、"五馆"（余杭方志馆、运河申遗馆、谷仓博物馆、塘栖城市规划展示馆、塘栖老字号展示馆）的景区雏形，初步形成了集文、游、娱、商为一体的旅游综合体。从而将试点小城市的培育建设工程和有关文化提升项目有效整合起来，通过文化再造和内涵提升形成了塘栖镇小城市难以复制的鲜明的历史文化特色——古镇文化＋运河文化＋节庆文化。值得一提的是，该镇在小城市建设的时候共推文化与节庆，将塘栖镇优秀的历史文化内涵非常自然地融入特色节庆，有效地带动了以节庆旅游为主的三产服务业发展，树立了"塘栖枇杷节"（为浙江省最具影响力十大农事节庆活动之一）和"超山梅花节"（为浙江省最具影响力十大旅游节庆活动之一）两大节庆品牌。尤为重要的是，这两大节庆品牌不仅有效地保护、延续和开发了传统的历史文化遗存，而且成为推动城乡发展一体化的重要载体，使得该镇小城市的建设不仅仅是建成区点的开发，而且是全镇域面的开发。

（三）塘栖镇试点小城市建设调查研究的两点思考

总体来看，塘栖镇试点小城市建设的亮点非常多。然而，从人口城市化的视角来看，也有两个值得思考的地方。

1. 建成区人口集聚是否人越多越好

一般来说，在土地制约、人口增长的情况下，小城市建设比较适合实行紧凑型建设和开发。目前，浙江省对首批培育的试点小城市人口集聚有一定的要求。尽管塘栖镇域人口增加较快，但是镇区人口集聚速度较为缓慢，从2001—2010年镇区常住总人口增长趋势来看（见图6-2），这10年塘栖镇区人口规模并未出现大幅增长，而且人口集聚增长主要依赖外来人口的增长，2001年塘栖镇外来人口仅占镇区常住总人口的11%，而到了2010年，这一比例提高到了41%。从图6-2中亦可看出，外来人口在2003年和2008年均有相对较大幅度的增加。从常住人口集聚率来看，2010年塘栖镇刚接近49.3%，说明塘栖镇农村居民就地城镇化程度不高。2010年塘栖镇在"三年行动计划"中确定的建成区常住人口基期值为5.15万人，其中户籍人口 4.08 万人,建成区常住人口集聚率是 55%。2013 年建成区常住人口的目标值是 6.3 万人,户籍人口的目标值是 4.6 万人。从 2013 年实际值来看,建成区常住人口为 7.76 万人,户籍人口实际值为 5.76 万人,建成区常住人口集聚率为 64.1%,总体上超额完成浙江省的考核指标。然而,从现实来看,随着大量人口向建成区集聚,大城市所特有的交通拥挤等大城市病也开始在小城市中出现,这引起基层政府思考,在类似塘栖镇这样城乡发展高度一体化的中心镇,是否有必要将人口集聚作为一个硬性的考核指标用来机械指导人口向镇域集中? 实际上,塘栖镇的一些农村距离杭州市中心和临平副城更近,主城和副城的教育、医疗等基础设施与公共服务相对镇区可能更有吸引力,农村人口实际上并不愿意向塘栖镇区集聚。这也说明,对于浙江各具地方特色的乡镇,由于人口、区位及其他社会经济发展条件有很大的差异,对镇区人口集聚若采用一刀切的做法,可能会违背小城市自身发展的规律。

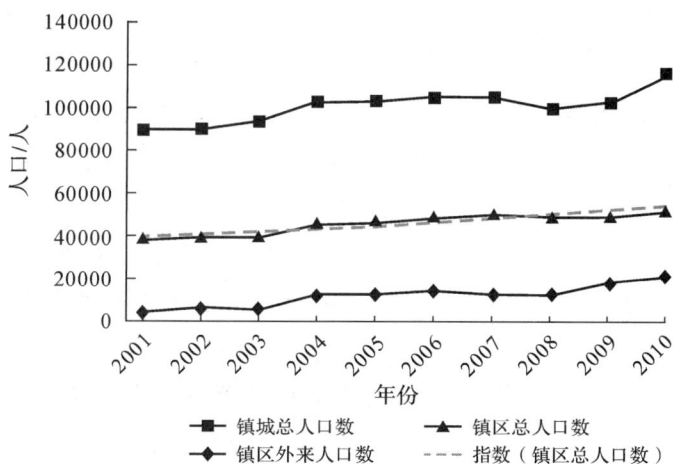

图 6-2 2001—2010 年塘栖镇区人口变动趋势

数据来源:《余杭年鉴》,2002—2011 年。

2.如何应对人口加速老龄化的冲击

根据第六次全国人口普查分乡、镇、街道人口统计资料,2000—2010 年塘栖镇常住总人口出现了较大幅度的下降(见表 6-1),锐减 12%,是 27 个试点小城市中人口负增长特征最为显著的中心镇。常住总人口的下降主要表现为居住本地且户口在本地人口的减少(减少 19065 人),远远超过常住总人口 10828 人的下降数。从人口构成变动来看，2010 年塘栖镇 0～14 岁年龄组人口占常住总人口比重较 2000 年（16％）下降了近 5 个百分点，说明常住人口出生率有较大幅度的下降，同期家庭户均人口数也由 3.5 人下降到 3.2 人，家庭规模变得更小。值得注意的是，同期老龄化系数并未因 0～14 岁年龄组人口大幅减少而急剧提高，老龄人口比重仅上升了 0.1％，主要源于 15～64 岁人口数占常住总人口比重上升了 4％。

表 6-1　余杭区塘栖镇人口变动比较：2000 年与 2010 年

年份	常住总人口数/人	家庭数/户	分年龄段人口数/人			居住本地且户口在本地人口/人
			0～14 岁	15～64 岁	65 岁及以上	
2000	90818	25944	14583	66121	10114	85905
2010	79990	25023	9185	61262	9543	66840
增长率	−12％	−4％	−37％	−7％	−6％	−22％

数据来源：国务院人口普查办公室、国家统计局人口和就业统计司：《中国 2010 年人口普查分乡、镇、街道资料》，北京：中国统计出版社，2012 年。

近三年来，塘栖镇发展速度非常快，三次产业构成比的变化以及旅游业的深入开发，客观上需要更多劳动力人口。然而，随着当地户籍人口的加速老龄化以及生育率的下降，户籍人口难以满足旅游业等第三产业发展日益增长的劳动力需求。在这种情况下，从国内外城镇化的实践与历史来看，一般是核心区户籍人口会不断减少，但同时会产生"人口置换"，即不可避免地会吸引大量外来人口。因此，对于试点小城市来说，这个置换的最佳点在哪里？能否置换？如何置换才能更好地保存古镇的原有历史风貌，同时又不会产生新移民驱赶老市民的现象？在人口老龄化加速的情况下，试点小城市为促进产业发展，如何才能吸引到适度的人口是值得加以注意和重视的。

二、富阳新登镇小城市试点建设若干问题调研报告

我国城镇化快速发展，小城镇建设日新月异。城镇化的关键是实现可持续发展，并进而实现城镇化的本质——人的发展。富阳新登镇是浙江省首批 27 个小城市培育试点镇之一，自 2011 年正式实施《富阳市新登镇小城市培育试点三年（2011—2013 年）行动计划》以来，在经济发展、城市建设及城乡统筹等诸多方面取得了显著成绩。我们几次深入富阳新登镇及其周边

农村、乡镇进行实地调研,走访镇领导及居民,并前往目标镇瓜沥和塘栖进行对照性调研,总体认为新登镇试点小城市培育方面成绩显著,但也存在许多隐忧,亟待关注和思考。

（一）新登镇概况

新登镇位于杭州市西南部,处于"三江一湖"黄金旅游线上。全镇行政区域面积180平方公里,常住人口约为10万人,其中户籍人口7.5万人,是富阳市域面积最大的乡镇。城镇建成区内供电、供水、通信、学校、医疗、金融、文娱、宾馆等设施较为齐全。

新登历史悠久,古称新城。秦汉时为富春县地。三国吴黄武五年(226),析富春部分县地置新城县,旋省入桐庐。晋太康末(280—289),新城县复置。隋开皇九年(589)省县入钱唐,设东安镇。隋大业初复置新城县。唐武德七年(624)并县入富阳。永淳元年(628),复置。后梁开平元年(907),避梁太祖父名诚讳,改新城为新登,取"年谷丰登"之义,新登之名始于此。宋复名新城。元、明、清沿用不变。民国三年(1914),因新城一名与直隶、吉林、江西、贵州四省新城县名相重,遂改称新登县。新登镇历为县城所在地,古称城郊、城区;清宣统二年(1910),改为城郭乡。民国时称东安镇城郭坊。抗战胜利后,改称双清镇。1949年5月4日,新登解放,至1950年,为新登县属城阳镇。1958年10月,新登并入桐庐县,城阳镇建立新登公社城阳管理区。1960年8月,富阳县也并入桐庐县。1961年底,原富阳、新登两县从桐庐县析出,重置富阳县。新登镇始更今名,属富阳县。1992年1月,城阳乡并入;5月,松溪、南津、灵山、湘溪、湘主5乡并入。

新登文化底蕴深厚。自三国黄武五年(226)置县以来,已有1700多年历史,素有"千年古镇、罗隐故里"之称,文化底蕴深厚,现存有古城墙、古城河、联魁塔、古牌坊、罗隐碑林、圣园碑林、湘溪廊桥等珍贵历史文化遗迹,富有江南特色的古建筑及新登战役烈士纪念碑等向人们诉说着古镇历史的厚重。新登自古文风鼎盛,名人辈出,晚唐诗人罗隐,两院院士周廷儒、周廷冲,著名越剧表演艺术家徐玉兰都是从新登这片土地走出去的代表人物。

新登山水秀美。"一朵莲花耸碧霄,二水襟带万山朝。"新登是一颗镶嵌在富阳、桐庐、临安三县(区)交界地带的绿色明珠,是典型的江南山区镇,境内气候温和,山清水秀。松溪东来,葛溪西去,贤明夕照,云浮古塔,山拥翠泻绿,水清澈明净。"野桃含笑竹篱短,溪柳自摇沙水清"便是大诗人苏轼对新登山水的由衷赞美。

(二)新登镇城镇化历程和成效

1995年,新登镇被列入"万里边境文化长廊·浙江省东海明珠"工程重点集镇;同年被国家经济体制改革委员会、建设部等11个部委列为全国57个小城镇综合改革试点镇。1996年,新登镇被联合国开发计划署(UNDP)正式列为中国小城镇可持续发展项目试点镇,总投资1200万元。2005年1月,被国家发展改革委列为全国首批发展改革试点小城镇。2010年,被确定为浙江省小城市培育试点镇。

在上述建设的基础上,2011年新登镇开始实施小城市培育试点三年(2011—2013年)行动计划。经过近三年建设,获得全面发展。先后被授予浙江省历史文化名镇、杭州市新型小城市,杭州市现代化标志性教育强镇、杭州市社会综合治理工作先进单位、杭州市来料加工促进低收入农户增收先进乡镇、杭州市残疾人工作先进乡镇等称号。

新登镇推进新型城镇化的主要做法如下。

1.明确定位和试点路径

城市发展的关键之一是明确定位。新登镇经过反复论证,基于对自然条件、历史条件和区位条件、区域职能和综合实力、产业特色和竞争优势等方面要素的分析,结合小城市培育目标,将新登镇功能定位为"富阳市域副中心、杭州西部产业新平台、富春江畔宜居宜业小城市"。即要将新登镇打造为面向富阳市西部地区的功能中心——行政办公中心、商贸中心、文化娱乐中心、体育中心,全面发挥区域影响力和辐射力。"将新登建设成为富阳市的新型工业新城。在现有工业发展的基础上,加强支柱产业的培育和内部产业结构的优化,以铜深加工业、机械装备制造业、新型建材业等新型重化工业为主导构筑外围相关产业,同时注重高新技术产业的发展和引导,进一步发展泡塑机械、水处理、玻璃洁具、五金制造等传统优势产业,提升产业结构和企业档次,大力发展生产性服务业,推动新型工业化发展"。要致力将新登镇建设成为"山川秀美、经济发达、文化繁荣、安居乐业"的生态型现代化小城市,建成形象突出、景观秀美、创业产业平台具有优势的山、水、城相容共生的宜居宜业小城市。

试点的基本路径是坚持工业化、城镇化和农业现代化"三化同步"原则,围绕统筹城乡区域发展的目标要求,以新区、新城、新农村为主线,积极构建有自身特色的现代城市体系,推进城乡区域统筹发展。

2.编制规划引领小城市建设

新登镇根据小城市培育要求,先后编制了《土地利用总体规划》《富阳市新登副城总体规划》《富阳市新登新区控制性详细规划》《富阳市新登副城城区控制性详细规划》《富阳市新登副城核心区城市设计》《新登古镇保护规划》《富阳市新登镇防洪排涝规划》《新登副城镇区市政工程专项规划》《新登灵山篇旅游规划》《新登镇登城路沿线城市设计》《新登镇葛溪沿线城市设计》等各类规划近 20 项,内容涉及城市建设的诸多方面,为新登镇建城提供了基本依据。

3.建设工业新区,加快产业转型升级

建设工业新区是推进新登镇小城市建设的重要抓手。近年建设中,新登镇始终以新区建设为核心,坚持工贸兴镇战略,以大投入建设大平台,以大平台引进大项目,以大项目带动产业结构大调整、工业大发展。新区累计投入建设资金 20 亿元,完成 1 万亩土地收储,搬迁农户 1000 余户、企业 30 余家,成功引进了央企新兴铸管、中策清泉等工业企业 16 家,总投资 130 亿元,项目建成后可实现年产值 500 亿元。新区已投产企业 2012 年完成产值 105 亿元。新登还组建多家行业和企业研发中心,举办多届工业设计大赛,推进了"中国龙舟研发生产基地"和"中国低碳建筑生产基地"等产业基地建设,使第三产业在镇域经济中的比重越来越大。积极开展银企合作,进一步推进投融资体制改革,帮助在新登驻点的工商银行、中国银行、农业银行、建设银行、邮政储蓄银行、农村合作银行等 8 家金融网点加强与企业、农户对接。目前先进小额贷款公司和杭州银行新登支行已经正式营业。预计经过几年的建设,新登新区将成为一个"十亿税收、百亿企业、千亿产出"的杭州西部产业大平台。

4.加快新城建设,提高城市承载能力

相比周边乡镇,新登镇建成区的基础设施要齐全很多。特别是被联合国开发计划署(UNDP)正式列为中国小城镇可持续发展项目试点镇之后开展的一系列城市基础设施的建设,使新登镇建成区内功能齐全,供电、供水、通信、学校、医疗、金融、文娱、宾馆等设施较为完善。近年的建设主要集中在城市主干道拓展提升、城防工程及城管中心、城市综合执法中心及"数字城管"中心等方面的建设,进一步提升城市管理能力和水平。

　　新登镇的城市提升建设是以新城核心区块建设为中心展开的。新城核心区块将以行政中心为主导,集商业、办公、文化、居住、休闲于一体,建成后将成为新登市民生活、生产的公共中心以及生态、休闲的文化娱乐中心。目前包括总投资 7 亿元的三条道路、安置房、行政办公综合服务用房、公共服务中心等六大工程,以及总投资达到 9 亿元的体育馆、文化中心、松溪综合整治等六大工程的前期工作都已处于全面推进中。

　　新登镇已组建了行政审批中心、综合执法中心,就业保障中心、应急维稳中心,做到了职能明确、编制到位、设施完备、服务高效,有效地保障了工作的有序运行。

　　5.加强新农村建设,推进农村现代化

　　新登镇通过实施培育税源经济和百姓经济等系列举措,扩大就业,增加农民收入,提高农民生活水平。每年从镇财政列支 1000 万元,用于改善农村生产生活设施、农村环境卫生,以及促进农业产业发展和农民增收。积极推进农民专业合作社建设,注册资金达 6049 万元,带动 8000 名农民致富。积极推进新登省级现代农业综合区和杭州市农科院蔬菜新品种示范基地建设,加快农业现代化建设。

　　(三)新登镇城镇化存在的隐忧与建议

　　新登镇在小城市培育试点过程中取得的成绩是显而易见的。2009—2012 年,新登镇地区生产总值由 24.6 亿元增至 38.2 亿元,2011 年、2012 年的地区生产总值相比上一年分别增长了 18.5% 和 22%,增长率呈现逐年提高的趋势。2012 年财政总收入 6.82 亿元,相比 2009 年的 1.9 亿元增加了 2 倍多。城市建设、工业发展、新农村建设等诸多方面都呈现出蓬勃发展的势头。尽管如此,我们在调研的过程中发现,新登镇在推进小城市培养试点建设的过程中依然存在着一些让人担忧的方面。关注和研究这些担忧,目的是促使新登镇在新型城镇化的道路上走得更好。

　　1.进一步校准小城市培育的定位

　　新登镇的功能定位很清晰:富阳市域副中心、杭州西部产业新平台、富春江畔宜居宜业小城市,但我们依然觉得其中有两个方面值得商榷。

　　首先,将新登建成"富阳市域副中心"是否必要值得商榷。从地理位置上看,富阳市城区在富阳行政区划的东部,而新登镇位于富阳行政区划的西部,从覆盖面的角度看,将新登镇建设成为副中心很有必要,但新登镇距离富阳市中心只有 25 公里,在交通日益发达的今天,城市正常的辐射能力早已超过此距离。而认为新登镇距离富阳市中心比较近而要将其建设成为副中心更不合逻辑,因为在富阳市中心和新登镇之间还有其他乡镇。

从概念上讲,副中心的地位仅次于富阳市中心,显然要比富阳其他乡镇的地位重要得多,规模自然也要比其他乡镇大得多。我们查阅文献时就在新登镇一位原领导讲话中充分体会到新登镇做大超越富阳其他乡镇的决心。这种定位无形中膨胀了新登镇做大的意识,往往会导致整个小城市建设脱离实际。我们发现从镇领导、镇工作人员到镇居民,似乎都对新登镇的未来充满激情和自信。一位镇领导甚至预计,新登镇未来常住人口会达到甚至超过 20 万人,但新登镇辖区内的户籍人口才 7.5 万人。这意味着新登镇必须和富阳市争夺外来人口,这对新登镇必然是不小的挑战。

其次,"杭州西部产业新平台"的定位也是同样值得商榷的。新登镇既不是杭州整个行政区的西部,也不是杭州城区的西部。将新登定位于杭州西部产业平台,多少有些一厢情愿。更何况,杭州在建的省级产业集聚区有 2 个,分别是大江东产业集聚区和城西高科技产业集聚区(海创园)。新登镇要成为杭州传统产业转移地,从地理位置和生产要素的价格等方面看都是不现实的。在调研中,我们明显感受到一些镇领导对新登镇工业发展趋向的忧虑。让他们纠结的是目前来新登落户的往往不是高科技企业,而是在杭州、富阳不适宜开办并对环境有明显污染的或传统劳动密集型的企业。这样的工业发展路子迟早会让美丽的新登付出沉重的代价,因此新登建设杭州西部产业新平台的定位显得十分牵强。

我们建议新登镇重新审视城市功能定位,适当调低城市建设期望,将主要功能定位为建设"富春江畔宜居宜业小城市",而不应该急切地发展大平台大产业。如果一味强调大平台大项目大企业,必然会走过去大城市发展的老路,而不是真正意义上的新型城镇化。继续沿着那样的道路前进,新登镇小城市培育试点就没有真正的意义了。

2. 着力建设城乡有效统筹的小城市

从《新登镇小城市培育试点三年(2011—2013 年)行动计划》看,主要工作集中在"三新"——新区、新城和新农村上。其中新城、新区建设才是推动小城市建设的主要动力。新农村建设是服从和服务于新区和新城建设的。新登镇党委书记胡狄华在接受媒体采访时说:"从城乡统筹这一块,我们主要是想把东边的工业平台做大，反哺西边的大部分农村，把农村经营不善的一些企业覆盖、兼并，让其自主发展，我不主张'村村点火、村村冒烟'这种工业模式，但是我们块状的工业基础还是要提升一下。"

我们实地调研时曾随机询问一些村民，当被问到"新登镇开展小城市试点建设会不会给自己的生产和生活带来显著变化"时，大部分村民都表示与自己的关系不大或没有切身感受。只有列入城市建设动迁范围的农村村民才直接感受到巨大的变化。应该说，新登镇政府近年高度重视新农村建设，投入了大量资金和精力，有效地推进农村的现代化建设，尤其是两基地的建设，无疑会给新登农村带来实实在在的发展，给农民带来实实在在的收益。但是，新农村建设和小城市试点建设似乎还是"两张皮"，各走各的路，没有形成真正意义上的城乡统筹。

城乡没有得到有效统筹的重要原因是，新登镇没有立足行政区划内和周边乡镇百姓的需求开展小城市培育，没有很好地调研区划内及周边老百姓最需要怎样的城市，最需要怎么样的城市生活。我们早晨深入新登镇农贸市场调研，在市场外随机询问了一些游击商户，问为何不进入市场做买卖，大部分的回答是市场门槛高或费用高。我询问了市场管理人员，得到的答复是农民可以进入市场自由交易，两者形成巨大的反差。我们在一些农村调研时，询问农民愿不愿意搬进新登镇生活时，大部分农民都觉没有必要，因为除了买必需品外，似乎没有到城市居住的必要。这说明新登镇的城市生活并没有成为农民意愿中的生活。

不仅如此，新登镇小城市试点建设似乎并没有杜绝工业下村的现象。我们调研时，不时在一些村庄中见到村民自办的企业，还发现有一些大企业也进入环境优美的农村。尽管厂房和员工宿舍建设得很漂亮，但周边本该清澈的溪流，已明显可见由工厂和居民带来的一些污染。

我们建议新登镇深入行政区域内及周边农村调研，进一步明确农村村民需要建设什么样的小城市，进一步校正小城市试点的方向，将新登镇建设成为新登镇全体人民的小城市。同时，要出台相关政策，进一步强调工业的集中发展原则，杜绝工业下乡下村。

3.彰显城市功能，形成小城市的集聚力

新登镇与周边乡镇比较，其城市化的程度要高出许多。我们将新登镇与渌渚镇、胥口镇等周边镇进行比较，发现其城市基础设施不仅比较完备，而且承载能力要高出很多。渌渚镇、胥口镇等周边镇不仅城市设施比较缺乏,而且还没有真正意义上城市的概念。新登镇不仅有老城,还开始建设新城。建成区的基本设施很齐全,供电、供水、通信、学校、医疗、金融、文娱、宾馆等设施应有尽有。在全省首批 27 个省级小城市试点建设镇中,唯独新登镇建有省级重点高中——新登中学。新登镇是教育强镇,教育基础十分深厚。新登二中的建设将进一步强化教育方面的优势。从商业街看,新登店铺林立,大众化产品应有尽有,基本不需要出镇区购买。我们比较了商品价格,总体而言并不比富阳或杭州城内的贵,当然当年的新款或新品要稍少一些。

尽管如此,生活其中的居民和来新登镇购物的村民似乎并没有被日益完善的城市功能所吸引。从我们随机调研了解到的情况看,一些生活条件比较富裕的新登居民,不仅在新登有房子,一般也在富阳甚至杭州主城区购买了房子。他们往往周一至周五居住在新登,周末就居住在富阳或杭州主城区。在回答"我为何做这样的选择"时,答案都比较一致:富阳或杭州城市条件更好。而一些生活条件不是很富裕的村民,还是比较适应过去的农村生活,对新登镇日益显现出来的城市生活状态,他们还不是很适应,更没有城市生活带来的全新体验。他们仅仅将新登镇当作一个集市,需要商品交换时就来,并没有意向将新登镇作为必要的生活居住地。正因为新登镇尚没有彰显出城市价值,因此并没有很好地形成强有力的聚集力,新登镇城区人口在过去几年中变化并不明显。我们建议新登镇要深入研究小城市该为城区居民和周边村民提供怎样的城市功能才能真正发挥城市功能,形成城市强大的集聚力。

总体而言,新登镇秉承了千年古镇的涵养,在小城市培育试点的巨大推动力下正发生着天翻地覆的变化。但是,这种变化也存在一些隐忧,这些隐忧需要给予积极的关注、深入的研究,在推进城乡科学发展的过程中探寻出一条真正意义上的新型城镇化道路。

三、建德乾潭镇小城市发展模式调研报告

2014 年 4 月,浙江省公布了第二批小城市培育试点单位,建德乾潭镇等 9 个中心镇和淳安千岛湖镇等 7 个城关镇成为新一批小城市培育试点。乾潭镇地处富春江—新安江—千岛湖国家级风景名胜区中段,镇域面积较

大,达 386 平方公里,居全省乡镇镇域面积之首。作为第二批小城市培育试点单位,乾潭镇面临一系列的问题和挑战。从经济体量看,它不像第一批小城市试点那样属于工业驱动型的经济强镇;从资源禀赋看,又不能视作重点生态功能区内的生态小城市培育试点类型。乾潭镇介于两者之间,在工业生产总值和生态系统生产总值之间"跳舞"。这样一种现状,给乾潭小城市培育试点改革带来了巨大的困惑。本调研报告着力从浙江省小城市类型学角度分析乾潭小城市培育试点改革模式的困境及解决方法。

（一）基本定位

乾潭镇小城市培育试点的基本定位是十分明确的。在《乾潭镇小城市培育试点三年(2014—2016 年)行动计划》中,镇政府根据自身的资源禀赋和特征,将乾潭小城市培育发展目标定位为:"依托建德东门户区位、副中心地位和生态宜居环境,加强'空间重整、产业重构、环境重造、人文重绎、体制重塑',推进产业健康化升级、城镇精致化建设、资源资本化开发,积极打造宜居、宜业、宜闲的'杭州都市圈生态健康城'。"为实现这一目标,镇政府将其细化为"森林公园慢城、大健康产业城和生态文化名城"的"三城联动"。具体来说:

第一,森林公园慢城。依托富春江—新安江—千岛湖国家级风景名胜区,充分发挥国家森林公园以及名山、名江、名诗、名迹等资源优势,以七里泷旅游综合体建设为龙头,进一步完善旅游综合设施和休闲服务设施,构建杭州"旅游西进"重要节点,着力加强城市绿化美化建设,积极倡导"慢生活理念",将乾潭全域打造成有个性、有特色、有文化、有内涵的精致慢城。

第二,大健康产业城。依托乾潭优质的生态资源及产业基础,推动第一、二、三产业融合发展,构建大健康产业群。以生态资源资本化开发为导向,整合挖掘高山农业、休闲体验农业;依托现有块状经济基础,注入健康、创意、设计元素,引导家纺寝具等产业健康化升级,构建精细化、高值化产业集群;保护性开发生态景观资源,积极培育休闲旅游、养生养老及个性民宿产业,努力构筑生态、生产、生活有机融合的健康产业城。

第三,生态文化名城。依托天下瑶池传说、子胥特色文化,深入挖掘历史典故与民间传统,并结合富春江山水景观资源,以"生态文化"为灵魂,以"和谐、艺术、健康"为主题,以"集聚创意创新人才"为手段,打造长三角地区具有"优美宁静、空气清新、鸟语花香、泉水叮咚"精致意境的富春江畔生态艺术小城,构建具有区域特色的集有机休闲和文化创意于一体的生活美学胜地。

（二）培育基础

1.培育试点基础扎实

乾潭早在1992年就率先在浙江全省范围内开展改革试点,并先后成为国家和浙江省的城镇改革试点镇。乾潭在小城镇改革中先行先试,厚积薄发,再次改革的呼声强烈。2013年,乾潭城镇建成区常住人口3万多人,城镇化率约为51%,区域性辐射带动能力明显增强,为乾潭入选新一轮小城市试点奠定了扎实的培育基础。

2.区域战略地位凸显

乾潭作为建德市的东部重镇,一直是建德改革开放和工业经济发展的前沿高地。一方面,随着杭黄高铁、临金高速、富春江航道提升、新安江大道扩建等一批重大项目的推进,乾潭的区位优势得到进一步提升;另一方面,建德是杭州"城市西进"战略和城乡区域统筹发展战略的重要节点城市,乾潭正由"建德东大门"向"建德市域副中心"迈进,迎来了愈加显著的区域战略地位。

3.块状经济特色鲜明

乾潭产业基础扎实,主导产业集群优势明显,已形成以五金工具、家纺寝具、竹木板材、机械制造等块状经济为主的特色区域经济。2013年乾潭工业总产值达104.5亿元,其中,规模以上工业企业88家,实现工业总产值53.3亿元,占全镇工业总产值比重达51%。乾潭已成为全球最大的螺丝刀生产基地、华东地区最为集中的床上用品(寝具)生产基地,相关产品分别在国际与国内具有较高的市场占有率,并且不断朝规模化、集聚化方向发展。

4.生态旅游资源丰富

乾潭地处富春江国家森林公园的核心区域,是杭州"三江两岸"黄金生态旅游线的重要节点。境内集山、水、瀑、古迹等景观于一体,拥有葫芦飞瀑、七里扬帆、胥岭骑龙十里景区、子胥野渡等诸多景点,生态旅游资源极为丰富。通过旅游基础设施的不断完善、景区建设的加快推进,乾潭旅游业正由单一观光游向生态观光、休闲体验、文化创意等多元化旅游转型。

(三)培育现状

自被列入第二批小城市培育试点以后,乾潭镇以打造"杭州都市圈生态健康城"为目标,形成"统一领导、上下联动、齐抓共管"的工作格局,以踏实的工作作风,抓项目建设,抓基础设施配套,抓城乡统筹保民生,抓产业结构调整,试点工作成效显著,各项主要指标均走在建德市前列。2015 年度,全镇 26 个小城市培育投资重点项目完工,市行政服务中心乾潭分中心实现了"一站式"服务,乾潭镇城市管理办公室成立,开展有效的智能化、园林化、精准化管理工作。坚持"生态健康城"功能建设,完善汪活源农耕文化园、幸福部落、下梓生态旅游、艾利斯玫瑰园、大悦生态农庄、华龄智能养老、胜奇山水运动休闲综合体、数字影院等项目,延伸"吃住行游娱购"产业链,推出"浪源—瑞坑—胥岭—玫瑰园"乡村游精品线路,综合效益凸显;举办"归园田居在乾潭"、马正荣民俗艺术展、首届手工论坛等活动,提升了生态健康城的知名度和美誉度。2014 年,全镇实现生产总值 29.73 亿元,同比增长 10%;农业总产值 3.78 亿元,同比增长 6%;工业销售产值 105 亿元,同比增长 1%;财政总收入 1.82 亿元,地方财政收入 5196 万元,分别同比增长 8% 和 35%;农民人均纯收入 1.94 万元,同比增长 12%。

(四)存在困境

与全国推行新型城镇化改革试点和浙江省小城市培育试点面临的困境基本类似,乾潭镇小城市试点的困境突出表现在"钱从哪里来、产城如何结合"两个方面。

1. 建设资金不足

乾潭镇债务总量高达 3.4 亿元,地方财政可用 2300 万元左右,仅够保证政府运转。以现状而言,一是不可能复制往年土地红利,完全依靠土地来赚钱;二是现有的政府融资平台没有融资政策可以对应;三是还要保证逐年增长的社会民生刚性支出,导致债务总量不断扩大。小城市培育试点计划三年内共实施市政设施、社会事业、工业投资、商贸投资、住宅投资、规模农业、生态环境等 7 大类项目 134 个,合计投资 58.3 亿元,其中政府投资 13.3亿元,即每年至少要保证 4 亿元的政府投资,缺口相当大。

2. 产城"两张皮"

乾潭镇经济总量不大,产业结构不良。工业方面,虽说是工业大镇、老镇,实体经济起步早、发展快,但缺少工业大项目、好项目,传统工业块状经济很难摆脱成本高、利润薄、技术含量低、劳动密集型等弱点,产业转型升级压力大。农业方面,目前只有茶叶、葡萄名声较大,市级农业龙头企业仅4家,规范化农民专业合作社仅6家,且存在着龙头企业、合作社带动农户能力不强等问题。服务业方面,刚刚提上议事日程,氛围不够浓厚,发展意识不强。建成区方面,规划中心区和副中心,镇区业态单一,以传统生活服务业为主,副中心以工业园区为主,空间距离导致"产城融合"难度大,与小城市生态健康城的发展目标存在矛盾。

(五)建设绿色GDP引导下的工业—生态混合型小城市发展模式

浙江省小城市培育试点大致可划分为工业型和生态型两类,其中,第一批和第二批小城市试点镇大多属于工业型,其余7个城关镇属于生态型。这样一种划分,优点是希望通过工业指标来促进、推动小城市地区生产总值的增长,同时也开始考虑绿色GDP的贡献值。但是,这样划分问题也很大,因为浙江省的很多中心镇和城关镇,没有绝对纯粹的工业型或生态型城镇,除了侧重工业型或生态型,实际上还有第三种,即工业—生态混合型城镇,它们既有青山绿水,也有矿山工业。对于这一类城镇的城市化问题,如果简单将之归为工业型,以此作为考核,不太合适。若将其归为生态型考核,亦不符合实际。乾潭镇即属于典型的工业—生态混合型城镇。

习近平总书记在十二届全国人大二次会议上指出,正确处理好生态环境保护和发展的关系,因地制宜选择好发展产业,让绿水青山充分发挥经济社会效益,切实做到经济效益、社会效益、生态效益同步提升,实现百姓富、生态美有机统一。这一论断对于像乾潭镇这样工业—生态混合型的城镇重新确立发展目标,具有十分重要的理论指导意义。在小城市培育试点工作中,我们应当引入"绿色GDP"概念,在"工业"要素中增加"绿色",在"生态"要素中增加"GDP",实行一种"绿色GDP引导下的工业—生态混合型小城市发展模式"。乾潭的"杭州都市圈生态健康城"定位就是属于这种模式。换句话说,乾潭镇小城市培育试点发展模式定位是十分准确的,但问题是这一模式实施过程中的困境,也即"钱从哪里来和产城'两张皮'"问题。要解决这一问题,需要做好以下几个方面的工作。

首先,应该根据乾潭镇的资源禀赋实现"功能复位"。2014年5月,浙江省发展改革委分管小城市工作的谢晓波副巡视员来乾潭镇调研时,向乾潭镇提出"不比规模比品质,不比速度比效益,不比短期比长期"的小城市培育试点建设三原则。应该说,这"三不原则"实际就是乾潭小城市培育试点"功能复位"的具体内容,所强调的即为"绿色 GDP 引导下的工业—生态混合型小城市发展模式"。

其次,发挥政府主导、市场辅助的作用。用"政策红利"和"土地"作为解决"钱从哪里来"的主要手段。杭州国际城市学研究中心顾问王国平认为,政府统一解决城镇化的成本,总体来讲有五种途径:一是财政预算安排;二是从国有资产的经营性收益中支付;三是推行 PPP 模式;四是从城市土地收益中支付;五是政府负债。要解决"钱从哪里来"的难题,做好"土地"文章是关键,也即做好"农地征用制度、土地储备制度、土地出让制度和土地出让金使用制度"的联动。小城市试点采取灵活多样的土地供给政策,对不可转让的土地,以土地折价参股的方式共同开发,保持土地所有权形式不变;注重存量挖潜,通过盘活闲置资源、开发利用荒地和废弃地等挖潜方式,推进集中用地和集约用地;依托"三权"改革,通过集体土地流转解决农业设施用地、旅游建设用地问题;抓住"低丘缓坡"开发利用试点契机,化解土地"保发展"和"保红线"的"双保困境",破解土地指标难题。除了土地要素,市场融资是一条重要的途径。要通过拓宽融资渠道、探索降低民间投资准入门槛、国有资产整合等方式,多渠道、多方式筹措建设资金,确保城镇基础设施建设的需求。

最后,解决"产城融合"问题。本课题组认为乾潭镇小城市培育试点工作应当依托现有块状经济基础,注重产业融合化、特色化、生态化,打破三次产业界限,促进第一、二、三产业融合发展、提升发展、转型发展,推进产业融合和产城融合;突出资源要素禀赋,将特色要素融入健康产业链中,产业发展体现地方特色;突出生态优势,依托优质山水环境,发展旅游养生等健康产业。以产业健康化为核心,整合传统产业和新兴拓展领域,构建生态链式的健康产业体系。

第二节　浙北小城市培育试点建设调研报告

一、嘉兴王江泾镇小城市试点研究报告

城镇化是世界各国推进现代化必经的历史进程。改革开放以来,中国开启了人类历史上规模最大、速度最快的城镇化进程,城镇化研究开始受到学界的日益关注。国外研究的关注重点在于如何通过合理规划与建造"新城",对19世纪以来以工业化为主导推动的城镇化引发的"城市病"进行矫正。霍华德的"田园城市"理论及战后美国城市规划中的"精明增长"模式由此产生。国内关于城镇化的研究多集中在两方面。第一是从宏观理论层面考察城镇化的模式与发展机制。李强等[①]考察了中国城镇化的推进模式,认为中国城镇化的突出特征是政府主导、大范围规划、整体推动、土地的国家或集体所有、空间上有明显的跳跃性,民间社会尚不具备自发推进城镇化的条件。张泰城[②]等考察了中部地区城镇化的动力机制与路径选择。俞宪忠[③]对"城市化"与"城镇化"做了概念辨析,认为"城镇化"模型的基本结构是"城市化＋乡镇化",中国应当走一条"教育化＋城市化"的新型城市发展道路。赵新平和周一星[④]对改革开放以来中国城市化道路与相关理论做了回顾,认为中国的城市化理论与范式亟须重建与创新。第二是从中观实证层面考察当代中国城镇化进程中的各种问题。美国学者You-Tien Hsing[⑤]考察了当代中国西北地区城市转型过程中的土地政治与资产结构。陈映芳[⑥]从社会学角度考察了城市化进程中的农民工身份、城市开发进程中政

---

①　李强、陈宇琳、刘精明:《中国城镇化"推进模式"研究》,《中国社会科学》2012年第7期,第82-91页。

②　张泰城:《中部地区城镇化的路径选择》,《经济研究参考》2007年第30期,第38页。

③　俞宪忠:《是"城市化"还是"城镇"化——一个新型城市化道路的战略发展框架》,《中国人口·资源与环境》2004年第5期,第86-90页。

④　赵新平、周一星:《改革以来中国城市化道路及城市化理论研究述评》,《中国社会科学》2002年第2期,第132-138页。

⑤　You-tien Hsing, *The Great Urban Transformation: Politics of Land and Property in China*, New York: Oxford University Press, 2010.

⑥　陈映芳:《城市与中国社会研究》,《社会科学》2012年第10期,第72-78页。

府与市民之间的互动、当代中国的都市运动以及城市社会结构转型。简新华和黄锟①运用定性分析和时间序列预测法对中国城镇化水平做了实证分析，认为中国城镇化水平处于总体滞后阶段，未来城镇化还将保持较快发展趋势。

可以看出，既有研究多属于对城镇化的路径、趋势等宏观层面以及城镇化引发的社会问题、社会结构转型等中观层面的横切面研究。对于单个城镇的历史沿革、现状及发展模式做微观层面的纵剖面考察，既有研究少有关注，特别是鲜有针对某个省份选取代表性城镇所做的案例研究。此类研究的缺乏不仅影响到城市化研究在微观层面的推进，也使得相关理论层面缺乏与实证研究的相互勾连和回馈。城镇化最终落实为个体城镇的可持续发展，且脱离不了与周边区域经济社会相关联的一体化互动。因此，纵向考察特定区域内若干个城镇的历史变迁、现状及发展模式，具有从研究方法、研究对象、研究视角等多方面推进城镇化研究的重要意义。

嘉兴市包括一市（嘉兴）五县（嘉善、平湖、海盐、海宁、桐乡），位于长江三角洲南侧的杭嘉湖平原地区，地势低平，水网密布，人口稠密，向称"鱼米之乡"。远自唐代，嘉兴地区就为南方重要的粮食产地。北宋时，嘉兴对外联系的水运网已形成，以嘉兴城为中心，通过大运河、长水塘、海盐塘、汉塘（今平湖塘）、华亭塘（今嘉善塘）联系各个方向，成为太湖流域东部重要的水陆交通枢纽。本研究以嘉兴市王江泾镇为例进行个案研究。本研究的主要内容有以下几个方面：一是从已有地方志、政府公报、资料汇编等公开出版的文献资料中整理出王江泾镇的历史沿革、典章制度、民俗文化等内容；二是运用地理学的 GIS 空间分析方法及地方政府学、产业经济学等相关理论方法，从王江泾镇的政府、档案馆等的相关资料以及各种地方统计年鉴的各种文献资料中考察当代试点镇的产业分布、人口结构、经济与社会发展模式等内容；三是结合目前已有的城镇化的相关理论，对王江泾镇的经济与社会发展模式提供对策性建议，为浙江省城镇化的发展提供科学决策依据。

（一）王江泾镇概况与历史文化沿革

王江泾镇位于浙江沿海北部，江、浙交界处，北与江苏省苏州市吴江盛

---

① 简新华、黄锟：《中国城镇化水平和速度的实证分析与前景预测》，《经济研究》2010 年第 3 期，第 30-41 页。

泽镇一桥相连,距上海、杭州、苏州三大城市和乍浦港都在一小时交通圈内,南与嘉兴市区相连。境内水网密布,百亩以上湖荡有 5 个。[①]

王江泾镇形成于宋代以前,鼎盛于明代中期。春秋时,吴国就在王江泾一地筑"射襄城",以抗越国。宋代以前王江泾镇就已经形成集镇,与新塍、陡门、濮院合称为秀水县四大镇。相传因有一闻氏尚书在此居住,附近有莲泗荡名闻湖,故镇名闻川市。唐佩金说:"宋始有闻川市,元称王江泾,皆以姓氏得名","宋为闻川市,又名王江泾。元设王江泾巡检司。"[②]元代有王、江两大户相继兴起,因此就称王江泾。清末为王江泾镇,延至解放。1949年 5 月,设王江泾乡。1950 年建政时,分为双阳乡、双桥乡,镇属双阳乡管辖。1956 年 1 月,合并为王江泾乡。1958 年 9 月,王江泾乡与嘉北乡合并,建双桥人民公社。1961 年 4 月,划分为双桥、嘉北两个公社,王江泾属双桥公社。1984 年 1 月,政社分离,复称双桥乡。同年,王江泾镇划归区属建制镇。1988 年,双桥乡与王江泾镇合并,名王江泾镇,实行镇管村体制。[③]

缘于其交通便利性,王江泾镇存有数座保存完好的古桥,如长虹桥、闻店桥、济阳桥、浔阳桥等。唐印僧《闻川缀旧诗·射襄桥》注云:"在夹河口,今讹为寿香,即射襄城故址,咸丰庚申为粤寇毁。肃清后,桥接以木。今复易石,桥上立射襄古巷,以存旧迹。"据旧志记载,射襄桥的始建年佚,只知道清乾隆中重筑。桥是承着射襄城而来,城在镇一里街东段北侧,即所谓的"夹河口"。与镇相近的雁湖,古名樵李池,相传为吴王造战舰处。历史上吴越之战,首尾三十七年,而战于樵李(今嘉兴)就有七次之多。据清乾隆《吴江县志》载,吴江县"绫绸之业,宋元以前,唯郡人为之;至明熙、宣间,邑民始渐事机丝,犹往往雇郡人织挽;成、弘以后,土人亦有精其业者,相沿成俗。盛泽、黄溪四五十里间,居民乃尽逐绫绸之利……"盛泽与王江泾,两镇接壤,两镇乡风如出一辙。闻店桥为官塘运河入镇市河第一桥,迎曦、济阳、浔阳、万福、定中、会源诸桥,也都跨市河。济阳、浔阳两桥,虽然久已破敝,但喜其尚古,比照历来的题咏,有物可睹,不落空茫。[④]

王江泾镇境内名胜古迹众多,旅游资源丰富。始建于明万历年间的长

① 嘉兴市志编撰委员会编:《嘉兴市志》,北京:中国书籍出版社,1997 年,第 433 页。

② 唐佩金:《闻川志稿》,"序";卷一《地理志·沿革》。

③ 嘉兴市志编撰委员会编:《嘉兴市志》,北京:中国书籍出版社,1997 年,第 433 页。

④ 陆明、陈慧:《王江泾杂记(二)》,《嘉兴日报》2008 年 8 月 1 日,第 16 版。

虹桥横跨大运河上，是嘉兴市最大的石拱桥，也是大运河上罕见的巨型三孔实腹石拱大桥，气势宏伟，形似长虹，被列入全国重点文物保护单位。相邻的一宿庵、一里街与古桥、古河交相辉映，凸显浓厚的古镇气息。

王江泾镇内莲泗荡风景区水域面积达 3.2 平方公里，每年江南网船会期间莲泗荡内渔船密布，吸引来自江苏、浙江、上海以及山东、安徽等地的游客近 6 万多人。2011 年，江南网船会列入全国非物质文化遗产名录。网船会是江浙沪一带渔民纪念元朝灭蝗英雄刘承忠的民俗祭祀活动，流传千年，未曾易俗。网船会也是国内唯一的一处水上庙会，主要由江浙沪的渔民自发参与。"龙舟赛"是水上运动与水上民俗的完美结合。

据《苏州府志》记载，刘猛将军庙始建于南宋景定年间（1260—1264），祭祀驱蝗有功的刘姓将军。刘猛将军为谁，历代说法不一，依次为刘锐、刘宰和刘承忠。清雍正二年（1724）刘猛将军列入祀典，为一年两祭，正月十三为诞祭，冬至后第三日为祭；而民间则以正月二十日为开印日，八月十四日为其诞辰日。历宋、元、明、清四代，刘猛将军庙始终香火兴旺，刘猛将军倍受江南渔家尊崇与敬仰。清朝开始，莲泗荡东北侧的刘猛将军庙开始声名鹊起。清光绪《嘉兴府志》记载："雍正二年（1724）列入祀典，同治皇帝赠赐'普佑上天王'匾额。"光绪十二年（1886）的《点石斋画报》载图《网船会》并附文："嘉兴北乡莲泗荡，八月十三日为刘王诞期，远近赴会者扁舟巨船不下四五千，艘自王江泾长虹桥至庙前十余里内排泊如鳞，是日奉神登舟，接荡巡行，午后回宫，俗名为网船会云。"清宣统年（1911）刻印的《闻川志稿》也有描述：一逢开印日与诞辰日，江浙渔船咸集荡中，以数万计，演曲献牲，岁以为例。至二三月之交，船之集尤多，谓之网船会。民国三十六年刘王庙庙会盛况文字记载："十八万三千之多的猪头献上神座"，"高高竖着桅杆的大船约有八百余艘，轮船二十四艘，其他汉口船三艘，青岛和香港来的船各一艘，其余小网船和民船更不知凡几"。1948 年 4 月 28 日《嘉善民权报》亦记载有刘王庙会"五十万人虔诚顶礼"，敬献给刘王的纱帽"价值黄金六两"。如此盛大的庙会，考之周边地区的佛事以及其他民俗活动，是罕有其匹的。此种大规模的庙会活动直至 1958 年才中止。但即使是刘王庙被拆除的"文革"期间，民间小规模的祭祀活动仍是不绝如缕，未曾停止。

"猛将出会"是网船会的高潮，猛将的仪仗以杏黄大纛（旗）为引导，敲锣打鼓，由民众用轿子抬猛将像巡村一周。随后是各地民众组成的社团，边巡游边表演。出会的队伍,前有"行牌"十副(绘有各种神仙故事,如《八仙过海》)、銮驾(包括刀、枪等十八般兵器)。后是高跷、花灯等民间歌舞,最后是男女"扮犯"和"臂香臂锣"等等。男队着青绿衣,黄带束腰,女队戴花,红衣,绿带束腰,持胡琴、琵琶、锣、鼓等各种乐器演奏。抬猛将老爷江南各地都有流传,1949 年之后,莲泗荡网船会除了民间文艺表演外,"猛将出会"就一直没有举行过。2015 年首次恢复了"猛将出会"这一传统,有省内外 60 多个社团参加,是 60 年来规模最大的一次。

　　早在清末民初,随着网船会的日益兴旺,江南各地即相继建立供奉刘王的宗教团体,如上海新公门,苏州与无锡的老公门,太湖的兴隆社、长生社、公义社,江苏昆山的三兴社,嘉兴的南六房,苏州的北六房等,这些社团大多以姓氏家族为一个部落,少则十几户,多则几十户。如江苏吴江平望渔业村的刘氏部族,以刘小羊为首领的嘉兴南六房长生社,旗帜上写有 80 多户户名,且每年两次结船而来,每次驻扎 3 天,是目前在庙内为数不多进行扎肉提香锣祭祀活动的社团。社团成群结队,且祭祀队伍老、中、青俱全,在江南渔民中形成较大的民间信仰圈,船民后代不断成为网船会的传承人。

　　庙会期间,无论远近,渔民都要挑着、抬着丰盛的祭品,到刘王老爷面前供奉,然后才是燃烛焚香,去化纸炉里烧掉随身带来的冥品。庙里的祭祀完成后,船民、渔民还会在岸上和船上举行祭祀活动,仪式大同小异,祭品也一律是猪头、猪蹄膀、肋条、全鸡、全鱼以及豆干豆腐等食品。热闹的祭祀、娱神活动完毕后,渔民、船民回到船上,拿出酒食,款待亲友家人。这一段无忧无虑、乐天逍遥的日子,是渔民、船民寻亲访友,打听渔情船讯的最好时机,也是他们攀亲相亲的吉日良辰。近年来,许多船民又把生意做到了庙会上,他们在道路两边摆开琳琅满目的小商品。丝网船上成千上万人纵饮狂欢的日常生活情景,刘王庙里烧香叩拜的虔诚心愿,惠风和畅的莲泗荡北岸,犹如一个人山人海的水上盛会。[1]

　　王江泾镇的美食也值得一提。栗酥,嘉兴人称酥糖,是一种用芝麻粉、糯米粉、精绵白糖、饴糖拌和压制而成的茶食。桂圆、荔枝、蒲桃、柿饼都是干货,南货店用一张径尺方的大草纸(纸很厚,专用于包扎干果,不是上茅厕

的那种手纸),包成一个大方包,四边有棱有角,拿一根苏草松松扎好,不使太紧,因纸包中空,装的干果并不多,但卖相很好看。闻川钱福卿先生有《公泰和栗酥》一文,叙事亦简明。其写栗酥包装云:"栗酥五块一排,五排一层,两层;草纸包,上有一张红纸,印一葫芦,中书'栗酥'二字,并有'公泰和'标号。纸包用一根咸水草扎成长方形,携带甚便。"公泰和栗酥由张竹溪创制于清同治四年(1865),竹溪的家世不详。同治四年,恰好是在咸丰庚申(1860)兵燹王江泾后之第五年。庚申的兵灾,于镇的创痛甚巨。据陶葆廉《缀旧诗》序说:"獗寇狂突,华屋山丘,士女虫沙,荡然无片橼之存,亦无一家得免于死亡。同治丁卯以后,先勤肃公偕诸父老,除瓦砾、修桥梁,瘁力招徕,终未能挽回一二⋯⋯"虽然步履甚艰,但王江泾镇的恢复从同治丁卯(1867)开始是可以确证的。勤肃公便是清朝著名的封疆大吏陶模,葆廉的尊君。陶模在同治六年已经是举人(次年中进士),有力量偕诸父老招徕。鉴于此,如果公泰和的创始年无误,那么,张竹溪是率先两年,开店设肆,在荒寂的死镇上,吹燃起第一粒复活的火星!

王江泾孙家馆咸菜冻麻雀,烧煮最佳,最早记载见于清光绪间邑人吴受福补辑《古禾杂识》。晋仙先生在"冻雀"下云:"枫泾丁义兴冻烂肉,乌镇许家酱鸡,皆驰名甚远。王店母猪肉味亦香美,春波桥钱家早面佐以白切鸡、蟹羹等,鲜美胜于他处,人呼为小手家小面,每晨座客恒满。"前辈写名物,据实,不着一"粗"字(嘉兴近年有"粗菜馆""土菜馆"之目,鄙陋可笑),这跟文化是有关系的。民国时期嘉兴《商报》馆编外的访员徐儒先生"醉记者"。写稿不习惯用标点,"连珠法",晚年也如此。20世纪40年代的某年中秋,他走访刘王庙网船会,记庙会会首,发布会讯,香头多少,聚赌有谁,草台戏班,小吃摊贩,警所治安,以及江浙信众(大多是渔户)从王江泾连舟至莲泗荡不下十万等等,一路铺陈写来,所记事没有半点儿生夹。[1]

(二)王江泾镇的产业结构与经济社会发展

王江泾镇早年以丝绸纺织生产和贸易著称,明代即已形成江南地区著名的丝绸贸易集镇。东至南汇及嘉善天凝,西至新塍桃园,方圆80平方公里内"多丝绸收丝缟之利"。明万历《秀水县志》载:"居者可七千家。"[2]改革

---

① 陆明、陈慧:《王江泾杂记(四)》,《嘉兴日报》2008年8月29日,第16版。

② 嘉兴市志编撰委员会编:《嘉兴市志》,北京:中国书籍出版社,1997年,第433页。

开放以来,王江泾镇一带周围乡、镇个体联户织机发展至 2 万余台,精养鱼塘扩大至 1 万余亩,农副业全面发展。改革开放以来,王江泾镇以发展民营经济为主。全镇拥有 6000 多家民营企业,行业结构已形成纺织、化纤、印染、植绒、箱包、注塑等,其中纺织业是支柱产业,占经济总量的 90%,王江泾镇无梭织机拥有量达 2 万多台,在国内领先实现了织造无梭化。具有当代先进水平的喷水、喷气、剑杆、片梭大提花四大类无梭织机,以其高速度、高效率、高质量代表着当今织造业的最新工艺技术水平。

王江泾镇现已形成纺织、家具、电器机械、热电四大工业产业,分别占全镇工业产值 71.4%、2.3%、15.8%、8.0%,规模以上工业企业 205 家。其中,产值超 5 亿元企业 4 家,产值超亿元企业 25 家,税收超百万元企业达到 69 家。2010 年,工业产值完成 120.87 亿元,外贸出口完成 1.68 万美元,完成税收 2.57 亿元,实现利润 5.6 亿元。全镇现拥有各类织机 3.6 万余台,年产各类坯布已达 30 亿米,成为绍兴轻纺城、盛泽东方市场、辽宁西柳市场纺织产品的重要原产地,是我国薄型布料的生产基地。在农业经济建设方面,充分挖掘湿地资源,发展湿地农业经济,积极发展水生种植等湿地农业模式,莲藕、南湖菱等水生作物种植面积达 7000 亩。

王江泾镇工业园区是全镇产业集群、提档升级的重要平台。王江泾工业园区规划总面积 18 平方公里,已开发建设超过 8 平方公里,工业园区以现代纺织、精密机械、新兴产业等高科技产业为发展导向,共聚集了美国礼恩派、意大利米兰映象、德国礼海电气、马来西亚露倍利,以及中国香港地区的欣悦天丝和台湾地区的星锐缝纫机等 30 多家企业和礼海产业园、舒福德电动床、天伦纳米、恒盛化纤、凯邦锦纶、新兰宝等 200 多家民营企业在此创业,着力打造国际领先的制造产业集聚地。2011 年王江泾镇工业园区规模以上企业年销售收入达 147 亿元,年缴纳税金达 4.2 亿元。

王江泾现代纺织产业特色突出,已形成完整的产业链条。产业结构体系化,中、下游产业链比较完整,全镇已基本形成了 PTA、化纤、织造、印染、服装、家纺,以及纺织技术服务等较为完整、配套的产业链条,具有相当的集群规模和特色优势。上游重点发展差别化学纤维、尼龙 66、聚酯切片及前道项目;中游开发产业用纺织、医用型、环保型、节能型纺织品;下游重点开发生产高档品牌的服装面料、床上用品、窗帘、巾被、旅游用品,形成具有特色的产业链。

机械、家具产业已成为王江泾的第二大支柱产业。目前王江泾工业园区里集聚了泰恩弹簧、维斯科海绵、舒福德电动床等 10 多家机械、家具企业,拥有自主知识产权 123 项,其中专利 115 件,注册商标 8 件,产品覆盖亚洲、北美洲、欧洲等地区,全球客户超过 300 个。园区内主要产品有品牌家具、系列电动调节装置、智能控制装置、美式可调节电动床、功能沙发机械伸展装置、太空记忆海绵制品、阻燃防火面料等与家具行业相配套的产品,是我国乃至亚太地区最大的同业生产基地。王江泾镇机械、家具行业已初步形成以高新技术为先导,现代化生产制造为主体,全球化销售为手段,实行科、工、贸一体化运行的产业集群。

王江泾镇以结构调整优化产业,积极引导企业走差别化、特别化的发展之路,使产品从以服装为主向产业用和家纺等多种产品发展,提高产品的竞争力;以集群发展推动产业,引进了一批重点项目,实现了由生产中间产品向原料生产和终端产品两头延伸,完善了纺织产业链;以创新发展支撑产业,鼓励和支持企业加大先进装备的投入,组建研发团队,开发新产品,打造企业品牌,使企业新产品率超过了 40%;以市场建设引领产业,加强纺织市场建设,完善研发、检测、信息等公共服务平台,充分发挥市场对产业的引领作用。2008 年,王江泾镇纺织产业实现销售收入 65 亿元,2011 年全镇纺织业年销售产值攀升到 91 亿元,2012 年有望突破 120 亿元。目前,王江泾镇已经形成了以"越龙家纺"为龙头的一批品牌企业。[①]

高科技、新技术等新兴产业是王江泾镇未来要着力引进和培育的重点产业。2011 年,王江泾镇根据省、市、区小城市培育试点的总体部署,以打造"中国织造名镇、江南湿地新城、浙北商贸重镇"为战略目标,以"平台建设年"和"创先争优"活动为载体,全面实施小城市培育试点三年行动计划,积极推进水乡生态现代田园小城市建设。2011 年,王江泾镇地区生产总值达到 49 亿元,同比增长 15.02%;财政总收入达到 6.36 亿元,同比增长 25.7%;全社会固定资产投资完成 25.74 亿元,同比增长 26.2%,107 家规上工业企业(2000 万元以上)总产值实现 132 亿元,同比增长 27%;合同利用外资 2000 万美元,实际利用外资 939 万美元;第三产业比重达到 32.5%,比 2010 年增加了 1.5 个百分点;农民人均纯收入达到约 1.6 万元,同比增

---

① 姜国华:《王江泾镇:小城市谋求产业大提升》,《中国纺织报》2012 年 12 月 14 日,第 4 版。

长 14.5%；城镇居民人均可支配收入约 2.87 万元，同比增长 17.1%。获得了中国青鱼之乡、省统筹城乡现代商贸服务示范镇、省生态镇等荣誉。[①] 具体到纺织产业方面，王江泾镇注重产品结构调整、产业集群发展和品牌创新，引进了总投资 15 亿元的恒盛化纤项目、凯邦锦纶和天之华涡纶纺项目，形成了较为完整的产业链条，新产品产值率达到 40%，纺织产品中高档率达到 70%，明效丰汇的亚麻袜子和亚麻服装、诚恒女装、越龙家纺等品牌产品快速发展，告别了没有品牌、只有中间产品的历史。积极培育新兴产业。重点发展机械、家具等先进制造产业，意大利米兰映像精品家具项目进展顺利，泰克弹簧项目土建工程已结顶，礼海电机、舒福德公司产品销售良好。机械家具等先进制造产业产值达到 26.2 亿元，占工业总产值的 19.8%，同比增长 25.8%。龙头企业快速发展。28 家工业龙头企业完成产值 84.7 亿元，占全镇规模以上工业企业产值的 64.2%，同比增长 30.8%；销售超亿元企业 35 家，其中超 5 亿元企业 3 家、超 10 亿元企业 2 家。与此同时，王江泾镇加强以中国南方纺织城为核心的纺织市场中心的建设，完善纺织检测、研发、信息等三个中心，目前南方纺织城入驻经营户 440 家，开门率达 88%；2011 年，实现市场交易额 69.3 亿元，同比增长 38.6%；网上交易额达到 139.7 亿元，同比增长 28.6%；实现税收 1586 万元，同比增长 94.3%。

机械家具产业也是王江泾镇近年来打造的新兴产业，目前，王江泾镇引进了泵阀、缝纫机、汽车弹簧等多家企业，2009 年产值达到 10 亿元，2010 年产值超过 20 亿元，真正实现了"多元化发展"，为王江泾镇的发展注入了全新活力。

在产业经济带动下，以房地产为业代表的商贸服务业日渐繁荣。总投资 15 亿元，总建筑面积 36 万平方米的木林森商住楼、南方纺织大厦、诚恒·世嘉、依云小镇等项目全部竣工。总投资 1.3 亿元的"7＋1"万福广场项目基本完成，佳源中心广场商贸综合体项目完成建筑面积 4.5 万平方米，一期 2 万平方米的实景样板区已对外开放，实现 100% 销售和 100% 招商，并成功引进世界商业 500 强华润万家超市、国美电器等知名商家。

在发展经济的同时，王江泾镇大力提升社会管理与公共服务水平。首

[①] 中共王江泾镇委员会、王江泾镇政府：《王江泾镇小城镇培育试点工作汇报材料》，2012 年 3 月 5 日。

先是简政放权,缩短行政审批流程。王江泾镇行政审批服务中心累计下放审批服务扩权事项 106 项,现中心能够办理审批事项 106 项、服务事项 39 项,进驻了 15 个部门,设置 13 个办事窗口,全年共办理业务 6.48 万项。综合执法中心不断完善管理,提高执法水平,实施土地执法 21 起,拆除整治违法建筑物 9.3 万平方米,实施环保执法 24 起、农业执法 3 起;新建数字化城管道路 4.1 公里。应急维稳中心实行一站式服务管理,2011 年接待来信 65 件,来访 89 批次、1176 人次,受理市长电话 518 件,受理各类矛盾纠纷 491 起,调处成功率达到 99.8%。就业保障中心完善硬件设施和服务功能,全年举办招聘会 4 次,介绍就业人员 4085 人,转移农村劳动力 1518 人,解决劳动纠纷 66 起。

其次,王江泾镇集中开展了"两违"整治工作。2010—2011 年,该镇开展了"两违"整治工作,累计投入资金 1000 多万元,共拆除违章建筑 63 户,拆除整治违法建筑面积 10.19 平方米,复垦复耕 142 亩,"两违"整治工作取得了阶段性成效。

再次,全面开展"三镇"联创工作。该镇启动了国家卫生镇、全国文明镇、省级生态镇创建工作,共投入资金 2000 多万元,发出责令限期整改通知书 590 份,拆除和取缔影响市容环境的违章搭建和占道经营摊点 452 户、6000 多平方米,取缔废旧物资回收点 101 户,建立长效管理机制,城镇环境面貌和市容秩序明显改善。总投资 3500 余万元的 12 座污水处理站全部建成并投入运行,污水日处理能力达到 5.5 万吨,新增绿化面积 773 亩,建设绿道 10.5 公里,成功创建省级生态镇。

最后,王江泾镇也注重公共文化服务的推广与普及。王江泾镇范滩村的农家书屋于 2012 年 6 月底建成,书屋内有专门的书架、书柜和桌椅,设置了免费阅览区、租借区,安装了空调,配有各类图书 1500 册、电子音像制品 100 张、报刊 30 种。村里还专门聘请了图书管理员,负责书屋的开放和图书的借阅等。在王江泾镇,与范滩村一样的农家书屋已建成 31 个,每个农家书屋投资都在 1 万元以上,配备了与范滩村一样的配置;此外,还有两个村建立了比农家书屋更高等级的市图书馆图书流通站。目前,全镇 33 个行政村都已建成书屋,实现了农家书屋的全覆盖。[1]

---

[1] 高家宽:《王江泾镇实现农家书屋全覆盖》,《嘉兴日报》2012 年 7 月 23 日,第 11 版。

（三）王江泾镇未来发展模式的对策建议

改革开放以来,王江泾镇获得了迅速的发展。在浙江省小城市培育试点工程的政策支持下,该镇提升经济发展动力,优化产业结构,加强社会治理与公共服务能力,取得显著成效。然而,其产业发展也存在一些值得注意的问题。主要表现在以下几个方面:

首先,产业链不完善,附加值低。王江泾镇纺织业主要集中在产业链中间段的织造环节,资本的 80% 投入在织造业,附加值低。在产业链上端的化纤原料企业、纺织机械制造企业基本是空白,处于下端的印染与后整理工艺的档次不高,成衣制造市场发展缓慢,主要为原料和二手纺机市场,没有专一的布匹市场和信息平台,形成了"生产在王江泾,销售在外地"的格局。该格局导致王江泾镇的纺织业产品结构单一,档次不高。织造产品则以化纤面料为主,兼有棉、丝、麻等织物;总体上仍以中低档服装面料为主;印染产品,按纤维分,主要是化纤布,大多数企业产品技术含量低、产品功能差,低档产品竞争过度。

其次,技术相对落后,缺乏创新。尽管王江泾镇的许多规模企业引进了国外先进的设备,但是与之配套的技术开发、应用、管理等"软件"十分缺乏,在化纤、织造、印染、后整理等方面懂行的专业技术人员严重不足,导致"一流设备、二流产品、三流价格"的尴尬局面。

最后,管理方式落后、人才缺乏也是普遍存在的问题。王江泾镇的许多企业管理模式单一,管理人员、职工素质偏低,专业技术人员缺乏,造成管理跟不上,经济效益偏低。很多企业看到了用人的重要性,并且投入了一些资金以吸引人才,但由于制度上缺乏相应的保障,容易导致人才流失。

基于此,在该镇确定以发展纺织业为主的产业模式的总体思路基础上,建议该镇加快结构调整步伐,产业链前伸后延,调高调优纺织产品的核心竞争力,将"中国南方纺织城"这一平台打造成为展示王江泾纺织产品的窗口,汇聚国内外客商,引进纺织产品信息、相关技术人才、高档设备,降低市场准入门槛,全面带动王江泾纺织产业的深化发展和产业的全面提升。在此基础上,建立信息化平台。与苏州盛泽、绍兴等先发市场互通有无,注重无形市场的培育,大力发展电子商务,大力实施企业上网工程,建立中国南方丝绸网,进一步完善信息发布、网上交易、网上结算等功能;以信息网络为基础,健全物流信息服务和反馈体系,开发物业管理和货运管理信息系统,用现代信息手段管理市场。逐步摸索并构建特色型专业纺织市场。在引进外资的基础上,盘活本地民营经济活力,吸引本地企业进市场,形成"企业办公在市场、生产在车间"的格局,成为一个企业总部办公区。

生态城市正成为 21 世纪城市可持续发展的重要形态,也是城市发展的理想模式。目前,国家相关部委正在进行节能减排示范城市的综合性政策试点工作,国家能源局提出了建设 100 个新能源示范城市的概念,这也是探索生态城市建设方面的有效尝试。生态城市涉及我们生活方式和生产方式的转变。生态城市能不能建设好,最终体现在人们的行为方式是否发生了真正的转变,是否按照生态城市这个理念来转变生活方式和生产方式,是否以最小的环境资源代价为社会提供比较满意的生态和生活方式。在城市建设方面,建议王江泾镇在进一步发展莲泗荡水乡湿地景观及江南网船会民俗遗产的基础上,通过优化纺织产业结构调整,缩减并转移中低端产业链,构建循环经济体系,控制并降低环境污染,使王江泾镇从传统纺织商贸集镇向生态城市转化,构建江南宜居城市,以精致、宜居的自然和人文环境吸引高层次人才。

二、桐乡崇福镇小城市试点建设进展调研报告

崇福镇的小城市培育试点经历了一个较长的发展时期。2003 年,嘉兴市就提出加快发展中心城市,培育中小城市,扶持中心城镇,整合中心村和农村居民点的战略,崇福镇被列入小城镇建设名单。2011 年崇福镇被列为浙江省小城市培育试点。自此以后,崇福镇以"三年行动计划"为目标,扎实工作,努力推进,建设成绩斐然。至 2013 年,崇福镇基本实现了由"镇"向"城"的转变,达到了浙江省小城市培育的基本指标,地区生产总值超过 100 亿元,财政收入超过 10 亿元,建城区面积超过 8 平方公里,人口超过 10 万人,基础设施日趋完善,城市管理体制越来越健全,小城市建设势头良好。

(一)崇福镇小城市培育试点成效明显

崇福镇小城市培育试点的成效主要体现在以下几个方面。

1.修订发展战略,明确定位,凸显特色

第一,编制规划先行,谋求长远发展。根据小城市培育要求,崇福镇先后编制了《崇福镇概念性规划》《崇福城镇总体规划》《崇福镇土地利用总体规划》《崇福镇二产发展规划》《崇福镇三产发展规划》等各类规划,内容涉及

小城市建设的各个方面，为崇福镇的小城市建设奠定了发展方向。

第二，明晰城市定位，突出个性化发展。崇福镇的城市定位确立为"中国皮草名城""江南运河文化名城"和"杭州都市圈节点新城"。"中国皮草名城"是以崇福镇的特色产业皮草业为基础提出的，该产业已经形成辐射国内外市场的影响力。"江南运河文化名城"是以传统江南运河为依托，突出反映崇福镇的古城特色。"杭州都市圈节点新城"则以现代城市网络结构为前提，开拓都市圈城市的新节点。

第三，发展核心产业，拓展产业多元化。崇福镇大力实施"工业强镇、市场兴镇、工贸并举、联动发展"的战略，一是强化工业布局。推进"三园四区"：皮草产业园、现代物流园、装备制造产业园和传统产业提升区、高新技术区、现代商贸集聚区、新市镇集聚区。崇福镇经济区总规划面积达 20 平方公里，占整个镇域面积的 1/5，工业园区升级为嘉兴市转型升级特级园区。二是大力发展现代农业。农业向生态化和产业化方向发展，建成 12 个蔬菜、水果、芦笋、苗木、水产等百亩生态高效精品农业基地，7 个生猪、湖羊、野生水禽等规模化生态畜禽小区。城市服务业得到同步提升。加快培育现代服务业。除原有的皮草市场以外，崇福镇建成区的基础设施和服务设施快速增加，崇德中路建筑外立面改造，增设服务中心，完善商业服务设施。

2. 举措得力，快速提升城市化水平

崇福镇根据小城市培育试点三年目标任务，结合崇福情况，明确分工，把每个项目落实到崇福镇领导班子成员，班子成员自定目标，实行"倒逼"，加班加点，抓好重点建设。

第一，加强基础设施建设，提高城市承载能力。一是改善建成区交通能力。构建"两横三纵"的镇域交通网络，以崇德路、青阳路为东西向的主干道，青年路、语溪大道为南北向的主干道。至 2013 年底，投资 1023 万元，新增城市道路 18 公里。二是提升人口集聚能力。建设安居小区和商业住房，在建的安置小区建设项目有运河世纪公寓、南沙花苑、语溪家园、崇德家园、北沙新城等，共 21.69 万平方米；商品房有宝马花园、欣盛华庭和凤凰城等，总数达 3000 多套，已建成和在建的小高层以上建筑总数将达到 59 幢，逐渐形成现代化的人居环境。三是完善公共基础设施。实施污水管理，安全饮用水供水能力为 2010 年的 3 倍。同时，改建汽车站、停车场、商场、宾馆、金融机构、公园、休闲广场等公共配套设施。

第二,创新城市管理体制,增强服务机能。根据试点小城市的管理目标,崇福镇在原有行政功能基础上,成功组建了"五大行政中心":行政审批中心,具有 36 个服务窗口;综合执法中心,组建 90 人的队伍,在"三改一拆"等行政执法中有效地发挥作用;劳动就业保障中心;应急维稳中心;土地储备中心。这些机构的设立,有效地转变了政府职能,使得"强镇扩权"落到实处,在城市管理中起到了重要的作用。

第三,提升城市化水平,生活幸福指数提高。根据小城市生活满意度的抽样调查,崇福镇的生活幸福指数在提升。调查选取的调查对象主要集中在工人、个体户、退休老人几个类型,平均年龄在 48.28 岁,在崇福镇平均居住年限为 33.33 年。大多数受访者对崇福镇评价很高,所打分数的平均值达到了 5.72,方差为 1.87,说明当地居民对生活水平比较满意,方差值较小说明评价比较稳定(见图 6-3)。另外,居民普遍对崇福镇的购物、治安、近年发展、生活、工作及人情味的满意程度较高。

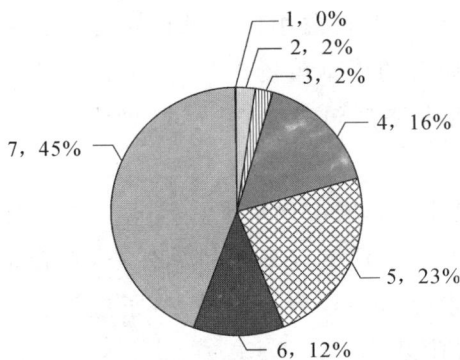

图 6-3　当地居民对崇福镇满意度评价

注:1 表示非常不开心或不满意,7 表示非常开心或满意。开心或满意度越高,分数越高。

这一调查与《浙江省小城市培育试点群众满意度调查报告》给出的数据十分契合,在试点镇群众对小城市培育试点整体满意度方面,崇福镇达到了 93.08%,超过平均得分近 3 个百分点。

3.强化内功,实现社会经济的全面发展

第一,社会经济快速发展。自 2011 年小城市培育试点三年来,崇福地区生产总值年均增长 22.5％,高于桐乡市 12.5 个百分点,高于试点镇平均 7 个百分点。2012 年在嘉兴市十强新市镇中排名第二位,获桐乡市经济发展考核一等奖。

第二,皮草产业稳步发展。皮草产业是崇福镇的核心产业,形成了从原料、加工到成品的完整产业链,产业规模居全国前列,皮草博览会声名远扬。全镇拥有皮草企业 1469 家,其中规模以上企业 98 家。皮草工艺和设计水平全国领先,有一批知名的自主皮草品牌,"银杉""依奴珈"获得"真皮标志"认证,并取得"中国裘皮衣王""中国名牌"称号。2012 年实现皮草产值 155.02 亿元,同比增长 35％;市场交易额突破 80 亿元,同比增长 33％;新增规模企业 11 家,崇福皮毛销量占全世界的 22％、中国的 42％、浙江的 75％。

第三,现代小城市形态趋于完善。通过小城市培育试点,崇福镇已经具备了城市的基本要素:城市空间、城市人口、城市功能、城市腹地以及城市化的生活方式。一是城市空间扩大。崇福镇建成区面积由原先的 7.80 平方公里扩大到 9.02 平方公里,不包括农村集镇的面积。崇福镇腹地有约 100 平方公里,是未来城市发展的基础。二是城市人口增加。崇福镇常住人口 10.3 万人,外来人口 5 万人,其中,建成区人口由 2011 年的 7.38 万人增加到 2013 年的 8.65 万人。城市功能趋于现代化。崇福镇具备了居住、工作、休憩和交通的功能。历史文化丰富。崇福镇有着 1100 多年的建城历史,传统城市区域得到保存。随着小城市培育试点的开展,各种文化设施趋于完善。

(二)崇福镇小城市培育试点仍需要关注的几个问题及其建议

这些年,在城市基础设施建设、工业经济发展、新农村建设、社会服务等诸多方面,崇福镇蓬勃发展,但在城市建设的过程中,崇福镇像其他小城市培育试点一样仍存在一些令人忧虑的问题,值得思考与探索,这样会更有利于小城市的健康发展。

1.小城市的定位问题

城市定位实际上是城市发展战略。崇福镇的"中国皮草名城""江南运河文化名城"和"杭州都市圈节点新城"这三个定位的概念十分清楚,但有几个方面仍可以深入思考。一是"中国皮草名城"作为崇福镇的核心定位已很明确,但从小城市定位来说,这并不完全契合,因为这个行业与整个城市的发展还没有形成有机的联系,从业人员的比例仍不高。二是"江南运河文化名城"虽符合崇福镇的历史特征,但在江南区域,这类城市不止一个,不具有特殊性。三是"杭州都市圈节点新城"也一样不是一个单一性的概念,别的小城市同样可以使用这样一个概念。从目前的空间地理位置看,崇福镇距离杭州约50公里,临平约12公里,桐乡约12公里,石门约6公里,海宁长安约5公里。在这样一个密集的现代城市网络结构中,如果没有科学的定位,那么小城市的可持续发展将难以为继。

基于这样的考虑,我们建议:可以把崇福镇小城市定位为"江南小城",以精致婉约、宜居宜业的江南水城为发展方向,放弃大而全的现代城市模式。在现代城市网络结构中,像崇福镇这样的小城市应该成为卫星城类型的城市,这样可以突出城市的空间规模、构建模式以及发展特色。如果以大城市为翻版来建设,那么小城市建设必然会迷失方向。

2. 小城市建设的组织实施问题

现有的小城市建设模式是政府领导、政府指导、政府实施。现在普遍存在的问题是土地、资金和人才问题。土地指标由国家供给,成为需要争取的政府资源,崇福镇小城市建设用地指标仍十分紧张。在建设资金方面,由于原有基础设施薄弱,需要投入力度大,崇福镇的政府性投入累计数十亿元。而在小城市建设方面,相关的专业人才依然极度缺乏。另外,现有城市管理模式仍存在一些问题,管理者以管理社会的方式来管理城市,缺乏城市建设的专业素质,不利于城市的快速发展。

因此我们建议:政府政策红利是有限的,虽然目前在土地、资金、管理人才、社会福利等方面都离不开政府的推动,但小城市的长远发展需要自身的动力。崇福镇目前建成区约9平方公里,理想的城市人口净密度在每平方公里1万人左右,那么既有建成区应该可以承载10万人口。从实地调研情况看,城市基础设施、企事业单位所占的空间面积还是非常富有的,甚至有些浪费,如果以精致小城市来定位,那么,现有土地面积足以承载城市建设所需。至于资金问题,现在小城市建设过度依赖于财政资金,也即政府拨款,可以通过制度创新、组建城市建设有限公司的方式来解决资金,政府、企业、民间团体和个人参与建设,共同开发、共同受益。城市专业人才方面,可以通过小城市建设,引进人才,培养人才,或者通过合作培养的方式解决急需的建设人才和管理人才。

3.可持续发展的动力问题

崇福镇发展目前主要是以皮草工业为核心,工业经济占有绝对的份额。2012 年,各类工业企业达到 3990 余家,全年完成工业总产值 315.51 亿元,其中规上工业总产值 136.87 亿元,同比分别增长 18.7％ 和 25.9％。2013 年,全镇实现工业总产值 330 亿元,其中,规模以上工业企业完成产值 140 亿元,工业生产性投入完成 21 亿元,财政总收入达到 13.7 亿元。然而,皮草产品是高价值的产品,其生产成本高,自动化程度低,现在仍以家庭式作坊生产为主。全镇有 1659 家皮毛企业,在经济全球化进程中,这样的小企业既存在很大的成长空间,也存在巨大的市场风险。另外,周边区域城市相关行业的发展也将极大地冲击皮草行业的发展。其他工业企业尽管也在发展,但总体而言,与其他城市的同质化倾向还是比较明显的。

因此我们建议:产业发展具有自身的规律,小城市在寻求产业支撑的过程中需要根据自身定位,扶持特色产业的发展,做精做强,形成几家大型的创新型企业,形成像意大利米兰那样的国际化影响力。在其他产业方面,可以因势利导,不能贪大求全,适度而为。

4.小城市形态问题

崇福镇目前正在构建一个功能完善、业态多样的小城市。课题小组在调查过程中发现,现在崇福镇建成区趋于功能化,道路趋于快速化,建筑趋于高层化,商场趋于大型化,以大城市为发展模式。作为崇福镇的有机组成部分,一些原有乡村集镇正处于功能快速衰落的过程之中,例如,高桥、肇昌、虎啸等,其主要原因是行政区划调整以后,原有行政机构撤离,原有资产出让,基础设施缺乏,环境日渐恶化,原住民逐渐消失。这种现象的出现是值得深思的。小城市应该是城乡一体化的重要组成部分,有助于传导现代城市的生活方式。但现在的发展现状是小城市培育试点与新农村建设仍各走各的路,没有形成真正意义上的城乡一体化。小城市建设目标似乎是让农民都进城,而不是一种城市生活方式的递进。这样的发展显然有悖于“功能紧凑、发展集约、生态友好、和谐宜居”的城镇发展新模式。

因此我们建议崇福镇可创新现有小城市模式,在规划方案中尊重江南水乡的自然禀赋,充分考虑地貌、道路、建筑、天际线、城市中心与中轴线、居住聚落以及城市色彩。另外,可以挖掘既有资源,发挥传统集镇的功能,将乡村聚落改造为城镇聚落,真正实现城乡一体化,对既有村镇加以改造,使其既具有乡村风光,又具有宜居、舒适的生活空间。在新的制度框架下,通过社会资源的有效整合,以崇福镇为核心,实现全域城镇化,提升整个区域的城市化水平,以最小的社会成本实现最大的社会价值。

三、德清新市镇小城市试点建设对策研究报告

新市前身为陆市,古称仙潭。新市镇自古以来就是浙北地区的工业强镇、商贸重镇、文化名镇,交通便捷,经济繁荣。全镇面积 92 平方公里,总人口 8.5 万人,辖 24 个行政村、4 个社区和 1 个居委会。近年来,新市镇相继被确定为全国重点镇,全国小城镇综合发展千强镇,国家级生态乡镇,中国历史文化名镇,全国发展改革试点小城镇,首届长三角十大古镇评选三十强,浙江省中心镇、百强镇、文明镇、卫生镇、历史文化村镇、民间艺术之乡、体育强镇,湖州市十强乡镇,德清县副中心城市,2003 年被浙江省政府列入杭州湾城市体系规划。2010 年,完成工农业总产值 205.2 亿元,其中,工业总产值 201 亿元,规模企业完成产值 81 亿元,农业总产值完成 4.2 亿元;农民人均纯收入 1.34 万元,城镇居民人均可支配收入 2.79 万元。2010 年 12 月,被浙江省人民政府列为首批浙江省小城市培育试点镇。[①]

(一)新市镇优势

1.区位优势突出

新市镇位于杭嘉湖平原、长江三角洲腹地,德清县东部,距杭州、湖州、嘉兴均 50 公里,离宣杭铁路、杭宁高速、沪杭甬高速均为 30 公里,距杭州萧山国际机场 80 公里、上海浦东机场 220 公里,上海至莫干山风景区的高标准一级公路穿境而过,黄金水道京杭大运河绕镇达 10 余公里,申嘉湖(杭)高速公路已于 2009 年底通车。经过几年发展,经济实力明显增强,商贸、物流、旅游等产业也得到了迅速发展壮大,城镇的集聚辐射功能进一步提升,周边辐射人口近 50 万人。通过合理调整土地利用规划和村庄规划,按照集聚、集约要求,周边 8 个村全部向镇区集聚,全镇由 287 个居民点合并为 38 个,加快推进了人口集聚。

---

① 德清新闻网记者:《新市镇成为省级小城市培育试点镇》,2011 年 1 月 12 日,德清新闻网,http://dqnews.zjol.com.cn/dqnews/system/2011/01/12/013136680.shtml;朱宇飞:《新市镇高起点高标准培育小城市》,2011 年 12 月 26 日,德清新闻网,http://dqnews.zjol.com.cn/dqnews/system/2011/12/26/014606411.shtml。

2.产业特色鲜明

改革开放后,新市工业快速发展。2006年,新市工业园区被国家发展改革委核定为省级德清工业园区,批准规划总面积5平方公里,后又调整扩容至接近10平方公里。2009年,德清县委、县政府把德清工业园区作为全县三大工业集聚区给予重点扶持,力争打造成全省一流的工业园区。全镇形成了粮油食品、新型建材、轻纺服饰、特色机电、医药化工、皮革塑料、包装纸业和电子电缆等八大主要行业,共有各类工业企业1774家,规模以上企业130多家,产品上千种,主导产业占全镇经济总量的78.5%。新市农业同样具有明显的特色,已经形成以特种水产、蚕桑生产、湖羊生猪、蛇类繁殖、蔬菜瓜果种植为主的产业格局。

3.文化底蕴深厚

新市镇有1700多年的历史,全镇有许多历史遗迹,涌现出了众多文化名人。镇上修复完成了西河口一条街、文史馆、木雕馆、民间艺术馆等景点,2007年9月28日,新市古镇为旅游景点正式对外开放。2012年,新市古镇作为"江南水乡古镇"的重要遗产点被列入《中国世界文化遗产预备名单》。同时,商贸经济和特色专业市场繁荣,镇内有上海华联等大型超市、苏宁电器和摩托车市场、食品油脂市场、木业市场等各类特色市场。

4.城镇功能完善

全镇拥有污水处理厂1座、垃圾焚烧厂1家、热电厂1家。共设置2所高级中学、3所初级中学、3所小学、3所幼儿园和1所外来民工子弟学校。同时,文化、体育、医疗卫生事业全面发展。每年举办蚕花庙会、羊肉黄酒节等民俗活动,丰富群众文化生活。拥有一家县级人民医院和一所镇级卫生院,均为省一级乙等医院,已建立新市镇预防保健中心。

(二)新市镇城镇化进程

第一阶段是中心镇综合改革试点阶段(1995—1998年):从1995年开始,浙江省选择114个镇开展中心镇综合改革试点;新市镇1998年被列为浙江省小城镇综合改革试点镇。

第二阶段是中心镇推进改革发展阶段(1999—2005年):1999年新市镇被列入全国小城镇综合改革试点镇,并制定了综合改革的实施细则。遗憾的是,那一次的改革虽然客观上促进了新市作为中心镇的建设力度,但由于诸多因素的影响,试点效应远远没有充分放大。2001年新市镇被列为浙江省省级中心镇和德清县副中心城镇。

第三阶段是中心镇深化培育阶段(2006—2010年):2006年,浙江在全国创新编制了《浙江省中心镇发展规划(2006—2020年)》,提出实施中心镇培育工程,重点培育200个左右有区位优势和产业特色的中心镇;2007年4月,浙江省人民政府出台了《关于加快中心镇培育工程的若干意见》,公布了第一批141个省级中心镇名单,正式启动实施全省"中心镇培育工程",其中新市镇被列入第一批中心镇名单。

第四阶段是小城市培育试点三年行动计划阶段(2011—2013年):2010年12月24日,浙江小城市培育试点启动。2010年12月31日,新市镇被浙江省政府批准为首批小城市培育试点镇,成为浙江省27个、湖州全市两个试点镇之一。为此,德清县委、县政府发布了《关于新市镇开展小城市培育试点工作的实施意见》(德委发〔2011〕76号),在《中共德清县委办公室、德清县人民政府办公室关于扩大新市镇经济社会管理权限的实施意见》(德委办〔2011〕14号)基础上,2012年12月6日,德清县人民政府办公室再次发布《关于进一步扩大新市镇经济社会管理权限的通知》,进一步赋权新市镇。此外,通过了《新市镇小城市培育试点三年行动计划》,提出了基本达到中心城区初具规模、经济实力明显增强、公共事业日趋完善、生态环境不断优化、体制机制更加成熟的小城市雏形的奋斗目标。

(三)中心镇迈向小城市的新市经验:主要做法及成效

1.项目建设推进小城市发展

项目建设是小城市发展的生命线,新市镇紧紧抓住项目这个"牛鼻子",攻坚破难,深入实施"开放创新、接沪融杭"战略,突出抓好项目推进工作,增强经济发展后劲,加快小城市建设步伐。2012年的固定资产投资一直保持60%以上的增速,大大高于全省全市全县的平均水平。[①]

第一,建章立制,目标明确。新市镇结合自身实际,制定出台了《新市镇"推项目、强投资、优服务"双百攻坚活动实施方案》,提出了"决战200天、攻坚100项、实现新崛起"的双百攻坚活动奋斗目标,完善了项目推进每月通报制度、季度例会制度、督查推进制度及奖惩激励制度,同时把破解重大项

---

① 新市镇人民政府:《新市:小城市创新工作亮点》,浙江城镇网,2012年12月20日,https://town.zjol.com.cn/。

目生成、落地、推进难题作为全镇开展"双百攻坚活动"的"一号工程",新市镇党委书记、镇长亲自挂帅,按照一个难题、一套方案的要求,分析项目形势,研判政策走势,制定具体方案,明确相关责任,严格破解标准,举全镇之力整合资源全面推进项目建设。

第二,重点突出,措施有力。积极鼓励引导民资、社会资金参与小城市培育重点项目建设,想方设法筹措资金、争取用地指标,解决项目"进场难、落地难"等问题。进一步完善项目推进工作机制,实施分类指导,动态管理,优化服务,跟踪问效,千方百计推进重点项目,力争竣工一批、推进一批、启动一批、储备一批。突出抓好文体中心、四星级宾馆、小上海公寓、江南花园、供电大楼、百诚物流等一批带动性强的重点项目,以重点项目建设带动区块建设,带动产业培育,带动投资热潮,形成全镇上下齐心协力攻坚小城市培育的浓厚氛围。

第三,提升服务,成效显著。按照节约集约利用土地原则,大力实施"零土地技改",淘汰造纸、电镀、印染等行业的落后产能,实施"腾笼换鸟",盘活存量土地资源,提高土地利用率。充分利用现有资源,不断创新融资方式,筹集建设资金。2012年,全镇共实施工业经济、商业住宅、基础设施、社会事业、生态环境、公共服务和体制创新六大类96个项目。完成全社会固定资产投资26.44亿元(政府性投资5.71亿元,企业及社会投资20.73亿元),同比增长63%。其中,工业经济类完成投入15.77亿元,商业住宅类完成投入2.79亿元,基础设施类完成投入3.42亿元,社会事业类完成投入2.34亿元,生态环境类完成投入1.49亿元,公共服务和体制创新类完成投入0.63亿元。固定资产投资增速明显。

2.文化传承赋予城市灵魂

新市镇建镇于东汉至三国两晋时期,有1700多年的历史,是名副其实的千年古镇。古镇地貌为三潭九井十八块、三十六条弄、七十二座桥。古镇文化底蕴深厚,文物遗存、历史建筑丰富,古镇区有省级文物保护单位3处、县级文物保护单位13处、文物保护点17处、历史建筑20处,近年来,新市镇加大对古镇的保护与开发,积极发展旅游业,传播宣扬古镇文化,为小城市建设注入了独特的魅力和生命力。2012年11月17日,国家文物局网站公布了最新修订的《中国世界文化遗产预备名单》,共有45个项目入选,德清县新市古镇作为"江南水乡古镇"的重要遗产点被列入其中。

第一,注重规划先行。新市镇先后编制了《新市古镇保护和利用规划》《浙江省省级历史文化名镇新市保护规划》《新市历史文化名镇保护规划》,为进一步加快新市镇城镇建设和加强古镇保护工作,还委托浙江大学编制了《新市镇城镇空间布局与传统风貌研究》和《环城西路道路街景及两侧地块规划》,合理确定了城镇建设和古镇保护之间的关系。2006年被浙江省政府命名为第三批省级历史文化名镇,2008年被国家住房和城乡建设部、国家文物局命名为第四批中国历史文化名镇,2010年成功跨入省旅游强镇行列,为小城市建设增添了鲜活的、深厚的文化内涵。

第二,注重保护开发。坚持古镇保护和开发并重,传承和挖掘并举,积极打造"百馆镇",已建成新市文史馆、仙潭民间艺术馆、明清木雕馆、蚕文化馆、杨元兴酱园、残庐钱币馆、胡氏陈列馆、钟兆琳故居等10多个具有历史文化底蕴的藏馆;着力留存古镇原貌,现有省级文物保护单位3处、县级文物保护单位13处、文物保护点17处、历史建筑20处;投资修建沈铨故居、童润夫纪念馆,投入1亿元对西河口两边的民居以及驳岸进行了修理;同时对景区内的主要道路、地下管线和污水管网等基础设施进行了改造。

第三,注重文化传承。立足民俗文化传承。借助蚕花庙会、羊肉黄酒节等民俗活动,积极开展丰富多彩的群众性文化传承活动,进一步加强精神文明建设,切实提升新市人民的幸福指数。新市镇在使城镇更具古镇韵味的同时,进一步完善传统文化的宣传和保护工作,挖掘整合古镇文化传承资源,成立了由文艺演出、文化遗产传承、文物保护等10个小分队组成的新市镇"古镇新文化"志愿者服务队,全年开展文化服务活动60多场次。"古镇新文化"志愿者服务队还荣获了"浙江省优秀宣讲团队"称号。

第四,注重特色宣传。2012年,国家发展改革委等七部委局发布了《国家"十二五"文化和自然遗产保护设施建设规划》,新市镇作为历史文化名镇被列入国家文化和自然遗产保护设施建设项目储备库。此外,在由新华社长三角新闻采编中心发起主办的"首届长三角十大古镇评选"活动中,经过专家、媒体评审和网络投票等几个环节,新市镇凭借自身悠久的文化底蕴和积极健康的人文精神入围首届长三角十大古镇评选30强。[①]

---

① 浙江省发改委城乡体改处:《德清县新市镇传承古镇文化彰显小城市独特魅力》,2013年2月28日,http://fzggw.zj.gov.cn/art/2013/2/28/art_1620993_30373962.html。

3.强镇扩权推进体制改革

第一,完善强镇扩权改革工作。近年来,德清县根据省市文件精神,累计下放 124 项县级经济社会管理权限,并在对其运行情况进行绩效评价的基础上,认真梳理相关行政许可和非行政许可事项。2012 年又拟定了涉及业务量较大、群众呼声较高、实际操作性强的 65 项扩权事项,德清县下发了《关于进一步完善县行政服务中心新市分中心建设工作有关事项的通知》,确定下放事项与方式,进一步扩大新市镇经济社会管理权限。

第二,有序开展行政管理体制改革工作。根据《德清县新市镇行政管理体制改革实施方案》,新市镇已在原来 6 个办公室的基础上,综合统筹设置了党政办公室等 10 个内设机构,具体为:党政办公室(挂人大办公室牌子)、经济发展办公室、农业和农村办公室、社会事务管理办公室(新居民事务办公室与其合署)、镇村规划建设办公室、社会管理综合治理办公室(挂"应急维稳中心""调解中心"牌子)、财政财务管理办公室、综合行政执法办公室(挂"公共安全管理办公室"牌子)、行政审批管理办公室(挂"行政服务中心""公共资源交易中心"牌子)、旅游发展办公室。分别设立了士林、高林、梅林和新联四个办事处,为镇政府所属工作机构。机关中层干部竞争上岗工作已完成,人员已到岗到位。同时,按照职能明确、人员到位、设施完善、服务高效的原则,构建"四大中心"公共服务平台,由新市镇负责筹建和管理,全面提升服务水平,其中县行政服务中心新市分中心共设立 24 个窗口,配备工作人员 42 名,县级部门下派 26 名。此外,新市镇共设 4 个公益一类事业单位,分别为农业公共服务中心、经济社会发展服务中心、公共安全监督管理中心和公用事业管理服务中心。明确了工商、国土、人力社保等县级政府部门在新市镇派驻机构,按照"能放则放、应放尽放"的原则和要求,依法充分授权和委托,采取分局(所)审批、县局备案的方式,在镇域范围内行使相当于县级主管部门的管理职责。

第三,稳妥推进户籍管理制度改革工作。近年来新市镇认真贯彻落实省市政府关于推进户籍管理制度改革试点工作的精神,加快推进城镇人口集聚,根据省、市户籍管理制度改革工作文件的要求,并结合德清县实际,通过实行城乡统一户口登记制度、调整完善城乡落户政策、建立健全居住证新政策等措施,吸引农村人口、高素质外来人口到新市镇落户。

第四,深化投融资体制改革。依托新市镇城镇建设发展有限公司,进一步完善投融资平台建设。探索吸引社会资本投资参与基础设施、公共设施和工业园区的建设和运营。强化金融机制创新，运用多种金融工具，强化重大建设项目资金保障。鼓励金融机构在新市镇设立分支机构，支持新市镇设立村镇银行、小额贷款公司、担保公司等，完善信贷担保机制，稳妥推进农村资金互助社和农民专业合作社开展信用合作试点。

4.社会管理维护城市安全

加强和创新社会管理，既是一项长期而艰巨的任务，又是一项现实而紧迫的工作。新市镇紧密结合自身实际，着眼长远，立足当前，勇于创新，投入2000多万元成立了新市镇消防综合应急救援队，首创了全国综合应急救援新体制，在实践中形成了具有新市特色的社会管理创新的"新市模式"，2012年新市镇消防综合应急救援队被评为首届全国"119消防奖"先进集体。浙江省政府、省公安厅还决定在新市镇召开浙江省多种形式消防队伍规范化现场会。这对积极应对新形势下的应急救援任务，维护社会和谐稳定，服务经济建设跨越式发展意义重大。

第一，首创"站队合一"模式。将消防综合应急救援队和乡镇安全工作站相结合，实行一套班子、两块牌子以24小时执勤为基础合署办公的全国首创"站队合一"新模式，有效整合了消防灭火、灾害事故综合救援、社会消防管理的资源，在人员编制紧张的乡镇机构中，实现了社会效应的最大化，避免了重复建设和公共资源的浪费。新市镇消防综合应急救援队是全国首支以"站队合一"模式建立的乡镇级消防综合应急救援队伍。

第二，创新工作机制。新市镇消防综合应急救援队除承担辖区火灾扑救任务外，还承担着交通事故、化危品泄漏、群体性事件等处置任务。同时，按照"险时救援、平时防范、日常宣传"的工作方针，队员们还定期参与辖区消防安全巡查，组织辖区企业群众开展宣传、教育和培训，是一支集"综合救援、日常巡查、社会宣传"三大职能于一体的政府专业力量。

第三，加强规范运作。制定了一套完善的执勤、工作制度，就消防应急救援队如何纳入统一调度、如何参与执勤和开展社会面上工作做了明确规定。在定位上，明确了由当地镇政府作为领导者和组织者，公安消防机构和政府应急管理部门负责业务指导。在队伍管理上，明确了实行半军事化管理，并对队员在工作、生活、执勤等方面做了细化要求。2012年，新市镇消防综合应急救援队共接处警195起，出动车辆393车次，出动人员2535人次,直接救出被困人员 34 人,火警 122 起,抢险救援 73 起,出水扑救 65 起。

5.服务平台畅通管理渠道

服务平台一般是指按照开放性和资源共享性原则,为区域和行业中小企业提供信息查询、技术创新、质量检测、法规标准、管理咨询、创业辅导、市场开拓、人员培训、设备共享等服务的法人实体。服务平台在帮助中小企业解决共性需求、畅通信息渠道、改善经营管理、提高发展质量、增强市场竞争力、实现创新发展等方面发挥着重要支撑作用。为切实优化资源配置、提高工作效率、便于服务群众,在原分散办公的情况下,按照省级一流标准,构建"职能明确、人员到位、设施完善、服务高效"的公共服务平台要求,新建办公大楼(2500 余平方米)统一纳入行政审批服务、综合执法、人力社会保障、综治应急维稳四大中心,提供一体化公共服务,以一流的办公环境、一流的工作效率、一流的干部队伍打造全省一流的公共管理服务一体化平台。

第一,办公环境建设。投资 1500 多万元购置新北路 2500 平方米三层楼作为四大中心的办公用房,建设一楼 1100 平方米为审批服务中心,二楼 1100 平方米为综合执法、综治维稳中心,三楼 300 平方米为人力社保中心、公共资源交易中心。2012 年 10 月底已完成整体搬迁工作。新的办公场所配置了足量的电子触摸屏、电子显示屏,设置了咨询导引台、申办人填单台、休息等候区,配备了手机充电器、饮水机等便民设施,硬件设施大为改善,服务大厅宽敞明亮,环境优美,设施完备,功能齐全,为公众提供了温馨美化、舒适便利的办事环境;中心实行了服务满意评价、大厅电子监控,营造了公开透明、秩序优良的服务环境;统一了中心工作人员着装,规范服务仪表,提升了对外服务形象。

第二,工作效率提升。通过交办、委托等方式,主动做好 19 个部门 124 项县级经济社会管理事项及权限的承接工作,同时在总结梳理运作情况,合理调整窗口设置的基础上,又争取了第二批 27 项县级经济社会管理权限。2012 年,县行政服务中心新市分中心各窗口共受理各类事项 6.93 万件,同比增长 52.9%;城市综合执法中心探索资源整合、相对集中、统一执法新模式,开展联合执法 11 次,查出非法经营工具 90 件,教育违法经营者 252 人次,同比增长 53%;人力资源和社会保障服务中心介绍就业人员 2100 人,解决劳资纠纷 25 起;综合治理与应急维稳中心排除事故隐患 620 起,处理纠纷 498 起。

第三,干部队伍建设。按照行政服务中心新市分中心和城市综合执法中心实际需要,配备执法人员 48 名,其中城管等 9 个职能部门执法人员 18 名;通过县级部门站所派驻、镇选派和公开招聘人员等途径,共为分中心 24 个窗口配备工作人员 42 名,同时按计划分期分批到县中心窗口上岗学习锻炼,提高业务素质和能力水平。根据整合各种资源、改善办事环境总体要求,明确工作职责,公开办事程序、前置条件和办结时限,实行统一管理和规范运作,完善全程代理服务,有效形成"一个窗口受理、一条龙服务、一站式办结"的服务体系。

6.民生工程促进社会和谐

民生工程事关公众的幸福度和社会的和谐度,2012 年以来新市镇通过优化市政路网布局、改扩建浙江省四星级农贸市场、改善道路交通设施,大力推进文体中心建设以及公租房建设,不断提升城镇的公共服务水平,努力打造幸福小城市。

第一,改善提升镇区形象。逐步实施老城区的综合整治,提升商贸、金融、居住等功能和街区形象;投资 2500 万元加快实施文昌路西延、环城东路拓宽改造、新城路雨污管网改造以及城西区块路网工程等建设,进一步优化市政路网布局。投入 2000 万元实施一体化街景改造项目,城市饮用水供水水质达标率 100%,完善污染物处理设施,城市污水集中处理率达到 86%,生活垃圾无害化处理率达到 100%。

第二,打造宜居住宅区。相继建成了市景花园二期、吉祥苑、枫华府第和桂花园等居住小区,启动了御翠豪庭、小上海公寓两个高档住宅小区和四星级宾馆建设。为优化住房结构,还强力推进新市公租房建设工程。同时投入 1000 多万元大力开展和美社区建设,投入 1200 万元实施省级四星级仙潭农贸市场的提升改造,大大改善社区居民生活居住条件。

第三,完善城市功能设施。在提升省一级重点中学、县级综合医院的基础上,全力丰富文化娱乐设施,投入 1000 余万元,先后建造了东升公园、中心公园和河滨公园;投资 1.5 亿元、占地 40 亩的文化体育中心建设项目也在稳步推进中,目前已经完成了初步设计,实施动工,包含了图书馆、电影院、游泳馆、体育馆、剧场、综合会议室等,为群众文化娱乐生活提供更多的便利。①

（四）新市镇小城市培育试点的现实问题与对策建议

1. 人口集聚存在困难

适宜的人口是城市存在和发展的必要支撑。小城市人口的增长速度既取决于农村劳动力的转移，还取决于区域的人口流出强度，在外出打工人员密集的区域，小城市的人口增长动力相对更差些。而建制镇的人口增长幅度很小，如果不是因为村庄合并，镇的人口数量相对处于静态。研究表明，城镇规模达到 10 万人以上时，公共消费才能经济节约，同时，城镇规模达到 15 万人以上时，其规模经济效应方能显现，从而真正成为带动腹地区域经济发展的增长极，在研究小城市的过程中，我们应当以 1‰ 的增长水平作为重要参照标准。目前来看，不少中心镇建成区面积不足 5 平方公里，建成区人口不足 5 万人，达不到作为中心镇比较适宜的规模，集聚辐射效应难以发挥②。城市人口的集聚如果不能保持一个应有的数量、速度，城市的发展就会缺乏动力。《德清县新市镇土地利用总体规划（2006—2020 年）》预估了新市镇人口发展的趋势，根据计生、公安等有关部门对各年龄段人口结构及人口迁移情况的统计，结合"两规"衔接人口数据，预测新市镇 2020 年全镇人口 11.50 万人，其中城镇人口 8.40 万人，农村人口 3.76 万人，两栖人口 0.66 万人。以新市镇为例，统计年鉴数据显示，2006 年至 2011 年近六年户籍人口没有太大增长，人口增长可能更多需要外来流动人口的加入与转化（见表 6-2）。小城镇接纳外来人口有三种形式：第一种是落户人口，工作、户籍和居住都迁到小城镇，属于完全的迁移。这类人口的迁移直接由政府部门管理，如职工的工作调动、复员转业、家属随迁等。第二种只迁工作和居住（暂住），未迁户籍，这类人口大多距家较远或身体较弱，每天通勤有困难，临时居住镇上。第三种只迁工作，未迁户籍和居住，这类人口距家较近，每天通勤上班。后两类人口属不完全的迁移，即离土不离乡人口，这也是小城

---

① 程昊：《民生工程声声急　小城生活更宜居——新市镇小城市建设系列报道之二》，德清新闻网，2012 年 6 月 6 日，http://dqnews.zjol.com.cn//dqnews/system/2012/06/06/015099816.shtml；浙江省发改委：《德清新市镇小城市培育的五大举措》，2012 年 11 月 11 日，http://fzggw.zj.gov.cn/art/2012/11/11/art_1620993_30374272.html。

② 邢震：《约束下的选择：产业集群促进中心镇向小城市演进——基于浙江省台州市的调查分析》，《中共云南省委党校学报》2011 年第 1 期，第 98-101 页。

镇人口流动的主要形式。未来,新市镇需在工业产业、薪金待遇、基础设施、市民化程度、主体功能区发展定位等方面引导人口有序流动,逐步形成人口与资金等生产要素同向流动的机制。

表6-2　新市镇2006—2011年户籍人口情况

年份	总户数/户	总人口数/人	男性人口数/人	女性人口数/人	非农业人口数/人	农业人口数/人	数据来源
2006	21078	66569	33288	33281	21701	44868	《湖州统计年鉴2007》
2007	21116	66469	33184	33285	21708	44761	《湖州统计年鉴2008》
2008	21133	66146	32994	33152	21555	44591	《湖州统计年鉴2009》
2009	21142	66001	32888	33113	21412	44589	《湖州统计年鉴2010》
2010	21090	65568	32581	32987	21224	44344	《湖州统计年鉴2011》
2011	21108	65634	32567	33067	21272	44362	《湖州统计年鉴2012》

2.城镇功能尚不完善

新市镇城镇功能尚不完善,主要表现为:一是城镇管理、集散、创新、协调功能尚未树立。新市镇在经济实力、竞争力、科技创新能力和开放程度等方面,与其发展定位均存在较大差距;区域内同构特征突出,职能分工不明显,互补性较弱。二是中心城区辐射带动作用不够强。三是承载力与中心城镇要求还有差距。城镇基础设施水平较低,城镇空间结构、等级规模结构和职能结构的层次简单。

3.产业发展动力不足

新市镇作为县域副中心,是接轨上海、融入杭州的重点区域。其产业定位为发展以建材、粮油加工、新型化工、电子电缆为主的第二产业和商贸业,依托江南水乡风貌和古镇人文景观发展旅游业。其社会经济目标定位为2020年工农业生产总值超过800亿元;其中工业总产值达到780亿元,财政总收入超过20亿元;2020年农民人均纯收入达到25461元。但目前产业发展动力不足,主要表现在三个方面:一是人才缺乏,二是从业人员素质不高,三是资金投入不足。

4.空间布局不尽合理

一是规划变动较频繁。在新一轮德清县域总体规划中,新市镇继续被确定为德清县副中心城市。新市镇已编制的规划有:《新市镇城镇总体规划》(2004 年)(含镇域规划)、《新市镇城镇控制性详细规划》(1999 年)、《新市镇城西地块控制性详细规划》(2009 年)、《德清工业园区控制性详细规划》(2005 年)、《新市镇城镇给水排水专项规划》(2007 年)、《中国历史文化名镇新市镇保护规划》(2008 年)、《德清工业园发展三年行动规划(2009—2011 年)》、《新市镇城镇建设三年行动规划(2009—2011 年)》、《新市镇土地利用规划》(2010 年)。另外,已委托浙江大学城乡规划设计研究院编制新市镇城西地块城市设计、德清工业园(扩容)控制性详细规划、环西路地块修建性详细规划。二是规划目标过于单一。三是规划布局不尽合理。

5. 资源要素保障乏力

在转型成现代化小城市的过程中,新市镇面临的问题仍是土地、人才等要素制约。

随着中心镇建设进程的加快,中心镇日益显现出可用土地资源总量有限与用地需求量逐年增加的矛盾,发展空间不足。新市镇随着工业化和城市化的快速发展,土地利用需要认真研究和克服以下方面的问题:一是人口增长,耕地减少,土地资源稀缺性增强。1999 年总人口 5.54 万人,到 2005 年总人口增加到 7.36 万人,增长了 32.73%,到 2005 年人均耕地只有 0.9 亩。全镇未利用的潜力土地主要集中于河湖水面,占土地总面积的 14.21%,土地垦殖率 44.75%。二是建设用地指标偏紧,招商引资受到土地供给能力的限制。2005 年全镇固定资产投资完成额达 8.03 亿元,外资 4363 万美元,用地需求旺盛。上一轮规划下达新市镇 1997—2010 年非农建设占用耕地指标为 472.5 亩,远不能满足新市镇国民经济建设和发展的需要。近年来建设用地的指标来源主要是通过土地整理新增加耕地后获取的折抵指标。三是土地集约化利用水平有待提高,村庄整治力度有待加大。按照实际人口统计分析,2005 年城镇人均用地 0.24 亩,农村人均用地 0.29 亩,远高于国家标准水平。上一轮规划中 2010 年规划目标年村庄面积 4800 亩,而 2005 年村庄面积还保留 14645.55 亩,村庄整治工作开展滞后,需要在后续规划中得到重视和完善。四是随着人们土地资产意识的增强,土地征用成本急剧上升,土地非农开发成本明显提高。同时,城市管理人才和专业技术人才严重缺乏。

6.资金需求面临压力

新市镇在被列入浙江省小城镇培育试点后,政府加大了对基础设施的投入和农村市场的新农村建设及"和美家园"建设力度,小城镇建设成效明显,带来了众多的商机,产生了更多金融需求。

第一,大量基础设施建设需要银行融资支持。新市小城镇建设率先启动的是基础设施建设项目,浙江省4000万元专项补助资金已全部落实到18个重点推进项目上,德清县1.2亿元配套资金已划拨到位。这些项目由于大多具有超前性、社会性、公益性的特点,而且投入巨大、建设周期长,仍需要金融机构的广泛参与和支持。

第二,产业结构升级需要银行资金和金融服务支持。新市的小城镇属于基础农业型,主要是围绕农业产前、产中、产后形成农产品的贸工农和产加销城镇。新市镇把建立各具特色的产业支撑列为综合改革试点的主要任务,通过承接杭州的产业转移,做大做强中小企业。这一过程离不开金融支持,尤其在现代农业产业基地建设、特色产业培育壮大、产业升级等方面,对银行信贷资金需求十分强烈。

第三,农村经济社会转型需要完善的现代金融服务。新市小城镇建设促进了人口集聚和居民生产生活方式的转变。就业农民转为城镇居民后,住房、汽车等大宗商品的消费信贷需求、汇兑、代收款与代缴费等日常性金融服务以及家庭理财等需求日趋强烈。

基于上述现实问题,我们提出以下对策建议,供决策部门参考。

1.从政策推动到思想内化

在思想认识上要高度统一,实现从政策推动到思想内化。小城市建设不能"一头热",不能光靠政府政策推动,而是要把小城市建设的方针政策和决策内化到个人思想行动中,产生强烈的共鸣,进而推进小城市建设。具体来看,一是内化在思想深处,二是落实为具体行动。

2.从注重民生到提升品质

在民生发展上,要从注重民生到注重人民生活质量的提高转变。党的十八大报告提出,必须从维护最广大人民根本利益的高度,加快健全基本公共服务体系,加强和创新社会管理,推动社会主义和谐社会建设。新市镇小城市建设在大力改善民生、加强社会管理创新,着力推进"幸福新市"建设基础上,要努力探索一条经济与社会协调发展、幸福指数与经济指标同步提升的发展新路。在抓经济发展速度的同时,注重提升经济的质量和效益,注重民生的改善,进一步提高老百姓的物质文化生活水平。按照"全市统筹、城乡一体""保障全覆盖、待遇均等化"的思路,确保财政投入优先用于民生项目和民生事业发展,坚持成果民享,全力提升民生品质,让生活在新市的人更加幸福。

3. 从单向发展到联动发展

从集聚方式上,从单向发展向城镇集聚辐射范围内的联动发展转变。推进城市化,从某一特定区域来说,其核心的问题实际上是区域一体化的问题,这包括如何构建合理、有利于城市体系发育成长、有分有合的财政体制和财税制度,构建涵盖全区域公共服务和科教文卫等社会服务的一体化的体制和机制,推动地区间要素的合理自由流动,以及构建区域内外各城市间无缝对接的快捷的大众交通体系和通讯体系等。[①] 小城镇的产业布局应由分散化向集群化转化;产业协作向纵、横向一体化复合发展;产品结构由低端化向高端化、高附加值化转化;产业结构调整应与城市工业协调、与农业发展协调为方向,强调特色化、专业化和社会化,以节能、降耗、低废产出为目标。与此同时,小城镇产业发展应根据信息社会的经济发展规律,以提升产业素质为核心,以培育城镇产业创新环境为重点,实行民营和外资多元并行,着力培育各类特色产业区,形成多样化的地方产业群,提升产品、企业、产业、城镇四个层面的核心竞争力,形成国营、外资、民营、集体多元化产业发展格局,将小城镇产业有机融入全球产业网络之中。

4. 从政府主驱到市场主驱

从驱动方式上,从政府驱动到依靠市场经济来激活发展动力。传统的小城镇仍是沿袭传统方式进行建设,各种基础设施建设完全靠政府财力来投入,而忽视了依靠民力和借助外力来投资建设,筹资渠道单一。为扩大小城镇建设资金,要充分发挥当地的各种优势,大胆引入市场经济机制,广辟小城镇建设资金来源,鼓励多元化的投资主体,逐步实现由国家、集体担当投资建设主体向社会化、多元化投资建设主体转变。政府应制定有利于小城镇基础建设等的优惠政策,并在财政、信贷方面给予小城镇建设资金的支持,以发挥政府投资对小城镇发展的拉动作用。各级相关政府部门应切实

---

① 鄂璠:《"镇改市"or"县辖市"》,《小康》2013 年第 6 期,第 32-35 页。

加强市场化组织和制度建设,放弃地方保护主义,扫除各种形式的关卡壁垒,改变地区封锁、市场分割的局面,有选择、有步骤地培育并逐步建立一个完善的区域共同市场体系。

5.从缓步改革到深度改革

从改革的步骤和强度来看,进一步推进改革创新向深层次发展,具体体现在土地政策、户籍制度、社会保障制度以及财政体制上。

第一,加快小城镇土地制度创新,建立多种类型的农村集体土地流转制度。允许农村集体土地进入城镇建设用地市场,可以作为农民的集体股份入股,参与城镇建设;加强小城镇建设用地管理,采取统一规划、统一征地、统一开发、统一出让等办法,提高土地利用率。对于农民的承包土地,在保留进城农民土地承包权的条件下,通过有偿转让实现土地使用权流转,既解除进城农民后顾之忧,又可以促进土地规模经营。

第二,加快小城镇户籍制度创新,建立就业居住型、享受城市文明型的小城镇户籍制度。建立以从事职业为标准划分农业劳动力和非农业劳动力的动态户籍管理办法,农民在小城镇只要有固定的住房、相对稳定的收入,就可在小城镇落户。对于迁入小城镇的居民,应当保障他们在就业、医疗、上学、入托、保险等方面与原居民享有同等权利。

第三,建立有利于增强小城镇凝聚力的社会保障政策。根据小城镇社会经济发展的具体条件及国家有关政策,建立和完善小城镇的养老、医疗、失业、保险等社会保障制度,从而保证小城镇居民的基本生活质量,增强小城镇的凝聚力。

第四,要广开筹措资金渠道,加快基础设施建设。要从法规上进一步明确镇一级公共基础设施建设的投资体制,建立城镇建设发展基金,实行滚动开发,逐步改善小城镇的投融资环境,确保有专项资金用于基础设施建设和日常维护。要建立起包括政府、集体、个人的多元化投资体制,鼓励集体、个人及外资投资基础设施,按照谁投资、谁受益的原则,继续采用多渠道、多元化的投资制度,实行有偿使用。

6.优化配置

优化城镇资源配置,如在土地制度方面,优化用地结构,提高用地效益,进行土地供应流转制度创新。要调整农村居民点向中心镇集中,村镇企业向中心镇的工业园区集中,进行村镇土地整理,走集约式发展道路。要建立科学的土地供应制度,调整用地结构、确保重点,达到集约用地的目的。重点要加强公共设施、基础设施用地的供应,控制工业用地总量,提高土地利用效率,避免无限扩张,并以此为契机,使户籍制度与社会福利制度与之相配套,旨在让农民意识到放弃农业户口、放弃土地能够兑换回等值等价甚至更为超值的回报和补偿。

我们认为,在小城镇发展的过程中,需要把握两个重要问题。

第一,正确处理城市理想与理想城市的关系。理想城市原是古罗马建筑师维特鲁威以及后来文艺复兴时期 V. 斯卡莫齐等人提出的城市规划模式。他们都以"理想城市"为题发表论著。理想城市的设想是人们在对城市自身内部矛盾和与外界环境关系忧虑的情况下,为解决城市问题而提出的理想方案,蕴含了人们的城市理想。理想城市不仅仅是对未来世界的预测和幻想,同时也是对现实人居环境的批判、改进和设计;理想城市既是想象、虚幻的,更是完美、卓越的。一个具有高度物质文明和精神文明,环境质量优良,政府管理有方,干净、安全、舒适美观的现代化城市,就是今天我们可以认识和追求的"理想城市"。而城市理想就是实现美好城市的奋斗目标。

我们认为,理想的人包括理想的城市研究者、理想的城市规划者、理想的城市管理者以及理想的城市享有者,他们共同合作,才能构筑我们共有的理想城市生活。

其中,城市研究者的责任有:一是立足于学理层面进行研究;二是立足于城市现实问题进行研究;三是宣传普及市民的城市学知识。城市设计师、建筑师和规划师三者肩负起了城市的设计职责,从而也成了城市生活的缔造者:一是多元化设计。注重功能的混合;注重空间与文化的结合。二是人性化设计:让城市有感情;关照人的感受。而城市管理者的责任:一是人性化管理。改变传统的"管制型"和"整治思维",避免出现如南京城市管理局的领导陷入"天价路牌"舆论旋涡这类吃力不讨好之事。[①] 二是法治化管理。强化规范管理,强化依法行政。三是参与式治理。如杭州市政府"开放式决策",荣获"第五届中国地方政府创新奖",2007 年起,按照"民主促民生"的要求,杭州市政府实施"让民意领跑政府"的"开放式决策",其开放的特性覆盖决策前、决策中、决策后的全过程,包括决策事项在酝酿、调研、起

---

① 翟慎良:《城市管理亟待走出"整治思维"》,《新华日报》2011 年 8 月 4 日,第 6 版。

草、论证过程，直至政府常务会议决策，都是开放的、民主的，既向市民开放，又向媒体开放，最终让老百姓得实惠。城市享有者方面，联合国副秘书长、联合国人居署执行主任安娜·蒂贝琼卡说，要在城市中实现更美好的生活，有赖于物质——市民的基本生活需求，更有赖于精神——在人们心中培养一种地方情结、归属感和共同思维。理想的城市，是人类心灵的归属地。其实，"我们，就是城市"。作为市民，一是要善待我们的家园，二是积极参与城市治理。

第二，正确处理无感增长与有感发展的关系。"无感增长"与"有感发展"的概念区分新型城镇化与旧型城镇化。郑杭生具体罗列了"无感增长"的三点危害，说明"无感增长"将削弱社会成员对社会、政府的认同感，必会导致"塔西佗陷阱"，引发政府公信力危机。新型城镇化的突出表现是：以人为本，促进农民市民化；建立新型的城乡关系。新旧城镇化的根本分水岭是以人为本还是以地为本，而要破解旧城镇化的关键就是要消除身份、权利、待遇上的同城差别。当前，人民群众对美好生活的向往是我们的奋斗目标，必须坚持科学发展理念，坚持以人为本的新型城镇化道路。从理念上看，要摒弃旧式现代性及其相对应的发展主义意识形态；从管理体制上看，要将治标管理与治本管理相结合，刚性管理与柔性管理相结合，社会服务与社会管理相结合，社区管理与社会管理相结合，政府主导与多方参与相结合，科学精神与人文关怀相结合，提高社会管理的科学化水平，以形成更好的社会资源配置体制；从机制上看，要构建收入分配的合理调整机制，创新政绩考核机制、民生资源整合机制和民生事业的社会参与机制。

第三节　浙东小城市培育试点建设调研报告

一、慈溪周巷镇小城市培育试点对策研究报告

慈溪市周巷镇地处东海之滨，位于沪、杭、甬经济"金三角"中心地带和杭州湾跨海大桥南桥头堡，东南紧靠东方大港宁波，北与上海隔海相望，是长三角环杭州湾产业带规划体系中的五级小城市、宁波都市区北部余慈中心城的核心区块，也是联合国可持续发展的中国小城镇试点镇，素有"中国

食品之城""长三角家电之都""杭州湾畔绿色之乡""宁波西北部现代化商贸之地"等美誉。作为慈溪工业重镇,周巷的县域经济一直较为发达,是慈溪三大副城之一。特别是自 2010 年入选首批省级小城市试点镇以来,周巷按照"一年一个样、三年大变样"的要求,从政策支持、要素保障、机制体制改革、经济转型升级等方面积极推进小城市建设,取得了明显成效。本课题组在走访调研的基础上,以城镇跨越发展带动经济转型升级的视角,围绕产业集群和城镇集群两大重点,分析周巷镇小城市培育的成效与问题,探索深化中心镇改革、推进中心镇向小城市跨越的路径,就小城市培育发展提出对策建议,供全省其他城镇参考。

(一)周巷省级小城市培育成效

早在 20 世纪 90 年代,周巷就以开展全国小城镇综合改革试点镇为契机,提出了"工贸型、花园式、现代化"的发展目标,小城镇建设在当时成为周边乡镇的样板。21 世纪第一个 10 年,周巷抢抓市域片区联动、余慈统筹的发展机遇,在创业创新、转型发展中迈出了新步伐,成为慈溪市"一中心四片区"的西部片区中心。2008 年杭州湾跨海大桥建成通车,使周巷迈入了高速发展的"大桥经济时代",逐渐形成了"家用电器、机械轴承、无纺化纤、休闲食品、文体用品"五大支柱产业,产品远销世界 190 多个国家和地区,是全球最大的扑克牌生产基地、全国最大的饮水机和电熨斗生产基地。2010年,周巷又以"13579"工程为抓手,在加快区域经济转型升级、完善区域城镇功能、推进城乡统筹发展方面取得了新成绩,并于当年成功申报浙江省首批 27 个小城市培育试点镇项目,为周巷走区域特色新型城市化道路、实现由镇向城跨越式发展带来了新的历史机遇。三年来,周巷镇在加快城镇建设的同时,把产业集聚、打造优势产业链作为动力支撑,形成了产业集群与城镇集群互动发展的良好格局,为由镇向城的历史性跨越发展奠定了扎实基础。周巷首轮小城市培育三年行动计划(2010—2013 年)57 项主要指标总体完成度达 112.7%,获评 2012 年度浙江省小城市培育试点考核优秀单位,全省共 9 个镇获评优秀,周巷位列第六。

1.推进经济转型升级,经济实力显著增强

第一,各项经济指标稳中向好。2013 年,周巷镇实现地区生产总值 98亿元,同比增长 10%;工业总产值 338 亿元,同比增长 3%;销售收入 318 亿元,同比增长 3.4%;外贸出口交货值 104 亿元,同比增长 3%;财政总收入

15.63 亿元,同比增长 5.85%,其中一般预算收入 12.71 亿元,同比增长 8.28%;完成固定资产投资 23 亿元,同比增长 33.9%;农民人均纯收入 2.04 万元,同比增长 15%。全年引进内资 3 亿元,引进外资 508 万美元。城乡居民收入差距倍数由 2.28 倍下降至 1.76 倍,同比下降 22.8%。

第二,产业平台建设提档加速。2013 年,周巷镇北工业园区集中开工,标志着该镇产业集聚迈出了关键步伐。集聚区东部区域以智能家电以主,西部区块以先进装备制造业为主。镇北工业园区的开工建设不但为周巷工业经济发展注入了一股"强心剂",更是周巷小城市建设的"加速器"。镇北工业区(一期)4 个项目已完成投资 4 亿元,(二期)已完成 400 余亩土地征用。镇东、镇西工业区 130 余亩供而未用土地已完成土地征用,并有 2 个项目开工。浙江长华、恒康等行业龙头企业优势进一步增强,工业税收贡献度超过 80%,耀华等 3 个项目列入慈溪市重大新兴产业项目。

第三,产业结构进一步优化。在大力发挥工业强镇传统优势的同时,周巷着力抓好第三产业,加速产业发展的多样化和立体化进程。2013 年,第三产业比重提高 5 个百分点,三次产业比为 5∶65∶30,产业结构进一步得到优化。城市综合体项目嘉悦广场已签订投资意向书;新城南部综合广场项目计划引入国际著名五星级酒店;惠康集团与绿城房产签订了周巷镇开发路以北地块项目合作开发协议;宁波城际行汽车销售专营店正式营业,专营国内外多个品牌汽车的代理销售。这些三产项目的突破为周巷小城市建设开辟了更为广阔的发展前景。

第四,现代特色农业逐步成型。在"企业+农户+基地"的农业产业化发展模式引导下,周巷积极推进特色农业产业发展,打造特色蜜梨基地。2013 年,投资 3000 余万元,建设占地 215 亩的天灯舍村红枣基地一期工程。强化农田水利建设,投资 2200 万元,启动天元片小型农田水利建设。稳步实施土地合作创新改革,成立了全市首家土地股份种植合作社——绿昇土地股份种植合作社,年销售收入超 400 万元。深入推进农业规模化发展,全年新委托流转土地 1187 亩,新增规模经营约 1.42 万亩。

2.推进城乡统筹,城市功能明显提升

第一,注重核心区域改造。城市业态的完善和集聚为周巷吸引了更多的人气、财气和商气,使工业经济区、商务商贸区、生活居住区有机联系在一起,为周巷镇"宜居、宜业、宜商"的小城市建设打下了坚实基础。2013 年,总投资 10 亿元的新城南部综合广场开工建设。恒康、惠康、杭州湾净水器厂、康福得等 4 个改造区块相继开工,总投资达 25 亿元,改造面积 244.6 亩。投资 3000 万元基本完成兴业路等 3 条主要道路街景立面改造;投资 1500 万元基本完成千竹公园等 4 个公园绿地改造。全镇累计拆除违法建筑 30.43 万平方米,拆违总量居慈溪市各镇第一;累计实施旧城改造 29.9 万平方米;完成固定资产投资超 23 亿元,同比增长 33.9%。

第二,注重各类要素保障。2013 年,全镇累计征用土地 1153 亩,报批各类土地 670 亩,清理"批而未供、供而未用"土地 52.5 公顷。实施"退二进三"区块改造 7 个,置换城区发展空间 344 亩。完成周巷小城市(卫星城)发展总体规划初步方案,启动了土地利用总体规划中期评估。编制完成了新一轮省小城市培育试点三年(2014—2016 年)行动计划,积极稳妥推进行政区划调整。

第三,注重美丽乡村建设。深入开展特色村、环境改造提升村、小康村及中心村等"四村"建设。新缪路村启动以梨产业为基础的特色村建设,总投资 452 万元;天灯舍、元甲等 2 个环境改造提升村建设全面启动,投资额近 245 万元;万安庄村已完成中心村建设任务,云城、三江口、劳家埭等 3 个村已完成建设任务的 90%,小安村作为第三批中心村培育对象,已全面启动建设。深入开展"农房两改"工作,有序推进平王等 5 个农民公寓建设。

第四,注重城乡道路建设。通过打通断头路、提升主要道路、完善设施配套等措施,逐步完善城乡道路网络。目前,全镇 17 条道路建设工程正有序推进,其中企业路贯通工程(余慈城中大街-环城东路)、环城北路(二期)、双潭英生直街、耕民中学东侧道路等 4 条道路已基本完工;余慈城中大街、余慈环北大道(一期)、北二环、周至大道、惠通路、巷通路、景苑路、周宗公路等 8 条道路正抓紧施工;余慈连接线两侧绿化改造、环城西路、大通路东延、兴业路、天潭路等 5 条道路的改造正抓紧进行前期准备。

3. 推进社会治理,体制机制加快创新

第一,调整优化行政区划。1992 年 5 月,周巷第一次"撤扩并",云城、精忠乡并入周巷镇。2001 年 10 月,杭州湾镇与周巷镇合并成新的周巷镇。2013 年 5 月,浙江省、宁波市批复同意了天元镇和周巷镇行政区划调整方案,撤销天元镇建制,其行政区域并入周巷镇。行政区划调整后,周巷镇共管辖 35 个行政村、6 个社区和 1 个居委会,辖区面积近 83 平方公里,户籍人口 11.64 万人,暂住人口 9.8 万人,建成区面积达到 14.5 平方公里,已初具城市发展雏形。天元、周巷行政区划调整,是优化区域资源配置、统筹协调发展的迫切需要,是加快省级小城市建设、实现周巷由镇向城跨越的必然要求,也是进一步保障和改善民生的现实需要。

第二,探索城市管理模式创新。行政审批、综合执法、就业保障、应急维稳等四大公共服务平台全面建成运行,辐射服务周边 3 个乡镇,城市服务能力大幅提升。完成行政区划调整,并入天元镇,新增镇域面积 15 平方公里,慈溪西部中心城地位进一步巩固。在全省率先建立了设有镇级金库的一级财政体制,自主发展能力明显增强。率先设立具有独立法人资格的土地储备分中心,积极推进低效土地二次开发,盘活低效土地 1000 余亩,土地利用效率大幅提升。2013 年,全镇办理审批许可等服务事项约 6.1 万件;完成数字城管管理平台建设初步方案设计;强化综合执法力度,开展了户外广告、马路市场等专项整治行动。

第三,实施社会治安综合治理。保持对违法犯罪行为的高压态势,开展了大通东路、振工路等区域的治安专项治理工作,有效地遏制了治安案件高发态势。加大矛盾纠纷化解力度,依托和谐促进(联合)会、"党员老娘舅"等第三方平台,丰富基层矛盾纠纷调处手段,排摸各类矛盾纠纷 614 起,化解591 起,化解率达 96.3%。切实加强重点领域和重点时期的安全生产工作,稳妥有序地完成了万寿寺、白云寺等处在宗教节日的安全防范工作。大力开展烟花爆竹、打非治违、特种设备、群租厂房、喷漆行业和消防安全等专项整治工作。

(二)周巷省级小城市培育面临的困难

改革开放以来,生机勃勃的县域经济是周巷持续快速发展的重要基础和动力源泉,并形成了县域经济发展的"慈溪模式""周巷模式"。但随着中国社会进入快速城市化时期,城市经济成为新的主要经济形态,周巷在县域经济转型升级过程中,遇到了空间布局不合理、资源要素紧张、产业结构升级难、融资渠道不畅、环境保护要求高、公共服务差异化、体制机制僵化等方面的制约。小城市培育试点是加快经济发展方式转变的强劲动力。但小城市建设与一般城市不同,既要面对资源禀赋差异性大的问题,又要解决发展空间预留不足的矛盾,推进难度非常大。总的来看,与小城市目标定位以及中心镇未来作为经济发展的增长极、经济转型升级和统筹城乡发展的重要平台、公共服务体系的向农村辐射的重要节点等功能定位相比,周巷小城市培育还存在不少亟待解决的问题。特别是周巷镇级社会管理和公共服务职能遇到了"小马拉大车"的尴尬局面,导致许多问题"看得见、管不着",很多事情"应该干、没钱干",影响了经济发展、城镇管理和居民生活。

1.政府责权不相匹配

第一,政府职能定位不明确。随着经济社会快速发展,周巷镇政府承担的职能逐渐扩大到经济、政治、文化、社会和生态建设等各个领域。虽然对周巷进行了扩权强镇改革,但仍然存在着权责不匹配问题,大量新增加的职能导致镇政府职能变得越来越庞杂。除了传统的发展地方经济、计划生育管理、农村维持稳定等重要职能外,周巷镇政府事实上越来越多地承担起了诸如基础设施建设、户籍管理、土地开发、财政税收等非传统乡镇政府的事务。

第二,事权财权不对等。在事权配置逐步下移,财权、执法权配置逐步上收的背景下,周巷镇政府的社会管理权和执法权不足、事权与财政不对等现象日益严重,名义上的一级政府却缺乏作为基层政府起码应有的行政许可权、处罚权、强制权,户籍管理、行政司法、土地要素、财税分配、项目审批、投资规模、城市建设等工作普遍陷入了"小马拉大车""老马拉新车"的困境。特别是在我国现行的县、乡(镇)行政管理体制中,规划审批权集中于县级政府,县级政府在以 GDP 为主导的政绩观和考核标准的引导下,习惯于把发展的重点和资源集中于县城,很难顾及县域内其他城镇的规划和建设,小城市规划编制随意制定、随意变更的现象比较常见,从而造成了城镇发展无序、重复建设、浪费资源等问题。

第三,条块分割严重。由于传统条块管理体制的制约,城镇作为一级政府的管理权变得支离破碎,统一协调乡镇机构的能力不断削弱。设在镇政府的由上级政府或条条直接管理的部门在很大程度上已将镇政府架空,导致镇政府缺乏起码的履行其职责所需要的相对完整的自主权。在迈向小城市的过程中,周巷镇承担的计划生育、社会治安、消防安全、节能降耗等事务迅速膨胀,但镇政府实际拥有的权限和资源远不足以承担起这样繁重的职责。

2.城镇建设推进乏力

第一,旧城改造任务比较艰巨。周巷现有旧城面积 5.5 平方公里,占建成区面积的40%。虽然经过近几年的努力,已完成旧城改造面积30万平方米,拆除旧村、旧厂、旧房18万平方米,拆除违法建筑37.5万平方米,但仍未能根本改变旧城内功能布局不合理、设施陈旧、土地利用率低等现状,旧城区内现有工业企业390余家、需要拆迁改造的城中村1个,任务依然艰巨。同时,受制于拆迁新政,旧城改造的周期、成本及资金压力均较大。

第二,发展空间制约比较明显。尽管行政区划调整为周巷镇调整优化用地空间提供了有利条件,但根据土地利用总体规划,周巷镇仅剩1857亩用地空间,其中已规划农民集中居住区和保障性住房用地1000亩,扣除无法利用的边角用地,实际可用土地空间仅550多亩。即使在全力挖潜的情况下,也只能满足未来三年1/3的建设用地需求,土地要素已成为制约周巷小城市发展的瓶颈。

第三,资源要素短缺比较严重。当前,周巷水、电、油等资源短缺形势日趋严峻,经济发展的资源约束力不断加大,面临着"新结构性危机"。结构脆弱的制造业、短缺的资源与生产要素,绝不能支撑经济的长期高速发展。那种不顾一切、"有水快流",依靠高投入、高能耗、高污染来支撑的粗放型、外延式经济增长方式已难以为继。小城市建设对于复合型人才、专业型人才需求量比较大,从现有周巷镇机关在编人员配置来看,无论是在数量上还是结构上都存在明显差距。

3. 产业结构单一与人口集聚程度不高

第一,特色产业转型升级压力较大。周巷是全球最大的电熨斗和饮水机生产基地,全镇共有家电企业2000余家,但规模以上企业仅135家,不到家电企业数的1/10。同时,普遍存在企业技术创新能力弱、产品科技含量低、品牌附加值低等问题,产业结构"低小散"的问题比较突出。面对外需不足和成本上升的双重挤压,周巷家电产业等特色产业亟须转型升级。

第二,人口集聚度不高。城镇规模小必然造成发展空间和辐射区域狭小,难以把周边乡镇的资源有效集聚起来,也无法发挥小城市的辐射作用。一般来说,镇区人口只有达到10万人以上,才能满足城镇基础设施配套经济性的要求。2013年周巷镇行政区划调整后,周巷人口超过20万,但镇区人口只有8万多人,人口集聚程度还不够高。

4. 公共服务配套相对滞后

第一,公共服务供给机制不健全。小城市人口集聚、农民进城需要相应的公共服务配套,而当前周巷在硬件、软件方面仍显不足,镇区内部和外部交通道路布局不合理,导致区域内外通达性不畅;水、电、污水排网的建设跟不上城镇发展需要;通信网络体系发展滞后;忽视生态环境保护,生活配套设施投入不足;医疗、教育、文体、卫生等社会事业滞后;公共服务机制不健全,整体服务水平较低,无法满足群众日益增长的多层次、多样化的服务需求。

第二,公共服务保障机制不健全。小城市基础设施和公共服务体系建设缺口巨大与投入保障机制脆弱的矛盾,导致了小城市规模成倍扩大而生活质量却难以提升的问题。周巷在小城市建设中按城市标准进行城市发展规划以及相应的市政建设和公共服务体系建设规划。要实现这些规划,无疑意味着巨额建设资金的投入。但必须清醒地看到,目前包括周巷在内的试点镇的发展基本是依靠自己的财力在推进,而从中央到地方都缺乏相应的投入保障机制。在很多时候,小城市建设既享受不到城市发展的相关优惠政策,又沾不上新农村建设的光,处于两不靠的公共政策"洼地"。

(三)周巷省级小城市培育试点的对策建议

小城市培育是一个调整利益关系、集聚资源要素的过程,为实现区域中心镇向现代小城市转型的既定目标,推进省级小城市培育发展,需要更加注重资源节约和环境友好,更加注重统筹协调,更加注重综合承载能力和辐射带动能力,更加注重体制机制创新,加速推进人口集中、产业集聚、功能集成、要素集约。同时,小城市也是提高城镇居民生活品质的有效载体。周巷提出由镇向城的"蝶变",是一个历史性的跨越。要以小城市培育试点为契机,以城镇跨越发展带动经济转型升级,将周巷镇建设成为经济繁荣、社会进步、功能完善、生态文明、宜居宜业、社会和谐的小城市。

1.总体思路

按照"以人为本、四化同步、城乡统筹、体制创新、特色发展"的总体要求,围绕"增实力、强功能、提品质、显特色"的主要任务,坚持产城融合、产城互动,实施品牌提升工程,推进城镇集群与产业集群同步发展,加大创新投入,加速人口集聚,加强公共服务,以城镇规模"低小散"问题的解决带动产业结构"低小散"等问题的解决,将周巷打造成为"三中心"(杭州湾南翼重要商贸中心、现代社会服务业中心、文化教育信息中心)、"三基地"(先进制造业基地、现代生态高效农业基地、和谐发展的宜居地),合力建设余慈中心城功能复合型现代化活力新城。

2.发展战略

按照目前的建设思路,周巷镇将努力建设成为全省小城市培育发展的先行区、示范区。为此,周巷镇制定了"两新联动、两群互动、两创驱动、两和协动"的发展战略。所谓"两新联动",即新型城市化与新农村建设联动推进。一方面可以增强小城市的集聚吸纳功能,另一方面可以强化以工促农、以城带乡机制,在缩小城乡差别、实现城乡基本公共服务均等化方面达到事半功倍的成效。所谓"两群互动",即产业集群与城镇集群互动发展。以小城市培育为载体,优化生产力和人口的空间布局,既加快周巷片区城镇集群的联动发展,又促进特色产业集群的提升发展,形成两者互促共进、相得益彰的发展新格局。所谓"两创驱动",即全面创新与全民创业驱动发展。要把创新战略全面贯穿到推进小城市建设的方方面面,不断激发体制机制新优势,同时把小城市作为让农民在更广领域、更高层次创业创富的有效载体,形成全面创新、全民创业双轮驱动的合力。所谓"两和协动",即和美家园与和谐社会协同创建。要以城市功能提升、人居环境营造、社区服务完善来建设和美家园,以精神文明建设、社会管理创新、开放政府打造来建设和谐社会,使周巷成为宜居、宜业、宜商、宜文的现代化小城市,不断提升居民的幸福感和归属感。

3.对策建议

第一,加大政策扶持力度,促进资源向小城市集聚。政策扶持是小城市培育的强大推力,宁波市、慈溪市两级党委、政府要加大对省级扶持政策的落实力度,专门细化研究出台相关配套扶持政策,帮助周巷镇小城市试点克服各种体制上、要素上的发展障碍。要按照省级小城市试点的管理要求,确保扩镇强权、配套资金、财政分成和税费优惠返还、土地要素保障、人才支持引进培养等政策落实到位,使扶持政策不只是停留在文件上,而是发挥实实在在的效应。

第二,推进体制机制创新,激发小城市发展活力和动力。改革是推进小城市培育的根本性举措,要在重点领域和关键环节进一步深化改革,着力增强小城市的发展活力和动力。一要围绕土地要素短缺抓改革。设计一个多赢、调动多方积极性的改革方案,积极推进宅基地换城镇住房、"退二进三"、低效土地二次利用、集体建设用地股份化、城乡建设用地增减挂钩等土地使用制度改革。二要围绕资金短缺抓改革。着力抓好投融资体制改革，制定出台鼓励民间资本参与城市建设管理的政策意见；积极推进企业发债融资，缓解长期性资金不足问题。三要围绕强化管理抓改革。重点围绕行政执法权、行政审批管理权、必要的人事权"三权"深化改革，提升小城市管理水平。四要围绕提升公共服务抓改革。深化同城同待遇的体制改革，从实际出发逐步解决附加在户籍背后的公共服务问题。五要围绕农村产权制度抓改革。全面开展农村产权登记发证工作，赋予所有者、使用者合法产权的自由流转、自由处置权，推进土地的相对规模集约经营，实现农村土地资源的优化配置。

第三，加快产业结构优化与人口集聚，提升小城市规模和实力。在中心镇向小城市转变的过程中，必须强化产业结构优化和农业人口向城镇人口转变，进一步提升小城市发展规模和实力。一要加快特色产业集聚。强化产业平台区域辐射力，突出工业核心地位，以五大工业区块为平台，加快智能家电和先进装备制造业等特色产业集聚发展。重点抓好镇北工业区水电管线、道路绿化等基础设施建设，促进一期卓力、月立、威尔升等项目建成投产；全面推进镇北工业区（二期）万丰、耀华等项目开工；启动镇东、镇西工业区5个"供而未用"土地清理项目及小微企业园区（一期）6个产业项目建设；推进界塘工业区银威电子和丰之纯金属项目建设。二要加快传统产业提升。加强对企业的服务和帮助，鼓励和引导企业实施"四换"工程。积极搭建"电商换市"服务平台，开辟企业营销新路径。鼓励企业开展"空间换地"工程，大力推进低效率土地二次开发。积极实施"机器换人"工程，力争每年新增技改立项60项，完成工业投资9亿元，减少劳动用工1800人。三要加大对新兴产业的培育和扶持力度，力争引进2个新兴产业领军人才项目，孵化4个新兴产业项目，使辖区内新兴产业企业达到25家。积极培育、引进总部企业，通过总部经济辐射带动作用，优化产业结构。四要加快现代服务业培育。加快形成与城市发展相适应的服务产业体系。积极推进传统商圈改造，以占地85亩的综合商贸城建设为契机，有序推进食品城外迁；着手启动振工路两侧立面改造规划，将振工路及食品城区域打造成为特色服装街。大力推进新城商贸中心建设，打造以城中大街为中轴，以新城城市综合体和嘉悦广场为两核的新兴服务业区域。积极打造生产性服务业基地，加快推进余慈物流现代供应链仓储配送中心建设。大力推进汽车城建设，以进口大众 4S 店为中心，全面启动汽车 4S 店招商，形成汽车 4S 店集聚区。积极推进农贸市场优化布局和规范化管理，继续推进天元菜市、省塘头农贸市场改造提升工程。四要加快现代农业规模发展。实施北片小型农田水利工程，完善三塘江以北农田基础设施。加大特色农产品基地和农业精品园区建设力度，进一步强化蜜梨、红枣、创汇蔬菜及腌制蔬菜等农业产业基地建设，把周巷打造成为都市近郊型果蔬基地。强化市场理念和品牌意识，重点推进"润昌"蜜梨品牌建设和农产品加工企业"提质扩市"。深入推进土地股份专业合作社建设，规范果蔬农场、专业合作社的管理和运作，探索尝试综合性合作联社发展模式。

第四，强化资源要素保障，加大小城市建设力度。投入是推进城市建设、加快产业发展的永恒主题。一要加强重点领域投入。以政府投入为引领，民间投入为主体，重点在完善城市功能的基础设施，促进经济发展的实体经济，改善民生、提高公共服务水平的社会事业，引进签约项目和提供企业人口集聚的平台等方面加大投入力度。二要加强土地要素保障。土地是推进小城市建设的重要资源，在土地指标分配上要向试点镇倾斜，安排专项用地指标用于小城市建设，优先安排小城市重点基础设施和公用设施项目建设。宁波市、慈溪市承诺的土地指标面积要确保落实到位，并按照省级补助资金 5000 万元的不少于 300 亩、4000 万元的不少于 250 亩、3000 万元的不少于 200 亩的要求，落实土地增量指标。周巷通过节约集约用地和增量土地挖潜，及时将用地指标落实到项目，确保土地及时高效利用。三要加强资金要素保障。进一步加大资金配套和税费优惠返还执行力度，按照省级小城市培育试点的要求，严格按 1∶3 比例落实配套资金，欠发达地区至少按不低于 1∶1 比例落实到位。积极探索"投资主体多元化、项目建设业主化、筹资方式市场化"的城镇经营路子，对一些可以市场化运作的非公共服务项目通过政府引导基金带动相关资金投入，运用市场化手段加大试点镇建设投入力度。四要加强规划引领和要素保障"双轮驱动"。进一步深化小城市（卫星城）总体发展规划编制，使总规成为未来周巷发展蓝图；加大道路交通、电气管网、城市基础设施布局等专项规划的编制工作；推进万安庄、镇北工业区北拓和天元部分区块控制性详细规划的修编与完善。五是加强新城开发和旧城改造双向互动。进一步完善新城道路框架，全面完成余慈环北大道和北二环拆迁工作，完成环北大道、北二环及余慈城中大街（环城北路—环北大道)道路建设。加速推进新城南部综合广场和嘉悦广场项目建设,全面启动新城城市综合体建设,着手推进高档住宅小区等项目开发。加快恒康等4个"退二进三"区块的开发建设进度,全面实施背街小巷改造提升工程,着力改善旧城面貌。

第五,坚持统筹发展,打造城乡一体化新格局。一要积极推进城乡道路建设。重点打通企业路(余慈连接线—芦庵公路)等3条断头路,建设完成周至大道、巷通路、惠通路等3条工业区道路;改造提升兴业路(329国道—环城北路)、余慈连接线等2条城市道路;完成周宗公路等区间道路建设;谋划推进大通路东延(环城东路—平王庙江)、北二环路东延(余慈连接线—余庵公路)、环城西路(329国道—中横线)等3条道路建设工程。二要积极推进美丽乡村建设。深入开展美丽乡村创建活动,着重推进特色村、环境改造提升村、小康村及中心村等"四村"建设,根据各村实际,制定"一村一策"的发展规划,重点推进新缪路梨产业特色村建设。有重点、有计划、有步骤地实施村级集体经济培育工程,完成商品混凝土项目的招商和建设工作,探索村级集体经济发展新途径。三要积极推进城乡生态建设。大力推进截污纳管和农村污水分散式治理工程,从源头上控制环境污染。深入开展森林城镇建设,加强对建成区内绿化的规划布点,强化绿化养护工作,进一步提升城市景观绿化品位。深入开展水环境综合整治三年行动计划和河道疏浚五年行动计划,全面推进"清水绕镇"工程,加大对违法占用河道等行为的整治力度。继续推进城乡环境综合整治,分类别、分阶段、分区块地实施区域环境综合改造提升,集中力量打造环境整治"样板区块"。

第六,深化扩权强镇改革,提高社会管理服务能力。根据"精简、统一、高效"原则,落实省、市有关强镇扩权政策措施,加快推进试点镇行政管理体制改革,强化小城市政府的管理服务能力。一要调整行政管理权限。按照未来人口规模、经济总量等重要发展指标明确管理职能,比照县域中等城市赋予小城市政府相应的管理权限。从实际出发加强小城市政府机构队伍建设,允许在已经核定的范围内,自行设置、配备必需的管理机构与公务人员。二要下放更多的审批和管理权限。按照"重心下移、权责一致、能放则放"的原则,规划、建设、用地、工商、环保、生产安全等方面的管理权限可由县级主管部门委托试点镇行使,其他县级主管部门行使的职能也要逐步采取委托或授权的方式由试点镇政府行使。三要探索小城市管理体制改革。对试点镇实行计划单列，通过委托、授权等形式整合公安、交警、交通、城建、城管等部门的资源，成立具有行政综合执法能力的城镇管理专门机构和综合服务平台，增强试点镇的公共服务和社会管理能力，妥善解决城镇管理中"有权管但看不见、看得见但无权管"的问题。四要逐步理顺条块管理关系。区、县级有关部门派驻试点镇的服务性机构和人员，可实行条块结合、以块为主的管理体制；垂直管理的驻镇派出机构实行双重管理、属地考核制度，主要领导任免需征求试点镇党委意见的制度。建议探索交叉任职试点，垂直部门的分支机构主要领导人与试点镇党政领导可以通过交叉兼职，进一步提高统筹协调功能。五要加强县镇权力协调监督。试点镇要主动做好与县级对口部门的衔接工作，按公开、便民、合规的要求抓紧研究制订权力运行流程，规范操作。同时县（区）级部门加强业务指导和专业人士培训，并对试点镇扩权情况进行有效监督。

第七，保障公共服务投入，优化城市公共服务功能。加快小城市培育发展，进一步增强人口集聚和功能集聚，关键要加大公共服务投入，提升小城市公共服务功能。一要加强公共服务投入。试点镇要根据加快城市化进程的要求和人口集聚的情况，加强在教育、卫生、交通、环保等方面的公共服务投入，满足小城市发展过程中不断增长的公共服务需求。二要加快社会保障体系建设。不断提高社会保障和基本公共服务均等化水平，加快推进养老、医疗、失业、工伤、生育等保险从"制度全覆盖"向"人群全覆盖"转变。三要实施公共服务同城待遇。凡在试点镇建成区内拥有合法固定住所，有稳定职业和生活来源的本地农民和外来人员，其在子女教育、劳动就业、社会保障、住房租购等方面享受与城镇居民同等待遇。四要鼓励社会资本参与基础设施和社会事业发展。加快环卫部门职能转变，逐步实现管理与作业分离，对生活垃圾实行"户净、村收、镇集中清运"，同时建立严格的考核管理制度。五要增强小城市辐射带动力。周巷在规划建设一些公共服务项目时，要考虑到周边乡镇的服务需求；在设立行政审批中心、城市综合执法中心、就业保障中心、应急维稳中心和土地储备中心时，考虑对周边乡镇的覆盖，做到资源利用最大化，增强小城市对周边乡镇的辐射力和吸引力。

二、奉化溪口镇小城市模式调研报告

奉化市溪口镇地处宁波市南翼、奉化城西端，坐拥"八山一水一分田"，镇域面积约 380 平方公里,人口 10 万有余,是浙江省行政区域面积最大的镇之一。由于地理区位、自然环境、历史文化等方面的独特禀赋,溪口镇在生态保护、两岸关系、佛教信仰、发改试点等领域享有一定的知名度和影响力。溪口镇是联合国"可持续发展中国小城镇"试点镇、全国发展改革试点小城镇、全国小城镇建设示范镇、浙江省首批小城市培育试点镇、宁波卫星城市改革试点镇,2010 年作为亚洲唯一的代表城市入选上海世博会"城市未来馆"。目前,溪口镇正按照小城市培育试点三年行动计划,明确建成海内外著名旅游城市等四大目标和"一主二副"小城市发展定位和功能布局,激发小城市体制机制活力,夯实小城市建设发展基础。课题组在走访调研的基础上,以管委会托管体制改革创新为视角,分析溪口城镇转型发展现状和问题,探索推进中心镇向小城市跨越的路径,提出一系列具有针对性、可操作性的对策建议,供全省其他城镇参考。

（一）管委会、镇政府"二合一"运作的城镇治理机制

改革开放以来,溪口镇与溪口风景区管委会的管理体制经过四次大的变革。1983 年组建了奉化县旅游局（风景区管理局）,成立了奉化中国旅行社、奉化旅游公司等旅游服务机构,确立了景区经营性管理的理念。1995 年成立了奉化溪口风景区管理委员会,对景区实施统一管理。2001 年组建了溪口旅游集团总公司,景区经营管理步入企业化轨道。2010 年 3 月,奉化溪口风景区管理委员会升格为宁波溪口雪窦山风景名胜区管理委员会。管委会作为宁波市政府的派出机构,在其管理范围内行使相关的市级经济管理权限和相当于县级的社会、行政管理职能,并受奉化市政府委托管理溪口镇。2010 年 4 月,溪口·滕头旅游景区获批国家 5A 级旅游景区,这是宁波市首个 5A 级旅游景区。体制升级和申报 5A 级景区成功为溪口镇发展带来了契机,同时也对城镇发展提出了更高要求。2012 年 9 月,溪口顺利完成管委会、镇政府机构合并,实行"二合一"运作,整体工作效能进一步提升,试点镇的权限运行得到进一步完善。"黄金周"期间溪口景区管理井然有序、交通顺畅,被誉为全国 5A 级旅游景区中的"溪口现象"。

管委会托管乡镇体制,是城镇转型发展方面的重大体制创新,在全国风

景名胜区的建设中已取得了较好成效。① 托管模式是我国地方政府在管理体制改革中探索出的新的权力配置方式,该模式在政府职能转化和管理结构调整方面发挥了重要作用。区域的不对应性和风景名胜区管理功能的变化,使权力调整成为必需,管委会托管体制对我国的行政权力配置方式提供了新的选择方案。溪口镇运用该模式建立了管委会扁平化两级管理结构,创新了城镇治理新体制,具有重要样本价值。

1. 管委会:高配的管理主体

管委会由宁波市人民政府授权,负责溪口风景区规划、保护、利用和统一管理工作。奉化市委书记担任管委会党工委书记,市长任管委会主任,溪口镇党委书记担任管委会党工委副书记、管委会副主任,溪口镇镇长担任管委会党工委委员、管委会副主任。管委会成为溪口镇高配的管理主体,溪口镇各街道、社区、村受管委会和镇政府双重领导,并以管委会的管理为主,进一步提高了管委会的法律地位。

2. 城镇托管:区域权力整合

管委会与溪口镇政府合署办公,通过城镇托管来实现区域权力的重新整合,这使得管委会在实际上成为溪口镇的管理主体。尽管管委会所辖区域除了溪口镇,还包括雪窦山、亭下湖等风景区,但管委会全面负责托管各街道、社区、村的党群、行政、经济和社会事务等。

3. 职能托管:"大部制"模式

根据《宁波市人民政府办公厅关于印发宁波溪口雪窦山风景名胜区管理委员会主要职责内设机构和人员编制规定的通知》(甬政办发〔2012〕162号),经市政府同意,奉化市政府的相关职能部门把权力委托给管委会行使,进行职能托管。管委会除了负责区域内旅游产业发展的统一规划、开发、建设和管理工作外,还承担组织制定区域内产业发展的中长期规划、发展战略,区域内资源普查、规划编制、开发建设和保护利用等工作。市政府职能部门在溪口镇各自设立分局,并把分局托管给管委会。目前,管委会内设机构与溪口镇内设机构合署,机构规格暂与溪口镇内设机构相同,设置党政综

---

① 比如,杭州西湖风景名胜区管委会托管西湖街道,昆明阳宗海风景名胜区管委会托管呈贡县七甸街道办事处、宜良县汤池镇,黔西县百里杜鹃风景名胜区管委会托管金坡乡、仁和乡及红林乡的石笋、岩脚村,黄果树风景名胜区管委会托管镇宁县黄果树镇和关岭县白水镇,峨眉山—乐山大佛景区管委会代管黄湾乡等。

合办公室、经济发展局、社会事务局、农村发展局、社会综合治理办公室、国土规划环保建设局、财政局、旅游开发局和景区管理局。为增强管委会的实际控制权,专门在溪口镇设立财政局(奉化市地方税务局溪口分局),成立一级国库,负责编制实施溪口镇财政收支预算决算,筹集安排并核算监督使用开发建设资金;负责管理和监督镇机关各部门及下属企事业单位的财务活动和会计工作;负责管理财政资金收纳、划分、留解和库款划拨等工作。

4.托管机制:两级管理结构

经过托管,溪口镇形成两级管理模式,即管委会—街道办、分局。目的在于建设精简、高效的管委会机关,支撑服务体系和乡镇街道管理机构。按照"大部制"和两级管理结构,推行"小机构、大服务,小政府、大社会"管理模式,减少行政管理成本,提高工作效率,推动区域经济社会又好又快发展。管委会托管城镇机制的核心是转变政府职能,对现有管理机构进行有效整合,改变管理机构繁多、职能交叉的现象,通过减少机构数量,降低各部门协调困难度,使政府运作更有效率,更符合市场经济的宏观管理和公共服务的角色定位,实现从管理向治理的提升。

(二)管委会托管体制下溪口镇转型发展的现状与问题

近年来,溪口镇坚持把体制机制创新作为破解中心镇发展瓶颈制约的突破口,逐步理顺管委会、镇政府"二合一"运作机制,全面推进城镇基础设施、公共设施、社会管理和公共服务体系的统筹建设,注重城镇生活和生态功能建设,增强中心镇对产业、人口的承载能力,在户籍管理、土地制度、行政管理和执法体制等方面出新招和实招,努力为中心镇建设与发展增添改革动力和新鲜活力。

1.城镇面貌日益改善,由"镇"向"城"转变初见成效

第一,区域发展深入谋划。溪口作为宁波卫星城市试点镇和浙江省小城市培育试点镇,未来将在严格执行规划的前提下,以最终确定的十大功能区块为发展平台,努力实现由"镇"向"城"的蜕变。调整明确溪口旅游经济区"东城西游、一心两翼、多元发展"的总体功能布局。坚持以谋划促规划,推进溪口城市总体规划修编工作,落实城西地块控规编制,启动大岙工业区、亭下湖等重点区块控规修编,全面完成上白地块修建性规划和柏坑等村庄规划,着力构建上下衔接、内外协调的规划体系。

第二,重点项目全力推进。东部湖山新城、状元岙文体创意区、大岙工

业区建设加快推进,至 2013 年底工业功能区面积达到 0.85 平方公里,工业功能区工业增加值占全镇工业比重达 72%。武岭东路改造、旅游专线二期(生态桥至湖山桥段)、春秋茗都等 12 项重点项目顺利完工。剡江河道整治(生态桥至畸山桥)、夜间亮灯工程、主要道路街面改造等 28 项重点项目加快推进,小城市基础设施和功能配套不断加强。全年落实土地指标 431.2 亩,城投公司融资平台新到位资金 7 亿元,新引进规模以上项目 17 个,累计注册资金 3.6 亿元。

第三,城市功能不断完善。2013 年,溪口镇建成区面积达到 7.5 平方公里,常住人口达到 5 万人,建成区常住人口集聚率达到 48%。城市功能不断完善,商贸、文化、金融等多样化的设施功能进一步提升。景区管理局与综合执法局实行合署,建成运行数字城管平台,"景城一体化"管理效率显著提高。强化部门配合联动,拆除违章建筑 3000 多平方米,小城市发展环境更加优化。

2. 产业效益持续增强,经济发展实力稳步提升

2011—2013 年溪口镇生产总值年均名义增长率为 19.2%,高于奉化市8.7 个百分点;财政总收入年均增长 21.5%,高于奉化市 5.6 个百分点;固定资产投资年均增长 37.8%,高于奉化市 21.8 个百分点。第三产业增加值占比达到 35%。

第一,涉游服务业稳步提升。加快溪口雪窦山风景名胜区总体规划报批,通过国家 5A 级旅游景区暗访复查。积极拓展境外市场,境外旅游人数同比增长 35%。推进涉游服务企业评星评级,加大涉游项目投入力度,改造提升接待服务设施。

第二,现代工业加快升级。2013 年溪口镇规模以上企业累计达 51 家;预计全年实现工业销售收入 64 亿元,增长 2%;规上企业利润达 3 亿元,占全市比重提高近 10%。谋划搭建大岙工业区新平台,争取土地统筹指标152 亩。实施企业"内提升",新增国家高新企业 4 家、省级工程技术中心 1家,"三型企业"总数达 19 家,新获国家专利 294 个、国家重点新产品和省著名商标各 1 个。

第三,现代农业优化发展。2012 年实现农业总产值 7.5 亿元,增长9.5%。现代农业园区加快建设,特色产业效益持续增强。奉化市水蜜桃示范园基本建成,水蜜桃、雷笋和花卉三大主导农产品产值占农业总产值的

81%,新发展香榧、高山有机米基地 1800 亩。

3.新农村建设深入推进,城乡统筹发展深入实施

第一,积极构建"美丽乡村"。2013 年,溪口镇开展 9 个村"十大行动计划",累计投入资金 6500 万元,完成"村庄绿化、卫生洁化、道路硬化、路灯亮化、河道净化"五化工程,实施村及沿线村环境大幅提升。作为宁波幸福美丽新家园现场会的主要考察地,获得宁波市主要领导及与会代表的一致认可。

第二,加快推进"实力乡村"建设。深入推进富民强村工程,实施 20 个村级集体经济发展项目,实现年增收 300 多万元。积极创建省农家乐乡村休闲旅游特色乡镇,岩头村成功晋级国家 3A 级旅游景区。大力实施增减挂钩项目 242 亩,超额完成市级指标。

第三,全力打造"幸福乡村"。大力实施农房"两改",顺利推进任宋,明溪,亭下湖,溪口一、二、三村等农居小区项目。深化中心村、全面小康村、特色示范村培育,岩头、上白 2 个省级中心村通过验收,东夼成功创建全面小康村,明溪申报"主题开发型"特色村。投资 1860 万元实施 5 个小流域治理和 8 个山塘水库加固工程,完成 9 条资源型机耕路建设,农村居民生产生活条件得到改善。

4.民生事业稳步推进,促进社会和谐发展

第一,科教文卫工作展示新面貌。加强畸山小学综合楼等中小学功能配套设施建设。剡溪流动风景线参评宁波市文化创新奖,在宁波市第十届运动会中取得镇(街道)总分第一的历史性突破,茗山等社区创成省体育先进社区、文化示范社区。设立全省首家镇级红十字资金专户,剡源顺利创建省级卫生村。

第二,社会民生保障迈上新台阶。积极创建充分就业镇,开展劳动力就业培训,共培训 2000 多人,新增就业人员 445 人。新增职工养老、医疗、失业、生育参保人数 1800 人,新型农村合作医疗制度、城镇居民合作医疗制度参合率分别达到 98.2% 和 95.0%。

第三,平安稳定建设取得新突破。成立镇社会服务管理中心,实行"网格化管理、组团式服务"创新管理模式,设立 8 个新型社区,划分 179 个网格,落实网格管理员 907 名。完善镇、站、村(居)、网格四级维稳网络和"三位一体"大调解体系,全年受理各类矛盾纠纷 400 多起,及时排查调处群体性事件 16 起。

　　同时,溪口镇在从中心镇向小城市转型的过程中,在管委会托管体制下,不可避免地会遇到"小与大""事与权""建与管"等诸多矛盾和问题。

　　首先,小与大的矛盾。所谓"小"与"大"的矛盾,就是指溪口镇现实基础与小城市建设目标要求之间存在"小马拉大车"的现象,主要是"小城市建设大目标""小城镇发展大产业""小政府服务大社会"等三个方面的问题。首先,从发展目标看,溪口镇区域面积不大,发展空间非常有限。溪口镇卫星城市建设实施方案和小城市培育三年行动计划提出的功能定位和发展目标是建成海内外著名的旅游小城市、浙东城乡协调发展示范区、长三角特色休闲度假会议基地、宁波最佳生态人居区。因此,如何做大发展平台、拓展发展空间、解决"小城市建设大目标"的矛盾,是溪口小城市建设必须回答的中心问题。其次,从产业发展看,发展特色产业是溪口镇壮大综合实力、扩大人口就业、加快小城市建设的基础条件。但溪口镇只是一个小城镇,其发展所依赖的资源禀赋非常有限。如何解决"小城镇发展大产业"的矛盾,是溪口小城市建设的又一个重要问题。最后,从政府建设的角度看,受限于行政级别,管委会、溪口镇的机构设置和人员规模不可能像市、县一样健全庞大。但伴随着小城市建设中人口和经济的增长,管委会、镇政府管理和服务的对象范围将越来越大。如何科学推进政府建设、提高行政效率、解决"小政府服务大社会"的问题,是溪口小城市建设面临的又一道难题。

　　其次,事与权的矛盾。所谓"事"与"权"的矛盾,就是指为民办事的职责与办事、成事的权限之间的不匹配、不协调。处理好事与权的关系,就是在溪口建制镇向小城市蜕变的条件下,适应管委会、镇政府管理责任的新变化,相应调整镇级政府经济社会管理权限,促进资源与手段、责任与职权匹配,做到事有人管、办事有权。一是小城市政府责任和职权的重新界定。由于溪口镇小城市建设是在原有"镇"的基础上进行的,而镇政府的管理职能重点在于服务"三农",而城区管理、发展城市经济等管理功能相对较弱。随着小城市经济发展和城市人口集聚,镇政府管理重点逐渐由以"三农"为主向管理城市为主转变,原有镇的机构设置与城市管理要求不对等,行政审批权限与经济发展要求不对应,财权和事权不对称,严重制约了发展。二是市(县)、镇之间责任和权限的重新划分和分配。小城市建设和发展,试点镇是主角。小城市政府职能的新变化,必然要求权限的重新调整。目前,镇级政府权限有限,大部分关键性权限还主要集中在上级部门,特别是税务、财政、公安、规划、交通、工商、国土等部门在溪口都只设站所,实行垂直管理(近年来司法、环保等站所也相继上划到市里管理),其人、财、物权都划归上级主管部门,乡镇只剩下农口部门等一些"弱势部门"以及教育、卫生等消费乡镇财政资金的部门,导致乡镇职能不全、功能弱化和负担加重。

最后,建与管的矛盾。所谓"建"与"管"的矛盾,就是指"见物不见人、重建设轻管理、重投入轻利用"。上项目、抓基础设施建设、扩大城区面积干得多,对项目建成后如何利用和维护考虑得少,因此造成城市设施建好了再拆、铺好了又挖,城市建设在不断的"建—拆—挖—建"循环中浪费大量资金。实际上,由"镇"到"城"的转变,不仅仅是名称的改变,不仅仅体现在城市体量、城市面貌等外在形象的变化,更体现在政府对城市发展的总体规划、对城市设施的规划建设、对城市秩序的组织维护、对资金资源的利用效益等方面管理水平的高低上。加快小城市建设,就必须处理好建与管的关系,一手抓建设一手抓管理,两手都要硬,在加快城市硬件建设的同时,重视城市软件建设,加强城市管理,全面提升小城市形象。

（三）管委会托管体制下溪口镇转型发展的思路与对策

中央城镇化工作会议指出,城镇化是现代化的必由之路。推进城镇化是解决农业、农村、农民问题的重要途径,是推动区域协调发展的有力支撑,是扩大内需和促进产业升级的重要抓手。这为溪口小城市培育和建设指明了方向。宁波全域都市化战略以全面的城市化为主旨,强化将郊县逐步拓展为大都市腹地,形成以中心城市为主体、周边中小城市为支撑的区域性城市网络格局。这为溪口区域一体化联动发展创造了机遇。溪口镇有望抓住区域组团式集聚和联动发展机遇,统筹推进溪口镇与周边地区的规划和建设,经济社会逐步融入宁波大都市圈,将溪口镇历史文化资源整合到"大宁波"概念中,将"大溪口"打造成以历史文化和生态为发展主题的宁波卫星城。

1. 城镇转型发展思路

明确发展定位和功能布局,夯实小城市建设发展基础;深化管委会托管体制改革创新,深化激发小城市体制机制活力;强化要素集聚支撑,提升小城市建设发展保障水平;推进产业转型升级,增强小城市综合竞争实力;打造一流的服务平台,优化小城市管理体系。采取点轴结构模式和旅游产业模式并举的方式,重新规划溪口镇"一心、两轴、三区、五片"的城乡空间结构。提升溪口主城的集聚和辐射功能,做大做强各功能区。维护现有的生态基底环境,严格保护现有山水格局。依托便捷的交通系统,打造易于生长的组团式、网络化城乡融合模式,真正形成城乡和谐发展的局面。

2.城镇转型发展对策

第一,体制转型,建改革创新之城。

(1)从现实地理状况来看,镇区向上游(亭下水库)和左右两侧拓展的空间非常有限,建设用地拓展只能往喇叭口下游方向进行。从城市功能布局规划来看,现有镇区作为发展旅游的核心区,区内现有工商企业、居民需要腾挪搬出。同时,溪口镇先进制造业也需要进一步拓展的空间。建议从全市高度统筹规划,实施区域规划调整,加快溪口镇与周边镇(街道)的融合。建议将萧王庙街道相邻部分区域划归溪口镇,在溪口东部与萧王庙街道相邻区域建设生态工业园和物流产业园,在溪口湖山与萧王庙泉溪江区块建立溪口新城居住区。

(2)行政管理体制改革。一是在管委会、镇政府"二合一"运作的基础上,进一步加强对溪口旅游集团、亭下水管局等下属企事业单位的统筹管理。二是进一步优化行政审批体制,将园林、人防等10项固定资产审批权限,及财政标底审核权限、施工许可证办理等20项工程管理权限下放至镇行政审批服务中心和镇公共资源交易中心。按照"一站式审批、一条龙服务"和分行业审批标准化的要求,凡与一站式审批流程各个环节相关的管理权限要一并下放,使行政许可事项可以彻底地在溪口镇完成审批。三是全面深化城市综合执法机制试点,围绕武岭门周边、武岭东路等主要涉游区块,以环境卫生、规范经营、交通秩序等为重点,健全延时巡查、全时管控、定时沟通、限时办结"四时"管理机制,实行联合监管和综合执法。全面开展城市与景区综合管理、市民与旅客服务管理的信息化建设。

(3)旅游发展综合开发机制创新。一是建立溪口雪窦山风景名胜区三年行动计划实施领导小组,由奉化市委书记任组长、雪窦山风景名胜区管委会副主任任副组长,奉化市发改、规划、建设等部门负责人为成员,全面推进行动计划和项目实施。二是在《关于进一步推进旅游服务业发展若干意见》的基础上,进一步完善旅游服务业扶持政策,完善落实旅游服务业专项资金。三是从全镇旅游重大项目、历史文化街区、公共文化设施建设、名村名居保护工程等系列项目中选取 10 个项目进行重点包装,制定项目补贴、定向资助、贷款贴息等政策,鼓励民资以招投标方式参与建设和提供服务。

(4)多元投融资体制改革创新。一是创新融资平台功能,通过溪口城市建设投资有限公司、宁波溪口雪窦山风景名胜区开发建设有限公司等融资平台,三年新增融资规模 60 亿元以上,助推小城市建设发展。二是科学制定三年融资计划,争取更多的省市级工程、拆迁地块和安置房、重点旅游项目列入与政策性和商业性银行合作项目库。三是按照"政府引导、企业主体、市场运作"的原则,采取 BT、BOT 模式,吸引社会资金参与小城市建设发展。

(5)土地人才要素保障体制改革创新。一是创新土地资源利用,在石门村等有条件的片区内积极推行增减挂钩试点,大力推进农村闲置土地复垦和低丘缓坡整理使用。二是建立人才培养使用机制。通过招聘、选调及在职培训等方式,重点引进培养教师、医生、行政事业单位专业技术人员。

第二,旅游转型,建旅游特色之城。

(1)推进沿剡溪两岸古镇核心景区景点整合提升。一是着力推进古镇核心区风貌保护开发。争取启动旅游学校和宁波城市学院外迁,推进古镇居民外迁集中安置。二是着力开发特色观光旅游产品。围绕溪口近代重大历史事件见证地等优势资源,深入挖掘历史文化元素,形成吸引力强、可观性强的展现载体和模式,打造民国史研究、展现、参观和体验穿越四大基地。三是着力推进风景区重点区块节点开发建设。实施 3.4 万平方米的武岭旅游休闲广场建设;改造武岭西路特色商业街区,提升和丰富商业业态;实施武岭中学周边旅游业态布置项目。尝试推进丰镐房、民国大杂院等景点夜间开放模式,切实增加游客游览和逗留时间。

(2)加快雪窦山及西南山区休闲度假开发。一是大力发展雪窦山佛教禅修养生度假,加快完善大慈禅寺、上雪窦寺等寺庙群落建设,持续举办并逐步提升雪窦山弥勒文化节。二是大力发展山区生态养生度假。深入挖掘西南部山区生态养生元素,打造摄影采风、山野隐居、膳食密宗等系列养生工程。三是大力发展自驾游和山地运动养生度假。以自驾车营地为中心、各大旅游养生平台为节点,组织推广自驾游线路,完善汽车维修、加油、停泊等配套服务。四是大力发展乡村慢生活养生度假。选取交通区位良好、历史悠久或特色资源丰富的村庄,以名人文化和乡土文化为依托,以忙农事、住农房、吃农家菜、采田园风光、观名人故居等为主要内容，以其他休闲娱乐为补充，打造全方位乡村慢生活体验基地。

（3）构建全要素、全过程旅游产业链。一是构建风景区循环交通服务体系。实施国道 G15 至雪窦山风景名胜区综合交通贯通工程、溪口宾馆至雪窦山集散中心道路改造工程等，争取启动畸山东部旅游换乘中心建设，实现风景区与高速交通、宾馆区、居住区的无缝对接。二是构建多层次旅游度假住宿体系。稳步发展城镇永久产权养生度假房产，有序发展产权式酒店、分时度假公寓等使用权物业养生度假房产，加快发展各类休闲度假公寓、商务酒店、汽车旅馆、青年旅社等。

（4）着力创新旅游营销体系建设。一是创新营销手段、营销平台。充分利用网络媒体，提升市场认知度、美誉度和吸引力。在上海、杭州、南京等地开设旅游品牌门店，积极拓展华北、西南和华南市场，加强与省内外旅行社建立合作关系。三是加强海峡两岸沟通交流。打造系列面向台胞的特色旅游路线项目，通过两岸文化交流中心项目（银泰）、对台现代服务业创意园区建设，进一步强化交流合作。

第三，产业转型，建创业创新之城。

（1）推进工业园区建设，提高平台产出效率。着力推进大奾生态工业园区建设，承接现有工业企业用地需求，争取筛选一批高新技术产业项目落地。

（2）打造"3＋X"特色块状集群，增强行业竞争实力。"3"是气动元件、美容美发器具、节能照明电器三大主导产业，"X"是其他战略性新兴产业。进一步提升国家气动元件出口基地、国家气动产业集群发展示范基地和美容美发器具生产基地的市场影响力。

（3）做大做强优势企业，淘汰转移"低小散"企业。着力实施大企业培育"强龙计划"，三年引导"个转企"150 家、"小上规"20 家，力争形成年销售超5 亿元企业 3 家、超 1 亿元企业 10 家、规上企业 70 家的"专精特新"规模企业梯队。

第四，空间转型，建生态人居之城。

（1）优化城市形态，完善全域化功能布局。构建"东城西游、一心两翼"的空间格局。"一心"是以溪口古镇和雪窦山为组团、以旅游业为引领的中部特色文化体验区块，是溪口的"城市会客厅"。"两翼"分别为东翼和西翼，其中东翼以先进制造业区、文化教育创意产业区和湖山新城为组团,以特色块状经济支撑现代产业集聚发展和新城市社区建设,是溪口的"城市工作室";西翼以生态度假区块和特色农业基地为组团,以休闲度假产品开发和现代农业发展促进区域建设保护,是溪口的"城市后花园"。逐步形成在较为成熟的剡溪发展轴带动下的全域开发保护的空间新格局。

(2)推进旧城改造和新区建设,提升溪口城市面貌。三年实施上白村、上山村等旧村改造,老镇区棚户区改造等重点区块的"三旧"改造项目。加快湖山新城道路、景观、管网等基础配套设施,城北集贸市场和农超建材市场等各类商贸服务设施建设。

(3)强化城市形象景观打造,彰显溪口特色风貌。实施公园路、中山路、茗山江两岸等共10公里以上重要路段的路灯改造工程,实施雪窦山风景名胜区夜间亮灯工程;投入650万元,完成银凤广场景观改造提升。活用溪口历史文化和生态产品,积极运用海峡两岸文化交流活动,加强溪口城市宣传和形象塑造。

(4)加强生态保护,营造绿色森林溪口。推进风景名胜区管理条例立法,加快实施亭下湖周边等重点区域的植被修复。制定溪口"五水共治"行动方案,营造山明水秀、溪水潺潺的优质水环境。至2016年,镇域主要河道水质保持在Ⅱ级以上,河流交接断面水质由合格提升至良好。加快新农村污水处理工程进度,提升石敏、壶潭等30个村的污水处理能力。加强城市环境整治,完善区域长效保洁机制。

第五,统筹转型,建集聚辐射之城。

(1)统筹城乡基础设施建设。构建便捷畅通的对外对内交通体系,建立保障有力的水电气网络,建立高效互联的现代信息网络,完善城市防灾减灾体系。

(2)统筹城乡公共服务建设。争创"宁波教育第一镇",完善医疗和社会保障体系,提升文化体育服务,提升城市服务管理水平。

(3)统筹农业农村发展。大力发展生态农业,加快建设"美丽乡村",深入推进公共服务均等化。

第四节　浙中小城市培育试点建设调研报告

一、东阳横店镇小城市试点对策研究

横店镇是浙江小城镇发展的一个典型，经过几十年不断的探索与改革，走出了一条从农村到城镇的特殊发展之路，是我国因地制宜推进农村城镇化发展的样本。在参与承担浙江省高校重大人文项目"浙江省改革试点小城市发展模式比较研究"以及其他有关横店镇的课题的过程中，课题组多次赴横店实地调研，收集相关研究资料，撰写相关论文。现就有关横店城镇化之路的主要特色，当前升级发展中存在的制约因素、发展障碍及其破解对策再做深入总结和思考。

（一）横店城镇化之路及其主要特色

跨越半个多世纪的横店城镇化发展历程主要经历了四个阶段，横店模式凝聚了浙江农村城镇化之路的独特内涵。

第一，工业化起步阶段（20世纪60年代中期—1985年）。横店城镇化发展的起点是突破"城市搞工业，乡村搞农业"的分割式封闭经济格局，走出了一条从农村工业化到小城镇的经济建设之路。

第二，企业投资建镇阶段（1986—1995年）。随着横店集团的崛起，经济发展的内生动能促进了对城镇建设的需求，至20世纪80年代中期，横店集团的农民企业家既有动力又有实力，开始大规模投资城镇基础设施，主动承担城镇建设及社会各项事业发展的责任。

第三，镇企融合发展阶段（1996—2015年）。横店集团在投资建镇的过程中，从建造工业城，演变为影视城、旅游城，逐渐打造出自己的核心产业群。并且深入介入了横店城镇化的规划、投入、建设、管理、经营之中，形成了影视业与城镇化"业城互动"融合发展的格局，同时也形成了"小政府、大集团"的城镇管理体制。

第四，城乡一体化阶段（2015年底至今），即以2015年底横店镇启动"城市风貌综合提升工作"为开端，横店的发展进入了注重人口、经济、资源和环境相协调，经济与社会事业相融合的城乡一体化新阶段。

与此同时,横店的产业和农民经历了两次深刻的转型:第一次转型是以横店创办乡镇工业、建造"工业城"为起点,实现了从农业到工业的产业转变,并使农民完成"从农民向职业工人"的转变;第二次转型是以横店"影视城""旅游城"为标志,实现了从工业到影视旅游产业的转型,并使农民逐步完成"从职业工人到城镇市民"的跨越,让横店农民真正体验了"共创、共有、共富、共享"的社团经济理念。

(二)横店城镇化转型升级面临的主要制约因素

1. "小政府,大集团"的体制困境

横店集团从企业投资建镇到镇企融合,在以往特定的历史背景下成为推进城镇化发展的主导力量,在过去20多年中横店集团直接投入城镇基础设施建设的资金总计多达20多亿元。这种独特的发展路径导致了一种奇特的城镇管理体制,即企业贡献了横店镇域70%～80%的产值和税收,承担了大量的社会管理与服务职能,而政府财政对城镇建设的投入微不足道,形成了所谓"小政府,大集团"、政府和企业的权责关系错位的尴尬局面。

从社会发展和法治的角度来看,"小政府,大集团"城镇化运行机制,以及由于企业深度介入城镇化带来的路径依赖及惯性思维,已经成为横店城镇化升级发展的一大制约因素。

第一,作为基层政府,本该承担基本的公共产品供给责任,既要为企业投资建镇创造条件,也要维护好农民的利益。但在横店城镇化过程中,限于乡镇级地方政府的财政权限,政府无力支持横店镇的公共服务供给和市政设施建设,特别是桥梁道路等城市公益性基础工程,几乎完全由横店集团主动承担,政府在城镇化进程中面临着难以引导企业、想作为而难以作为的窘境。

第二,企业投资和管理城镇的双重责任难以为继。迄今为止,横店集团是推动横店城镇化的核心投资主体,集团长期替代政府提供公共服务和公共产品,企业长期兼任投资建设与社会管理的双重责任,造成了企社管理的边界模糊;同时随着横店城镇体量的不断增大(现已是拥有17万人口的"小城市"),单一投资主体到底能支撑城镇发展多久成为外界对横店的普遍质疑;再则,横店集团对城镇化持续不断的投资得益于社团经济所有制,但这种产权制度明显不适应横店集团的长远发展目标——构建以市场经济为基础,以公司制度为核心,以产权清晰、权责明确、政企分开、管理科学为条件的新型企业制度。近年来,横店集团对社团经济所有制进行渐进式的改革,实行多种形式的资本经营,使其逐渐接轨现代企业制度,这必将导致企业减少或终止投资建镇。

第三,镇级行政管理体制对产业拓展的制约。2007年以来横店先后被列为浙江省中心镇、首批小城市培育试点镇进行强镇扩权,但是目前的镇级行政管理体制可以容纳产业拓展的空间与社会治理变迁的弹性越来越弱,远远滞后于横店发达的民营经济及影视文化产业集群发展所需要的基础设施和公共服务供给。

2.企业预征和指标受限的土地制约因素

横店城镇化转型升级面临的最大瓶颈莫过于土地问题。这既有历史造成的体制原因,更有产业升级带来的客观因素。

第一,企业预征土地与公共设施用地的冲突。横店集团在过去主导城镇化的过程中全面而深入地介入整个城市的规划、投入、建设、管理、经营中,在土地问题上已经形成了既有的利益格局。横店周边村镇的土地,早在10~20年前已经被集团以极低的价格、类似农村土地流转的形式预征,用地性质为工业用地,目前仍然保有1.2万亩,每年支付租金5000多万元。今后,横店镇政府要扩建城市公共基础设施,或者集团发展文化产业,必然需要用地,就会直接触碰企业手中的预征土地问题,这就涉及:一是企业是否有意出让;二是改变用地性质后的巨额土地差价。因此,政府和集团之间如何协商处理好这些预征土地,平衡双方利益,成为横店城镇化升级的棘手问题。

第二,土地指标制约严重。横店城镇建设用地需求受到镇级政府用地指标的严格限制,主要表现在建设用地总量不足、新增用地规模不足以及新增用地计划不足三个方面。现有的建设用地规模总量已经突破2010—2020年规划期的控制目标,2015年中期进行了土地利用总体规划调整,2017年又进行了调整,但仍然满足不了新增项目的用地需求。新增用地指标和新增用地计划在未来的小城市综合改革试点工作中能否获得上级政府的倾斜支持还未可知。

3.空间布局和设施功能不良的环境品质制约

横店影视文化产业的发展壮大离不开良好的城镇环境,其有利于资本、科技、人才等要素的集聚。目前,横店影视产业已具有一定的国际影响力与竞争力,相比之下,横店城镇化建设质量不高,内涵不足,现有城镇环境品质与当前横店影视城的知名度不匹配,横店 28 个主要景区建设与城镇建设,在空间布局、设施标准、功能优化方面,均存在"围墙内外两重天"的现象,当下横店正进行城镇风貌综合提升工程,但是离景城相融的要求还有较大距离。由于缺乏高品质的城镇环境作为依托,城镇化不能与影视产业形成良好的互动,对影视城打造国际品牌以及对影视产业集群的提升、扩容形成制约。

4.文化产业和经营管理人才要素供给不足

受当前发展层次的制约,横店对人才、技术等要素的集聚能力不足,导致高层次技术、高端管理人才的缺乏。随着影视产业从规模集聚走向标准化、国际化,现有的人才队伍建设滞后于影视文化产业化进程和市场经济的发展要求,懂文化、善创意、会经营的高端复合型人才和各类操作型、技能型、实用型人才缺乏,制约了影视文化产业的发展。由于缺少大城市的依托,横店对人才的吸引力仍不足,不具备影视人才进行社交、创作等活动的条件,很多导演和知名演员在拍完影视剧之后,还是会选择离开横店。如何增强要素,尤其是高级人才要素供给能力,成为横店今后发展必须面对的难题。

(三)横店城镇化转型升级发展的对策建议

当前横店正处于经济社会高速发展期、区位优势凸显期和战略机遇期:2016 年横店被列为全国首批特色小镇;随着杭温高铁、金义东轻轨、横店通用机场、义东永高速等项目的开工建设或投入使用,横店的区位条件将发生根本性的变化;国家新型城镇化战略指引下的城乡一体化发展机遇日趋成熟。

值此宏观背景之下,横店城镇化之路面临转型升级的重大挑战,需要我们从经济、社会和生态一体化的视角,坚持体制机制创新,对于城市功能定位、空间布局和综合治理要进行再明确、再提升、再完善。

1.强化政府在城镇规划和社会职能方面的主导作用

针对横店"小政府,大集团"的管理体制问题,首先,要厘清政企边界,理顺二者关系。政府和企业的出发点和落脚点终究是不同的,因此在城镇规划上,政府必须牢牢把握主导权和话语权,引导企业投资建镇的方向,以保障城镇准确定位,城镇功能日益完善。其次,逐步剥离横店集团办社会的功能,横店镇政府要承担起城镇建设和社会管理服务职责,使教育、卫生、管理、土地经营等政府职能纳流入轨,让企业心无旁骛谋发展,加快创建现代企业制度。最后,改变横店城镇基础设施和公共服务投资主体单一的局面,不断拓宽融资渠道,引导更多民间资本和企业家参与家乡建设,激发普通农民参与建设城镇、呵护城镇的责任感,让政府"有形之手"与企业"无形之手"有效叠加,不断强化城市竞争力,产生"1(政府)＋1(集团)＞2"的效果。

2.构建新型的城镇化行政建置体系

当前,东阳市虽然对横店镇进行了强镇扩权,调整了市镇两级政府权力关系,但距离理顺市镇关系、促进地方善治的目标还比较遥远。

对于如何激发横店这样特大镇的发展活力,"撤镇设市"使镇政府真正成为职责清晰完备的一级政府,是解决这一问题的根本出路,否则横店镇政府不可避免地会走上"继续扩权—出现新问题—新的权限诉求—继续扩权"的扩权黑洞。

近期,要打破原有的行政建置框框,考虑将横店撤镇建市;中远期,可以参照萧山、余杭撤县建区的经验,在横店设立金华新区,定位为浙中城市群重要的节点城区,依托横店影视城的品牌效应,"横店新区"必将成为浙中城市群接轨上海、融入长三角、参与全球竞争的引擎。

3.协调政企用地需求 多方破解土地要素制约

首先,协调政企关系,妥善解决横店集团的预征土地问题。如果预征土地用于横店集团发展文化产业,则需按照土地的差价补足出让金;如果政府用来建设基础设施,则由政府将集团历年支付的土地租金以及相关费用补给企业。同时,建议横店集团在达成用地协议之前,先将预征土地进行承包种植,以减少集团每年的损失。

其次,采取多种途径破解企业和政府用地困境。要合理规划村庄建设、工业用地、城建用地,切实提高土地利用效率,按照盘活存量、扩大增量、优化配置并举的方针,采取多种方式、多种途径极力破解土地要素制约,保障横店再城镇化的建设和发展。

4.促进产城融合,优化城区环境品质

横店影视产业的终极发展目标是走向国际市场。因此,横店城镇化的转型升级宜走高起点、高标准、精品式的开发道路,打造高品质的生态宜居与时尚的城镇环境。按照"中国好莱坞"的形象定位,结合影视文化产业全域化发展的要求,设计城镇形象,优化功能分区,营造城影融合的特色风貌。同时,坚持城镇发展方式转变与经济发展方式转变一起抓,只有以"政府办好企业围墙外的事"带动"市场办好企业围墙内的事",才能突破两者各自面临的瓶颈,才能达到产城融合,才能以最小的成本、最低的风险、最大的成效顺利完成城镇化的转型升级。

5.创新专业人才保障机制

面对日新月异的影视文化产业发展形势,横店要创新思路,构建一个强有力的影视文化产业专业人才保障机制。

第一,建立多层次人才引进政策。如设立签约专家,吸引影视界的著名编剧、制片人、导演、演员等高端人才提供原创作品和项目;开展项目招标,建立人才公寓,吸引中青年影视工作者;建立演员公会基金,稳定常驻骨干人员,逐步加大扶持力度,增强其归属感。

第二,筹建浙江影视学院。在现有横店影视职业学院的基础上,扩建影视文化产业的专业实用人才培育基地。

第三,创新影视从艺人员的收入所得税制度,加强影视产业人才的生活、工作保障。

二、义乌佛堂镇小城市培育试点调研报告

佛堂镇地处浙中强县义乌市的南部,乃中国历史文化名镇,镇域内山水人文相映,古今中外特色交织,风光秀美,宜居宜业,已繁荣了近千年。从各项数值上看,佛堂镇全镇区域面积134.1平方公里,2013年建成区面积逾15平方公里,实现地区生产总值60余亿元,常住人口超过15万人,已俨然初具小城市之风范,然而佛堂镇是否真正脱胎换骨,由"镇"转"城",恐怕不能单靠若干个指标来衡量。2010年底,佛堂镇正式被纳入浙江省27个小城市培育试点名单,随后制订了《义乌市佛堂镇小城市试点(2011—2013年)三年行动计划》(以下简称"三年行动计划"),并立即开展相关工作。随着小城市建设工作的推进和培育试点头三年工作的收尾,适时总结其发展状况,并对相关问题进行分析亦是当务之急。

2012年党的十八大报告首次提出了21世纪上半叶经济建设、政治建设、文化建设、社会建设、生态建设"五位一体"社会主义现代化建设总体布局。城镇化作为现代化的必由之路,也应全面统筹推进"五位一体"的全方

位改革。以经济、政治、文化、社会和生态文明五个维度来考察小城镇，将更有助于摸清现阶段佛堂镇的小城市发展状况。

（一）经济状况

义乌是经济强县，综合实力在全省所有县（市）中排名第三，佛堂镇作为义乌市第一大镇，自身具有较好的经济基础和较强的发展潜力。自 2011 年开展小城市培育试点工作以来，佛堂镇大力推进农业现代化与产业结构调整，第二、三产业发展势头良好，显示出较强的发展潜力，基本实现了符合小城市发展的经济数量和质量要求。

2010 年末，佛堂镇地区生产总值仅为 48 亿元，开展小城市培育试点的三年，佛堂镇地区生产总值年均增长 16.9%，高于义乌市 3.7 个百分点，高于全部 27 个试点镇平均值 1.1 个百分点；截至 2013 年，全镇生产总值已达 76.1 亿元，跃居义乌市前列。不仅如此，佛堂镇财政总收入年均增长 15%，2012 年底已超额实现 2013 年的计划数，2013 年，财政收入统计数是 7.3 亿元，增速超过 27 个镇的平均值；小城镇居民收入连续三年见涨，农村居民人均纯收入已于 2012 年突破 2 万元大关，2013 年的完成值更是超过了 2.5 万元，城乡居民生活水平有了显著改善。

佛堂是一个传统的农业大镇。1990 年，佛堂镇拥有耕地 3562 亩，人均耕地 0.82 亩，其中近九成属于水田，主要农作物是水稻、小麦、糖蔗、柑橘和西瓜等。为推进新农村建设，佛堂镇大力发展效益农业、设施农业和都市农业等新型农业，土地承包经营权流转率从 2010 年的 58% 上升到了 2013 年的 68%，单一分散的家庭型农业正在逐渐向集体规模型的现代农业转变。在此过程中，佛堂镇的主要举措是积极发展规模农业和品牌农业，围绕高效生态农业建设的目标，重点建设现代农业综合区和粮食功能区。现代农业综合区产品从传统农作物转为蔬菜、果蔬、花卉苗木等经济作物，形成了义红果蔬、正红富硒葡萄等具有一定品牌知名度的特色农业精品。至 2013 年，全镇已拥有无公害农产品基地 41 家，农业龙头企业 38 家（其中国家级 1 家、省级 2 家、市级 27 家），另外，佛堂镇与义乌市农贸城联合开发 4 个产业基地。农业产业化水平稳步提高带来的是农民在发展中得到了真实惠，有力地促进了农业增效、农民增收和农村稳定。

在工业生产方面，佛堂镇也在稳步发展。2010 年，工业功能区面积仅为 5.54 平方公里，2013 年扩大到 7.3 平方公里，工业增加值占全镇的比重也相应上升了 10.2 个百分点,达到了 81.2% 的高值。佛堂镇工业运行态势良好,实现产业升级与区域联动发展,纺织业、工艺品业、食品业、医药业和金属制品业五大主要产业得到了快速发展。2011 年,佛堂镇实现技改备案 6.8 亿元,小城市培育试点建设的 3 年中,佛堂镇共入驻国家级高新技术企业 1 家、省级科技型企业 6 家、省创新示范企业 2 家、市级科技型企业 8 家、义乌市创新型企业 6 家、新增市级研发中心 5 家、省级研发中心 1 家,形成了企业科技转型的良好氛围,增强了企业的自主创新能力与核心竞争力。此外,佛堂镇着力于完善工业集聚平台建设,包括积极创建省级经济开发区,活用人才战略引进高新技术人才,推进企业研发创新基地建设,以打造产业共性技术服务平台(目前已有 8 个)、整合提升工业功能区集聚辐射带动能力。

得力于交通便利等因素,历史上的佛堂镇曾经拥有繁荣的商业,今日亦然,第三产业也呈现快速发展的状态。首先,佛堂镇加快建设大型商贸综合体。2011 年,全镇已有大型商贸中心 4 个,年总营业额达 5700 万元,1000 米以上商业街 6 条,综合性集贸市场 2 家,工商银行、农业银行等金融机构开设营业网点 6 家。至 2013 年,大型商场(商贸综合体)面积达到 9 万平方米以上,接近 2011 年的 1.5 倍,金融机构数量增至 15 家,区域商贸资源洼地正逐渐改变。其次,打造生产性服务业集聚区。佛堂镇依托特色制造业,推出一系列举措,打造浙中生产性服务业高地,集聚发展总部经济。最后,加快发展旅游业。在旅游核心资源方面,政府与社会已经投资 3 亿元,重点建设古镇老街、码头、古名居苑、双林景区等项目,使古镇保护开发利用工作取得了突破性进展。在基础配套设施方面,2013 年,佛堂镇三星级以上宾馆数量达到了 3 家,实现了从无到有的突破。

佛堂镇经济发展充满活力,产业结构较为合理,特色工业发展力度大,服务业日趋兴旺。至 2013 年底,第三产业比重已达到 40%,非农产业比重高达 95% 以上,第二、三产业从业人员比重则为 91%,达到小城市培育建设应有的标准。

(二)行政管理体制改革

行政管理体制改革是全面深化改革的难点,镇级建制的佛堂镇囿于其行政级别,要在制度领域进行改革有一定的难度。然而,身为全国 25 个"经济发达镇行政管理体制改革试点"之一,佛堂镇率先登上改革顺风车,在行政管理体制改革方面做出了不少成绩。

首先,佛堂镇按照增强小城市培育试点镇的要求,2010—2013 年建立了一整套"划分税种、核定基数、三年一轮、超收分成、政策倾斜、设有金库"的一级财政体制,实施财政超收全额返还,自主安排财政一般预算收入的超收部分、镇区内土地出让金收入等资金。其次,自 2009 年 2 月启动扩权强镇改革以来,佛堂镇不仅全面承接了市里下放的村庄建设规划审批、婚姻登记等 112 项县级社会事业管理权限,落实到镇"365"便民服务中心(现已扩充并入行政审批服务中心)窗口统一办理。2013 年,又增加 23 项,累计下放权限 135 项,在有效方便群众的同时,大幅提高了统筹协调、社会管理和公共服务的综合发展能力。再次,积极探索投融资体制改革。投融资体制改革也是佛堂镇行政管理体制改革的一个亮点。"三年行动计划"也显示,佛堂镇正在尝试推动发行地方债试点,以镇集体经营资产、土地等作抵押,在资本市场进行融资,由此既可保障基本建设和公共服务,又锻炼了政府负债经营的能力。最后,佛堂镇积极探索利用数字技术推进小城市管理体制改革,如增设城市管理与服务办公室,启用"智慧佛堂"数字城市指挥中心等,尝试卓有成效。纵观佛堂镇的政府部门组织运行模式,显然已经超出了早年乡镇管理的体量,正在转变为小城市的管理形式。

为了加快政府转型和提升管理效率,佛堂镇提出了"五个中心"建设,以完善小城市培育试点工作机制。这五个中心分别是行政审批服务中心、城市综合执法中心、就业保障服务中心、土地储备中心和应急维稳中心,总投资达到 5000 万元,现都已经建成并投入正常运行。2013 年,行政审批服务中心办理事项达 302 件,综合执法事项为 2269 件,就业保障服务中心介绍就业 7600 人次、处理劳资纠纷 790 件,土地储备中心收储面积 900 亩,应急维稳中心充分发挥安防和应急维稳功能,持续为"平安佛堂"建设夯实基础。

(三)社会发展状况

社会体制改革是全面深化改革的重要领域,也是不断取得重大进展的领域。与此论断相呼应,佛堂镇的社会发展状况也持续向好,在重要领域取得重大发展。

1.城市建设

小城市培育试点工作三年以来,佛堂镇最大的变化在于全镇风貌迅速变化,由乡镇向城市转变,其中,城市建设就是最直观和最集中的体现。佛堂镇出台了一系列的规划,《佛堂镇总体规划(2009—2020 年)》《佛堂镇土地利用总体规划》《佛堂镇城市道路网专项规划》等相继通过论证和获得批准,规划预期,到 2020 年,佛堂镇建成区面积将达 28.5 平方公里,并形成"五纵三横一环十三连"的城市骨架路网。至 2013 年,佛堂镇建成区面积已达 15.08 平方公里,城市空间获得有效拓展,并形成了以义乌江为轴线的五大功能圈框架,分别以佛教文化旅游、工业功能区、农业综合产业、高新产业和历史文化名镇为重点,优化城市布局。在此基础上,旧城改造工程有序展开,实施了 5 个村旧村改造和空心村改造,拆除面积约 5000 平方米;另有 4 个住宅新社区相继建成,既满足保障性住房需求,又旨在形成与浙中重要节点城市相适应的住宅产业。

佛堂镇市政配套设施亦在加速完善之中。按照"三年行动计划",将有超过 12 亿元资金投入水、电、路、气等重点建设工程,供水排污管网、农村联网公路、消防大楼等基础设施逐步建成投用。2013 年,一个阶段性的统计结果显示,佛堂镇建有自来水厂和污水处理厂各 1 座,日供水和处理污水分别为 6 万吨和 4 万吨,垃圾处理站 6 个,垃圾集中处理率达 100%;城市道路通车 78.1 公里,其中数字化管理 21 公里;拥有自己的公交总站和出租车公司,另有 4 个公共停车场,公共泊位达到 1030 个;管道煤气入户率已有 23%,数字电视入户率实现 100%。

2.制度改革

由"镇"转"城",不仅外部条件要跟上,更重要的是人的城市化。只有以人为本,城市化才是代代相传可持续的,才不会沦为徒具形式的表面文章,故改革以人口制度为首的一连串社会制度来带动城市转型就显得尤其重要。佛堂镇建成区常住人口规模在 2013 年达到了 15.13 万人,其中户籍人口 6.03 万人,集聚率连续三年保持在 68%,城市人口集聚加快正得益于户籍制度改革这一推手。佛堂镇自 2011 年开始全面建立居住地登记和城乡统一的户籍管理制度,凡在镇建成区拥有合法固定住所、稳定职业或生活来源的外来人口及其一起居住生活的直系亲属,均可根据本人意愿申请办理城镇居民户口。根据中央城镇化工作会议精神,新型城镇化的首要任务是吸收已经在城镇稳定就业和生活的人,佛堂镇的新户籍制度恰好契合这一点。执行后,进城落户人员 5077 人,其中本地人口 4561 人,外地人口 516 人。另一方面,政府在农户转移工作上还给予了可保留、可交易和可享受的

"三可"政策优惠,即进城落户农民可保留原有宅基地、承包地使用收益权和保留享受计划生育政策,可流转交易土地经营使用权、新增的以及宅基地对应的建设用地指标,可享受与当地城镇居民在教育、医疗、住房、就业、社会保障等方面的同等待遇,以积极引导和鼓励农村居民向镇区集中。近三年全镇已减少农村居住点 3 个,转移农户 30 户,共 65 人,农民市民化和农村宅基地置换工作取得了一定成效,有效整合了土地资源,优化了村庄布局。同时推进的还有城乡基本公共服务均等化,目前佛堂镇城乡居民养老、医疗、工伤等社会保险已实现全覆盖,加上科教文卫等社会事业的加速发展,使得当地居民特别是农民的生产生活方式发生了彻底的改变。

3.社会事业

佛堂镇原先具有较好的社会服务硬件条件,自 20 世纪 50 年代起,镇上便有多所各级学校和文娱机构,80 年代有了综合性医院。如今,试点小城市建设再次推动了佛堂镇社会事业在教育卫生、养老医疗、就业保障等方面的长足进步。一是教育环境。佛堂镇并未满足于 100% 的学前教育普及率,而是积极推进深化学前教育体制改革,建立政府扶持主导、教育部门监管、社会力量参与经营的公办民营办学体制,旨在全面提升幼儿教育科学化、规范化水平。现佛堂镇幼儿园已顺利开工建设。值得一提的还有佛堂镇建成区义务教育集聚率从 2010 年的 57% 飙升至 2013 年的 90%,其中大成中学扩建工程有序推进,还有第二中学、第三小学、雪峰中学相继建成,带来佛堂镇教育环境的改善。二是医疗卫生环境。义乌市第二医院改建和镇中心卫生院新建完成后,全镇平均千人已拥有医院床位数 4 张和医生 2.6 人,社区卫生服务站新建 14 个,敬老院、养老中心、全民健身中心等公共卫生服务设施一应俱全。三是社会保障。2013 年佛堂镇城镇职工养老、医疗保险参保率为 95%,城乡居民养老、医疗保险参保率为 99.1%,几乎实现了全民参保。此外,就业保障领域除前面提到的设立就业保障服务中心外,在数据上还表现为城镇登记人口失业率控制在 4% 以下。一系列的提升工作使佛堂镇的城市功能日臻完善,居民生活环境日益美化,民生保障迈上新台阶,这加快了一个现代化新型城市的形成。

(四)文化建设与文创产业发展

佛堂镇历史悠久、风景名胜古迹甚多,拥有相对比较丰富的文化资源。佛堂镇本身也特别重视文化建设,可谓不计成本地投入了大量资金来推动地方传统文化和新兴文化发展。这些有益的尝试如实施历史文物古迹保护工程、加强非物质文化遗产保护、申请更多市级以上文保单位等,也是希望将本镇文化的复兴繁荣与第三产业的培育壮大紧密结合在一起共同发展,反哺新型城市建设,一言以蔽之,"文化搭台,经济唱戏"。

以文化推动产业发展,佛堂镇除了计划将占工业产值15%的相框产业结合古镇油画产业协同建成特色文化产业链,还坚持把古镇保护开发作为其发展第三产业的亮点。目前,古镇保护和重建已全面铺开,截至2013年,共计投入约3亿元资金,以古镇老街、码头、古名居苑、双林景区等项目为重点,大力发展服务经济,培育壮大文化产业。通过持续努力,老街地下管线预埋、鹅卵石路面恢复、古码头重建及古建筑外立面整饬、9个码头修复工作等工程,江北主入口设计、古镇夜景灯光、沿江码头雕塑等亦有序展开,古镇基础设施进一步完善;古民居苑古建筑迁建保护一期工程运作顺利,一期33幢古建筑主体工程相继落成,二期用地300亩的古民居项目有序推进,古镇保护开发利用工作取得了突破性进展。目前,佛堂镇并没有停留在埋头干活上,而是致力于挖掘自身特色,充分发挥古镇文化游、佛教文化游、古民居文化游等方面的既有潜力。积极邀请文化领域领军企业前来考察,举办手工艺原创产品研讨会,扩大佛堂镇的人文名声,助力文化产业,还依托佛堂镇传统庙会——"十月十"民俗文化节平台,进一步打响佛堂镇的旅游牌。除此之外,启动双林风景区和双江湖景区的开发建设,目标是打造4A级景区。根据小城市建设规划,佛堂镇将在义乌国际商贸名城5A级购物旅游区的基础上,以古镇保护开发为核心载体,以生态农业、双林旅游为辅助,构筑"一主三副"旅游开发新格局,将佛堂镇打造成与义乌国际商贸名城并行的购物旅游目的地。

佛堂镇一方面重视发展文化旅游产业,另一方面重视繁荣活跃城乡公共文化。佛堂镇开展农村"双建设"工作,即农村思想道德建设和文化阵地建设。至2011年,全镇拥有水泥灯光球场109个、棋牌室100个、乒乓球室113个、健身道63条、村级生态公园16个,完善农家书屋20个,新建农家书屋9个。这些举措加强了农村文化阵地建设,丰富了农民文化生活,有效地促进了村风民风的好转,为人的城市化夯实了基础。试点小城市培育工作开始后,佛堂镇继续以农村"双建设"为基础,积极开展宣传文化工作,并推进"网络社会化,设施多样化,指导科学化,活动生活化"的新形式。佛堂镇先后获浙江省民间艺术之乡、体育强镇、历史文化保护区、全国群众体育先进单位、中国历史文化名镇等殊荣。

（五）生态文明建设

党的十八届三中全会指出,要加快生态文明制度建设,这是全面深化改革的紧迫任务,又是关系长远发展的制度安排。2013 年,中央城镇化工作会议也特别强调,在促进城乡一体化发展中要注意保留村庄原始风貌,既要关注人文环境,也要关注自然生态。会议指出,要把城市放在大自然中,把绿水青山保留给城市居民。美化优化人居环境一定离不开生态文明建设,佛堂镇的生态文明建设是与其新农村建设紧密相连的,开展包括道路硬化、环境绿化、卫生洁化、路灯亮化、家庭美化的"小五化"城乡一体化重要工程、农村基础设施改造、环境整治工程、垃圾污水无害化处理工程、防灾减灾体系建设等,加法减法两手抓。

佛堂镇新农村建设注重城乡统筹均衡发展,开展"百村示范、千村整治"活动,总计有 62 个村完成污水治理工程,106 个村完成自来水改造工程;56 个村 266 个池塘完成专项整治,实施清洁养殖水域面积 1957 亩,村庄绿化面积达到 80 万平方米;新建生态公共厕所 15 座。25 个村被评为义乌市美丽乡村,18 个村被评为义乌市新农村建设示范村,村容村貌持续改善,生态环境连年向好。根据最新统计数据,佛堂镇共有公益林约 6.12 万亩,其中有荒山造林 180 亩、平原造林 1680 亩,这是开展试点小城市建设三年中新植的。佛堂镇拥有公园 4 个,还顺利实施道院山生态园、乌皮塘生态景观公园、恐龙蛋遗址公园等城市生态配套项目。2010 年,佛堂镇人均公共绿地面积只有 5 平方米,2013 年已有 8.7 平方米,建成区绿化覆盖率也从 2010 年的 11.5％上升到 2013 年的 19.2％,城乡面貌明显改善。佛堂镇饮用水供水水质达标率近四年均为 99％,垃圾清运率和无害化处理率也连年保持 100％。全镇实行垃圾统一收集、清运和焚烧,推进垃圾集中无害化处理,每年新建若干垃圾房或中转站、添置数量不等的垃圾处理设备与工具。

然而,我们也要看到佛堂镇在污水集中处理方面存在的问题。2010 年污水集中处理率已达到 95％,但 2011 年达到 98.2％后开始下降,2013 年回落到 81％。在行动计划所确定的各年度计划 8 大类 56 项目标中,这一项是佛堂镇未能完成任务的项目（原定于 2012 年达到 100％）。不得不说,这从一个侧面折射出了城市发展与环境保护的矛盾。最近几年,佛堂镇在污水处理方面投入不小,污水处理厂佛堂分厂一期投入运行,二期工程亦顺利完工,总投入达4000多万元,截污纳管工程投资1亿多元,实施了老镇区和6个工作片污水支管工程,建成约4.71万米的污水支管,将57个村纳入了污水管网。虽然治污工程有了很大进展,但污水量仍在增加,超过了污水处理能力的增长,这与发展建设的需求难脱干系。事实上,佛堂镇正处于以大建设、大开发、大拆迁、大发展为特征的空间拓展期,几乎处处是工地,严重威胁了"天蓝水清地绿美丽新佛堂"的最终愿景。佛堂镇虽然在建设上重视环保问题,如亮化工程大力推广使用LED节能路灯、实施河道清淤和驳岸绿化景观、改水改厕改善城乡卫生条件,但在客观上依旧存在噪音、空气粉尘、固体废物污染和水体污染等不少亟待解决的问题。

(六)小城市培育试点建设对策建议

从发展现状看,佛堂镇在各个方面已经基本达到小城市培育试点的硬性指标,在城市形态上也已经初具小城市应有的风貌,尤其是在特色方面也有明显突出优势,未来特色小城市发展值得期待。然而,佛堂镇的小城市建设工作主要来自强大的上层推力,在短期内狂飙突进,打造出了小城市的雏形,但自身内驱力并不足。事实上,在城市建设要素保障、环境保护、发展创新等方面已显出隐忧,要使佛堂镇的小城市建设可持续、继续保持强劲的发展势头,仍有许多的工作要做。

1.继续坚持规范化、品牌化、科技化的企业发展战略

佛堂镇以义南区域经济发展中心为定位,正加快向文化旅游工艺品生产基地和义乌国际商贸城副中心方向发展。但是,长期以来,佛堂镇企业形成低层次产业路径依赖,产业转型升级缓慢,传统产业比重居高不下,占全镇工业比重达70%以上,其中纺织服装这样的劳动密集型产业就占到了40%。另外,新兴产业项目和技术含量高的项目引进少、培育进展不快,小企业多大项目少,贴牌多创新少,劳动生产率提升不快。小城市培育试点建设需要新兴产业的支撑,这种产业必定是能够适应新型城市化要求的新型工业,纵然现实困难重重,但仍要坚持规范化、品牌化、科技化的企业发展战略,继续大力发展特色产业、扶持骨干企业、培育品牌,坚持加快促进新型城市化的大方向,为佛堂镇小城市建设奠定坚实的基础。

2.扫清传统路径制约,重点推进文化旅游产业的发展

佛堂镇作为国家历史文化名镇,坐拥一定数量的具有潜力的文化旅游

资源,要利用小城市培育试点机遇,大力发展文化旅游业,以推进产业结构转型升级。对于建设功能全面、发展均衡的现代化小城市来说,第三产业是一个重要的发展方向,必须做足文章,特别是文化旅游产业。文化休闲旅游业具有低污染、高效能和可持续的特点,佛堂镇作为旅游目的地,能够与义乌市区发生联动互促效应,因此,推进文化休闲旅游业无疑是佛堂镇谋求小城市建设跨越式发展的重要选项。在现阶段,佛堂镇在古镇保护开发、双林景区开发方面仍是滞后的,还有许多的问题亟待解决。佛堂镇应该做好顶层设计,特别在古镇游模式基本成熟的大背景下,精准把握自身定位,充分发挥区位优势与资源优势,保障当前建设和长期发展经营的关系,合理处理好小城市建设与社区居民的利益,推进小城市文化旅游产业的可持续发展。

3.进一步强化要素保障,动态调整城市化节奏

佛堂镇的小城市培育试点建设虽然引入了"以人为本"的新型城市化理念,但也不应该忘记反思城市化建设历程中的教训,要从全局出发,把握好小城市建设的工作节奏。旧城市化建设模式偏重于先打造出一个"城市"外壳,完成"达标",再慢慢"补课",大多倾向于推进房地产建设和基础建设,极易引发大城市建设的弊端,导致土地和资金不足,生产要素无法得到保障。佛堂镇虽然在土地方面压力较小——佛堂用地指标实行计划单列,每年安排不少于 500 亩建设用地指标,重点安排给佛堂镇小城市培育试点项目;用地规划自主权也较高,通过农村土地综合整治产生的增减挂钩指标和占补平衡指标都可留镇使用,盘活的建设用地亦 100% 留镇使用。在短期内,佛堂镇土地要素富裕,但快速建设也会造成土地短缺。在资金方面,2011 年设立了专项小城市培育试点建设扶持资金,义乌市财政全额保障列入市重点工程的政府投资项目,大大缓解了佛堂镇本镇的资金压力,可随着各类项目全面铺开,其与镇经济增长趋缓之间的矛盾还是日渐显现出来。2010 年至 2013 年,政府性投资增长了 1.5 倍,财政总收入仅增长 0.5 倍,而未来三年①政府性投资项目将有增无减,预期需要投入 45 亿元,公共服务、社会事业等政府支出亦将大幅度增加,投资缺口高达数十亿元,如何筹措这部分资金是佛堂镇不得不面对的最为严峻的问题之一。在经济发展速度放缓的大背景下,佛堂镇要想方设法解决可用财力与投资增长间的缺口:一是做大做

---

① 根据报告撰写时间,此处具体指 2014—2016 年。

强城镇经济,提高地方财政收入,增强投资能力;二是要推进投融资体制改革,积极引入社会性投资;三是要根据现有财政能力,对小城市建设规划做适当的调整,以有效地推进小城市培育试点建设。

4.增强环境保护意识,加大生态环境整治力度

面对小城市发展与环境保护的矛盾,佛堂镇要进一步增强生态环境保护意识,加大生态环境整治力度,建设一个宜居宜业的新型小城市。新时代的小城市建设不应该再走"先污染、再治理"的老路,不能重蹈过去大城市建设的覆辙。在小城市建设过程中,佛堂镇在各项条件能够保障的前提下,市政建设要以高规格、前瞻性为标准,预建改建双管供水网、垃圾污水处理网、城市下水网等配套工程,城乡全覆盖,不留死角。继续做好生态绿化工作,留出更多的公园绿地,美化小城镇环境,以实现"产业新城、文化名镇、人居花园"的小城市发展目标,最终实现"实力佛堂、人文佛堂、和谐佛堂"的愿景。

参考文献

埃比尼泽·霍华德:《明日的田园城市》,金经元译,北京:商务印书馆,2000年。

爱德华·格莱泽:《城市的胜利:城市如何让我们变得更加富有、智慧、绿色、健康和幸福》,刘润泉译,上海:上海社会科学院出版社,2012年。

包伟民主编:《江南市镇及其近代命运:1840—1949》,北京:知识出版社,1998年。

蔡新祥:《浙江"小城市"试点探路》,《发展》2012年第8期,第49-50页。

陈建海:《政府与市场互动型的小城镇发展道路——基于浙江省长兴县的研究》,《中共浙江省委党校学报》2006年第2期,第19-24页。

陈前虎、寿建伟、潘聪林:《浙江省小城镇发展历程、态势及转型策略研究》,《规划师》2012年第12期,第86-90页。

陈强:《美国小城镇的特点和启示》,《学术界》2000年第2期,第259-264页。

陈剩勇、张丙宣:《强镇扩权:浙江省近年来小城镇政府管理体制改革的实践》,《浙江学刊》2007年第6期,第217页。

陈映芳:《城市与中国社会研究》,《社会科学》2012年第10期,第72-78页。

陈周宁:《培育小城市:乡镇行政体制改革的浙江试验》,《行政管理改革》2012年第4期,第48-50页。

成岳冲:《发掘优秀文化资源 创建现代特色小镇》,《行政管理改革》2017年第12期,第44-47页。

程昊:《民生工程声声急 小城生活更宜居——新市镇小城市建设系列报道之二》,德清新闻网,2012年6月6日,http://dqnews.zjol.com.cn//dqnews/system/2012/06/06/015099816.shtml。

仇保兴:《中国城镇化——机遇与挑战》,北京:中国建筑工业出版社,2004年。

德清新闻网记者:《新市镇成为省级小城市培育试点镇》,2011 年 1 月 12
　　日,德清新闻网,http://dqnews.zjol.com.cn/dqnews/system/2011/
　　01/12/013136680.shtml。

邓洪洁:《费孝通的小城镇建设思想研究》,硕士学位论文,华中师范大学,
　　2012 年。

邓卫:《关于小城镇发展问题的思考》,《城市规划汇刊》2001 年第 1 期,第
　　67-70 页。

丁成日、谭善勇:《中国城镇化发展特点、问题和政策误区》,《城市发展研究》
　　2013 年第 10 期,第 28-34 页。

鄂璠:《"镇改市"or"县辖市"》,《小康》2013 年第 6 期,第 32-35 页。

费孝通:《中国城镇化道路》,呼和浩特:内蒙古人民出版社,2010 年。

费孝通:《费孝通论小城镇建设》,北京:群言出版社,2000 年。

冯健:《1980 年代以来我国小城镇研究的新进展》,《城市规划汇刊》2001 年
　　第 3 期,第 28-33 页。

高家宽:《王江泾镇实现农家书屋全覆盖》,《嘉兴日报》2012 年 7 月 23 日,第
　　11 版。

郭剑彪、沈素芹:《浙江小城镇发展对策研究》,《浙江社会科学》2000 年第 1
　　期,第 114-118 页。

国务院办公厅机关干部进修班调研组:《经济社会发展的新增长点:浙江省
　　小城镇建设发展调查》,《中国行政管理》1996 年第 6 期,第 20-22 页。

杭州日报:《杭州桐庐县委书记朱华:努力建设山清水秀民富县强的美丽中
　　国》,杭州网,2017 年 12 月 6 日,https://z.hangzhou.com.cn/2017/
　　lhxzc/content/2017-12/06/content_6734629.htm。

嘉兴市志编撰委员会编:《嘉兴市志》,北京:中国书籍出版社,1997 年。

简·雅各布斯:《美国大城市的死与生》,金衡山译,南京:译林出版社,
　　2006 年。

简新华、黄锟:《中国城镇化水平和速度的实证分析与前景预测》,《经济研
　　究》2010 年第 3 期,第 30-41 页。

江博:《加快小城镇建设推进城市化进程》,《浙江经济》1999 年第 2 期,第
　　59-60 页。

姜国华:《王江泾镇:小城市谋求产业大提升》,《中国纺织报》2012 年 12 月 14 日,第 4 版。

蒋蕴:《浙江发令 小步快跑》,《浙江日报》2011 年 1 月 11 日,第 17 版。

李克强:《关于调整经济结构促进持续发展的几个问题》,《求是》2010 年第 11 期,第 3-15 页。

李克强:《政府工作报告》(二〇一五年三月五日),载中共中央文献研究室编:《十八大以来重要文献选编(中)》,北京:中央文献出版社,2016 年,第 387 页。

李强、陈宇琳、刘精明:《中国城镇化"推进模式"研究》,《中国社会科学》2012 年第 7 期,第 82-91 页。

李铁、乔润令等:《城镇化进程中的城乡关系》,北京:中国发展出版社,2013 年。

李铁、邱爱军、文辉等:《中国小城镇发展规划实践探索》,北京:中国发展出版社,2013 年。

李亦斌:《浙江新型城镇化建设模式的探索和实践》,硕士学位论文,浙江大学,2013 年。

梁建章、黄文政:《控制人口规模对治理北京"大城市病"有害无益》,环球网,2016 年 11 月 7 日,https://tech. huanqiu. com/article/9CaKrnJYsum。

陆明、陈慧:《王江泾杂记(二)》,《嘉兴日报》2008 年 8 月 1 日,第 16 版。

陆明、陈慧:《王江泾杂记(四)》,《嘉兴日报》2008 年 8 月 29 日,第 16 版。

陆铭:《大国大城:当代中国的统一、发展与平衡》,上海:上海人民出版社,2016 年。

罗淳、潘启云:《论边疆民族地区小城镇建设的特点:模式与路径》,《中央民族大学学报》2011 年第 3 期,第 18-23 页。

米歇尔·米绍、张杰、邹欢主编:《法国城市规划 40 年》,北京:社会科学文献出版社,2007 年。

潘鹏飞:《浙江农村城镇化的实践与思考》,《浙江经济》1995 年第 2 期,第 29-31 页。

潘强敏、周琳:《浙江城市化特征和效应分析》,《浙江统计》2008 年第 2 期,第 11-13 页。

尚娟:《中国特色城镇化道路》,北京:科学出版社,2013 年。

沈建国、毛杏忠：《奉化溪口：以产业转型升级推进科技强镇战略》，《今日科技》2010 年第 4 期，第 28 页。

史晋川、钱陈等：《空间转型：浙江的城市化进程》，杭州：浙江大学出版社，2008 年。

舒马赫：《小的是美好的》，虞鸿钧、郑关林译，北京：商务印书馆，1984 年。

谈月明主编：《新型城市化的新发展》，杭州：浙江大学出版社，2013 年。

谈月明主编：《浙江特色小城镇发展道路探索》，杭州：浙江大学出版社，2013 年。

汤铭潭、宋劲松、刘仁根等主编：《小城镇发展与规划》（第二版），北京：中国建筑工业出版社，2012 年。

唐佩金：《闻川志稿》，"序"；卷一《地理志·沿革》。

万博、张兴国：《和谐之城：德国小城镇建设经验与启示》，《小城镇建设》2010 年第 11 期，第 89-95 页。

汪珠：《浙江省小城镇的分类与发展模式研究》，《浙江大学学报（理学版）》2008 年第 6 期，第 718 页。

王宝刚：《国外小城镇建设经验探讨》，《规划师》2003 年第 11 期，第 96-99 页。

王国平：《城市论》，北京：人民出版社，2009 年。

王江泾镇政府：《中国江南网船会》，2015 年 4 月 10 日，浙江城镇网，https://town. zjol. com. cn/system/2015/04/10/020597527. shtml。

王立军：《浙江农村城镇化的现状与对策研究》，《中共浙江省委党校学报》2000 年第 4 期，第 55-60 页。

王士兰、游宏滔、徐国良：《培育中心镇是中国城镇化的必然规律》，《城市规划》2009 年第 5 期，第 69-73 页。

王小鲁、夏小林：《中国需要发展大城市》，《财经界》2000 年第 5 期，第 45-47 页。

王小章等：《浙江四镇——社会学视野下的中心镇建设》，杭州：浙江大学出版社，2013 年。

威廉·H. 怀特：《小城市空间的社会生活》，叶齐茂、倪晓晖译，上海：上海译文出版社，2016 年。

魏金金:《杨军:近 10 年我国小城镇发展大数据分析》,经济日报-中国经济网,2018 年 5 月 29 日,http://www. ce. cn/culture/gd/201805/29/t20180529_29276276. shtml。

翁加坤、余建忠:《浙江首轮小城市培育试点三年行动计划评估方法——以象山县石浦镇为例》,《小城镇建设》2014 年第 4 期,第 60 页。

翁加坤:《从考核指标的演进观浙江小城市培育之路》,《小城镇建设》2018 年第 3 期,第 84-89 页。

吴可人:《小城市培育是新型城市化的战略选择》,《浙江经济》2016 年第 20 期,第 44 页。

新玉言主编:《新型城镇化:理论发展与前景透析》,北京:国家行政学院出版社,2013 年。

邢震:《约束下的选择:产业集群促进中心镇向小城市演进——基于浙江省台州市的调查分析》,《中共云南省委党校学报》2011 年第 1 期,第 98-101 页。

徐靓、尹维娜:《小城镇从"镇"到"市"发展路径——对浙江首批 27 个小城市培育试点镇研究小结》,《城市规划学刊》2012 年第 z1 期,第 216-222 页。

扬·盖尔:《人性化的城市》,欧阳文、徐哲文译,北京:中国建筑出版社,2010 年。

杨靖、司玲:《马里兰州哥伦比亚的新城规划》,《规划师》2005 年第 6 期,第 87-90 页。

杨书臣:《日本小城镇的发展及政府的宏观调控》,《现代日本经济》2002 年第 6 期,第 20-23 页。

叶飞:《小城镇大发展——苏南小城镇的调查与思考》,《现代经济探讨》1995 年第 10 期,第 22-23 页。

易千枫、徐强、项志远:《改革开放 30 年温州城镇化发展回顾与思考》,《城市规划》2009 年第 11 期,第 18-21 页。

俞宪忠:《是"城市化"还是"城镇"化——一个新型城市化道路的战略发展框架》,《中国人口·资源与环境》2004 年第 5 期,第 86-90 页。

俞云峰、唐勇:《浙江省的小城市培育:新型城镇化战略的路径创新》,《中共浙江省委党校学报》2016 年第 2 期,第 77-83 页。

郁建兴:《浙江新型城镇化快速推进:城镇化水平已达百分之六十三点二》,《人民日报》2013 年 12 月 9 日,第 13 版。

翟慎良:《城市管理亟待走出"整治思维"》,《新华日报》2011 年 8 月 4 日,第 6 版。

张敏:《美国新城的规划建设及其类型与特点》,《国外城市规划》1998 年第 4 期,第 49-52 页。

张泰城:《中部地区城镇化的路径选择》,《经济研究参考》2007 年第 30 期,第 38 页。

张毅:《林毅夫:城镇化良性循环 必须通盘解决"双轨制"问题》,人民网,2013 年 1 月 9 日,http://theory. people. com. cn/n/2013/0109/c40531-20136439. html。

张仲灿:《店口、横店、佛堂三镇小城市建设的调查与启示》,《政策瞭望》2011 年第 9 期,第 23-26 页。

赵新平、周一星:《改革以来中国城市化道路及城市化理论研究述评》,《中国社会科学》2002 年第 2 期,第 132-138 页。

浙江省发改委、省编委办、省法制办:《浙江省强镇扩权改革指导意见》(浙发改城体〔2010〕1178 号),2010 年。

浙江省发改委、省农办、省建设厅:《关于印发浙江省中心镇发展规划(2006—2020 年)通知》(浙发改规划〔2007〕767 号),2007 年。

浙江省发改委:《2013 年我省小城市培育试点"五手"齐抓取得"五快"成效》,2014 年 3 月 29 日,http://fzggw. zj. gov. cn/art/2014/3/31/art_1632201_30984866. html。

浙江省发改委:《德清新市镇小城市培育的五大举措》,2012 年 11 月 11 日,http://fzggw. zj. gov. cn/art/2012/11/11/art _ 1620993 _ 30374272. html。

浙江省发改委城乡体改处:《2013 年小城市试点镇有效投资总量大、增速快、质量好》,2014 年 3 月 17 日,http://fzggw. zj. gov. cn/art/2014/3/17/art_1620993_30374050. html。

浙江省发改委城乡体改处:《德清县新市镇传承古镇文化彰显小城市独特魅力》,2013 年 2 月 28 日,http://fzggw. zj. gov. cn/art/2013/2/28/art_1620993_30373962. html。

浙江省发改委城乡体改处:《小城市培育带动商贸服务业快速发展》,2014
　　年 3 月 30 日,http://fzggw. zj. gov. cn/art/2014/3/30/art_1620993_
　　30374056. html。

浙江省发展和改革委员会:《关于浙江省 2014 年国民经济和社会发展计划
　　执行情况及 2015 年国民经济和社会发展计划草案的报告(摘要)》,《浙
　　江日报》2015 年 1 月 30 日,第 8 版。

浙江省统计局、国家统计局浙江调查总队编:《浙江统计年鉴》,北京:中国统
　　计出版社,2011—2020 年。

郑加仁:《浙江城镇化的现状、问题以及"十二五"推进城镇化的政策建议》,
　　《东方企业文化》2011 年第 20 期,第 104-105 页。

郑永年:《中国的强制性城市化:是人还是土地?》,《社会科学研究参考资料》
　　2010 年第 12 期,第 30-33 页。

中共王江泾镇委员会、王江泾镇政府:《王江泾镇小城镇培育试点工作汇报
　　材料》,2012 年 3 月 5 日。

中共浙江省委党史研究室、当代浙江研究所编:《当代浙江城市发展》(上),
　　北京:当代中国出版社,2012 年。

周世锋:《提高小城镇发展质量,促进小城镇健康发展——以浙江省为例》,
　　《小城镇建设》2002 年第 9 期,第 74-75 页。

周巷镇人民政府:《实施以商兴镇战略 推动小城市建设进程》,《宁波经济》
　　1996 年第 3 期,第 33-34 页。

周镇元:《浙江:专业市场推动人口城镇化》,《市场人口与分析》1996 年第 3
　　期,第 51 页。

朱东风:《中心镇小城市化的理论分析与江苏实践的思考》,《城市规划》2008
　　年第 3 期,第 69-74 页。

朱珊:《浙江省小城镇发展差异研究》,硕士学位论文,浙江大学,2005 年。

朱喜钢、汪珠:《浙江省小城镇的分类与发展模式研究》,《小城镇建设》2008
　　年第 1 期,第 24 页。

朱宇飞:《新市镇高起点高标准培育小城市》,2011 年 12 月 26 日,德清新闻
　　网, http://dqnews. zjol. com. cn/dqnews/system/2011/12/26/
　　014606411. shtml。

住房和城乡建设部课题组编:《"十二五"中国城镇化发展战略研究报告》,北京:中国建筑工业出版社,2011 年。

卓勇良:《对浙江城市化问题的几点思考》,《浙江经济》1999 年第 2 期,第 50-51 页。

宗禾:《浙江财政:积极推进新一轮小城市培育试点》,《中国财经报》2014 年 5 月 27 日,第 3 版。

左正:《中国城市化要以大城市发展为主》,《中国社会科学报》2011 年 8 月 9 日,第 14 版。

《费孝通全面总结"小城镇大战略":接轨城市化 复兴小城镇》,《领导决策信息》2004 年第 4 期,第 22 页。

《统筹发展 产业拉动 促进全国重点镇建设——浙江省慈溪市周巷镇经济社会发展纪实》,《小城镇建设》2006 年第 8 期,第 47-49 页。

《浙江财政:积极推进新一轮小城市培育试点》,《中国财经报》2014 年 5 月 27 日,第 3 版。

《浙江省人民政府办公厅关于开展小城市培育试点的通知》(浙政办发〔2010〕162 号),2010 年。

《浙江省人民政府关于加快推进中心镇培育工程的若干意见》(浙政发〔2007〕13 号),2007 年。

《中共浙江省委 浙江省人民政府关于印发浙江省城市化发展纲要》的通知(浙委〔1999〕41 号),1999 年。

《中共浙江省委办公厅 浙江省人民政府办公厅关于进一步加快中心镇发展和改革的若干意见》(浙委办〔2010〕115 号),2010 年。

《中共浙江省委办公厅 浙江省人民政府办公厅关于进一步加快中心镇发展和改革的若干意见》(浙委办〔2010〕115 号),2010 年。

《中华人民共和国城市规划法》,1989 年。

A. C. Duff, *Britain's New Towns : An Experiment in Living*, London: Pall Mall Press Ltd. , 1961.

Andres Duany and Elizabeth Plater-Zyberk, "The second coming of the American small town", *The Wilson Quarterly*, Vol. 16, No. 1, 1992, pp. 19-48.

C. B. Purdom, *The Garden City: A Study in the Development of a Modern Town*, London, 1913.

David Bell and Mark Jayne, "Afterword: Sizing up small cities" in David Bell and Mark Jayne (eds.), *Small Cities: Urban Experience beyond the Metropolis*, London: Routledge, 2006, pp. 246-247.

Edwart G. Culpin, *The Garden City Movement Up-to-Date*, London: The Garden Cities and Town Planning Association, 1913.

Frederic J. Osborn and Arnold Whittick, *New Towns: The Answer to Megalopolis*, New York: Mcgraw-Hill Book Company, 1963.

Glenn V. Fuguitt and Donald W. Thomas, "Small town growth in the United States: An analysis by size class and by place", *Demography*, Vol. 3, No. 2 ,1966, pp. 513-527.

Glenn V. Fuguitt, "The growth and decline of small towns as a probability process", *American Sociological Review*, Vol. 30, No. 3, 1965, pp. 403-411.

Gustav E. Larson, *Can Our Small Towns Survive?* Washington: U. S. Department of Agriculture, Resource Development Aid, 1960.

Henry J. Fletcher, "The doom of the small town", *Forum*, No. 19, 1895, pp. 214-223.

Irvin Sobel and Richard C. Wilcock, "Labor Market Behavior in Small Towns", *Industrial and Labor Relations Review*, Vol. 9, No. 1, 1955, pp. 54-76.

Lloyd Rodwin, "British New Town Development: Some Administrative Weaknesses", *Public Administration Review*, Vol. 13, No. 3, 1953, pp. 188-195.

Pierre Merlin, "The New Town Movement in Europe", *Annals of the American Academy of Political and Social Science*, Vol. 451, 1980, pp. 76-85.

Stanley Buder, *Visionaries and Planners: The Garden City Movement and the Modern Community*, Oxford: Oxford University Press, 1990.

Timothy R. Mahoney, "The small city in American history", *Indiana Magazine of History*, Vol. 99, No. 4, 2003, pp. 311-330.

W. R. Lethaby (etc.), *Town Theory and Practice*, London: Benn Brothers, Ltd., 1921.

Winston W. Crouch and Richard Bigger, "Metropolitan decentralization: Britain's New Towns Program", *The Western Political Quarterly*, Vol. 3, No. 2, 1950, pp. 244-261.

You-tien Hsing, *The Great Urban Transformation: Politics of Land and Property in China*, New York: Oxford University Press, 2010.

附　录

附录一　浙江省首批中心镇培育工程名单

杭州市(19个)

萧山区:临浦镇、瓜沥镇、义蓬镇;

余杭区:塘栖镇、余杭镇、瓶窑镇;

桐庐县:分水镇、横村镇、富春江镇;

淳安县:千岛湖镇(县城)、汾口镇;

建德市:乾潭镇、梅城镇、寿昌镇;

富阳市:大源镇、新登镇;

临安市:昌化镇、於潜镇、太湖源镇。

宁波市(17个)

江北区:慈城镇;

北仑区:春晓镇;

鄞州区:咸祥镇、集士港镇、姜山镇;

余姚市:泗门镇、梁弄镇、马渚镇;

慈溪市:观海卫镇、周巷镇、逍林镇;

奉化市:溪口镇、莼湖镇;

宁海县:西店镇、长街镇;

象山县:石浦镇、西周镇。

温州市(15个)

龙湾区:瑶溪镇;

瓯海区:瞿溪镇;

乐清市:虹桥镇、柳市镇;

瑞安市:塘下镇、马屿镇;

永嘉县:上塘镇(县城)、桥头镇;

洞头县:北岙镇(县城);

文成县:大峃镇(县城);

平阳县:昆阳镇(县城)、鳌江镇;

泰顺县:罗阳镇(县城);

苍南县:灵溪镇(县城)、龙港镇。

湖州市(10个)

吴兴区:织里镇、八里店镇;

南浔区:南浔镇、菱湖镇;

德清县:武康镇(县城)、新市镇;

长兴县:雉城镇(县城)、泗安镇;

安吉县:递铺镇(县城)、孝丰镇。

嘉兴市(14个)

南湖区:新丰镇;

秀洲区:王江泾镇、王店镇;

嘉善县:魏塘镇(县城)、西塘镇;

平湖市:新仓镇、新埭镇;

海盐县:武原镇(县城)、沈荡镇;

海宁市:许村镇、长安镇;

桐乡市:洲泉镇、崇福镇、濮院镇。

绍兴市(12个)

越城区:皋埠镇;

绍兴县:钱清镇、杨汛桥镇、平水镇;

诸暨市:大唐镇、店口镇;

上虞市:崧厦镇、章镇镇、丰惠镇;

嵊州市:长乐镇、甘霖镇;

新昌县:儒岙镇。

金华市(15个)

婺城区:汤溪镇、白龙桥镇;

金东区:孝顺镇;

兰溪市:游埠镇;

东阳市:巍山镇、横店镇、南马镇;

义乌市:佛堂镇、苏溪镇、上溪镇;

永康市:古山镇、龙山镇;

浦江县:黄宅镇;

武义县:柳城镇;

磐安县:尖山镇。

衢州市(8个)

柯城区:航埠镇;

衢江区:廿里镇;

龙游县:湖镇镇;

江山市:贺村镇;

常山县:天马镇(县城)、辉埠镇;

开化县:城关镇(县城)、华埠镇。

舟山市(6个)

定海区:白泉镇;

普陀区:六横镇、朱家尖镇;

岱山县:高亭镇(县城)、衢山镇;

嵊泗县:菜园镇(县城)。

台州市(14个)

黄岩区:院桥镇;

路桥区:金清镇;

临海市:杜桥镇、白水洋镇;

温岭市:泽国镇、大溪镇、松门镇;

玉环县:珠港镇(县城)、楚门镇;

天台县:平桥镇。

丽水市(11个)

莲都区:碧湖镇;

龙泉市:安仁镇;

青田县:鹤城镇(县城)、船寮镇;

云和县：云和镇（县城）；

庆元县：松源镇（县城）；

缙云县：五云镇（县城）、壶镇镇；

遂昌县：妙高镇（县城）；

松阳县：西屏镇（县城）；

景宁县：鹤溪镇（县城）。

（2007 年 5 月公布，列入浙江省首批中心镇培育工程名单的中心镇总计 141 个。）

附录二　浙江省第二批中心镇培育工程名单

杭州市(6个):

萧山区河上镇、余杭区良渚镇、淳安县威坪镇、建德市大同镇、富阳市场口镇、临安市高虹镇。

宁波市(5个):

余姚市陆埠镇、慈溪市龙山镇、奉化市松岙镇、宁海县岔路镇、象山县贤庠镇。

温州市(7个):

乐清市大荆镇、瑞安市飞云镇、永嘉县瓯北镇、文成县珊溪镇、平阳县水头镇、泰顺县雅阳镇、苍南县金乡镇。

湖州市(5个):

南浔区练市镇、德清县乾元镇、德清县钟管镇、长兴县和平镇、安吉县梅溪镇。

嘉兴市(7个):

南湖区凤桥镇、嘉善县姚庄镇、嘉善县天凝镇、平湖市独山港镇、海宁市袁花镇、海宁市盐官镇、桐乡市乌镇镇。

绍兴市(8个):

绍兴县兰亭镇、绍兴县福全镇、诸暨市枫桥镇、诸暨市牌头镇、诸暨市次坞镇、上虞市小越镇、嵊州市黄泽镇、新昌县澄潭镇。

金华市(4个):

兰溪市诸葛镇、永康市芝英镇、浦江县郑宅镇、武义县桐琴镇。

衢州市(5个):

衢江区高家镇、龙游县溪口镇、江山市峡口镇、常山县球川镇、开化县马金镇。

舟山市(3个):

定海区金塘镇、普陀区虾峙镇、嵊泗县洋山镇。

台州市(7个):

黄岩区宁溪镇、临海市东塍镇、温岭市箬横镇、温岭市新河镇、玉环县沙门镇、天台县白鹤镇、三门县六敖镇。

丽水市(6个)：

青田县温溪镇、云和县崇头镇、庆元县竹口镇、遂昌县石练镇、松阳县古市镇、景宁县沙湾镇。

(2010年10月公布,列入浙江省第二批中心镇培育工程名单的中心镇总计63个。)

附录三　浙江省首批小城市培育试点镇功能定位

名称	小城市培育试点镇的功能定位
萧山瓜沥镇	杭州都市经济圈的工贸卫星城市、环杭州湾地区的现代物流基地,杭州东南部宜居新城
余杭塘栖镇	江南水乡历史文化名城、杭州都市区宜居宜业新城、杭州湾先进机械设备制造基地
桐庐分水镇	中国制笔产业基地、杭州西部休闲旅游胜地、生态型绿色小城镇
富阳新登镇	富阳市域副中心、富春江畔宜居宜业小城镇、杭州西部产业新平台
象山石浦镇	千年渔港名城、象山经济社会副中心、海洋休闲旅游胜地
慈溪周巷镇	长三角区域创新型特色家电之都、宁波西北部开放型现代商贸之地、杭州湾畔活力型品质宜居之城
奉化溪口镇	国际著名旅游胜地、历史文化名镇、全国生态宜居小城镇
余姚泗门镇	姚西北宜居宜业小城镇、长三角地区改革创新先行区、杭州湾南翼产业集聚集约发展示范区
苍南龙港镇	全国城镇综合改革示范基地、鳌江流域中心城市、宜居宜业的滨海工贸特色城市
瑞安塘下镇	中国汽摩配产业重要基地、温瑞平原重要节点城市、滨海宜居活力新城
乐清柳市镇	创业投资总部经济示范基地、国家先进电工电气制造业基地、温州大都市经济圈重要城市组团
平阳鳌江镇	鳌江流域中心城市、平阳经济社会文化副中心、浙南特色装备制造业基地
吴兴织里镇	中国童装之都、浙北经济雄镇、太湖魅力新城
德清新市镇	接沪融杭工贸重镇、京杭运河活力新城
桐乡崇福镇	中国皮草之都、杭州都市圈示范节点城市、江南运河文化名城
嘉兴王江泾镇	中国织造名镇、江南湿地新城、浙北商贸重镇
嘉善姚庄镇	城乡统筹全国样板、产业协调临沪新城、宜居宜业幸福小城
诸暨店口镇	三县边界新兴节点城市、杭州都市经济圈工业卫星城、全国五金水暖产业基地
绍兴钱清镇	国际轻纺原料基地、都市经济圈节点城市、县域经济社会副中心

名称	小城市培育试点镇的功能定位
东阳横店镇	影视文化旅游名城、浙江电子材料产业基地、东阳市域经济社会副中心
义乌佛堂镇	国家历史文化名镇、文化旅游工艺品生产基地、义乌国际商贸城副中心
江山贺村镇	特色产业发展示范区、三省边界工贸重镇、生态宜居小城镇
普陀六横镇	深水物流良港、临港产业基地、海岛宜居新城
温岭泽国镇	工贸发达的活力城市、水乡特色的生态城市
玉环楚门镇	家居产业名都、滨海活力名城、人文生态名镇
临海杜桥镇	临海经济社会副中心、中国眼镜名城、台州湾北部工贸新城
缙云壶镇镇	特色机械装备城、生态文化名城、台金丽三市交会新兴城市

注：2010 年 10 月公布，浙江省首批小城市培育试点镇 27 个。

附录四　浙江省第二批小城市培育试点镇功能定位

名称	小城市培育试点镇的功能定位
建德乾潭镇	杭州都市圈生态健康城（森林公园慢城、大健康产业城、生态文化名城）
南浔练市镇	浙北水乡电气新城（新兴电气产业高地、临杭近沪中心节点、古运河畔水乡小城）
海宁长安镇	运河古镇科创新城（运河古韵观潮胜地、连杭科创产业高地、海宁西部人文新城）
上虞崧厦镇	中国伞业名城（国际伞业研发生产基地、上虞北部商贸物流中心、杭州湾南翼综合交通枢纽）
江北慈城镇	宜居宜业宜游的江南千年古县名城（长三角新兴文化休闲旅游目的地、宁波中心城区宜居后花园、宁波北部组团卫星城）
宁海西店镇	宁波南翼滨海小城（宁波都市区南翼卫星城、象山港畔生态家居城、宁海北部工业创新城）
路桥金清镇	台州湾循环经济滨海新城（台州循环经济产业新区、台州新兴渔港新城、台州滨海卫星城）
定海金塘镇	舟山群岛新区国际集装箱物流港城（国际中转港物流基地、中国塑机螺杆制造中心、舟山群岛门户新城）
永康古山镇	浙中生态五金新城（五金产业转型升级试验区、绿色生态城、市域副中心）
淳安县城（千岛湖镇）	中国千岛秀水名城（旅游休闲度假胜地、生态滨湖山水城市、优质天然饮用水业基地）
开化县城（华埠镇）	钱江源头生态新城（全国生态文明示范高地、浙皖赣边界旅游集散中心、浙西宜居宜业品质新城）
云和县城（云和镇）	真山真水童话城（木制玩具文创城、梯田仙湖养生地、小县大城先行区）
庆元县城（松源镇）	三江源头养生绿城（浙南山水生态基地、林菇低碳产业高地、健康徒步旅游胜地）
景宁县城（鹤溪镇）	中国畲乡第一城（畲乡风情展示区、民族和谐宜居城、两江源头养生地）
泰顺县城（罗阳镇）	多彩文化养生城（浙南山泉生态绿城、廊桥文化旅游新城、蜡石产业创意新城）

名称	小城市培育试点镇的功能定位
文成县城 （大峃镇）	浙南山水文旅名城（温州都市区生态产业基地、浙南生态文化旅游胜地、欧陆风情浓郁特色侨乡）

注：2014 年 3 月公布，浙江省第二批小城市培育试点镇 16 个。

附录五　浙江省第三批小城市培育试点名单

杭州市:萧山区临浦镇、余杭区瓶窑镇、富阳区场口镇。

宁波市:海曙区集士港镇、慈溪市观海卫镇、象山县西周镇。

温州市:乐清市虹桥镇、瑞安市马屿镇、永嘉县桥头镇。

湖州市:长兴县泗安镇、安吉县梅溪镇。

嘉兴市:南湖区凤桥镇、嘉善县西塘镇、平湖市新埭镇。

绍兴市:诸暨市枫桥镇、嵊州市甘霖镇。

金华市:金东区孝顺镇、武义县桐琴镇、磐安县安文镇(县城)。

衢州市:柯城区航埠镇、龙游县湖镇镇

舟山市:岱山县衢山镇

台州市:温岭市大溪镇、天台县平桥镇

丽水市:青田县温溪镇、遂昌县妙高镇(县城)

(2016 年 12 月公布,浙江省第三批小城市培育试点镇共 26 个,包括磐安县县城安文镇和遂昌县县城妙高镇,为省级重点生态功能区范围的县城。)

附录六　首批小城市培育试点三年行动计划主要附表

附表一　首批小城市培育试点三年行动计划主要指标及年度安排

类别	序号	指标名称	单位	2010 年 （基期年）	2011 年	2012 年	2013 年
投资总量与建设用地	1	投资总额	亿元				
	2	其中：政府性投资	亿元				
	3	企业投资	亿元				
	4	社会投资	亿元				
	5	建设用地面积	公顷				
	6	其中：新占用	公顷				
	7	盘活存量	公顷				
城市规模	8	建成区面积	平方公里				
	9	建成区常住人口	万人				
	10	其中：户籍人口	万人				
	11	建成区常住人口集聚率	%				
经济实力	12	地区生产总值	亿元				
	13	财政总收入	亿元				
	14	其中：税收收入	亿元				
	15	城镇居民人均可支配收入	元				
	16	农村居民人均纯收入	元				
产业结构	17	三次产业比重	%				
	18	工业功能区面积	平方公里				
	19	工业功能区工业增加值占全镇工业增加值的比重	%				
	20	第二、三产业从业人员比重	%				
	21	产业共性技术服务平台	个				
	22	农村土地承包经营权流转率	%				

续表

类别	序号	指标名称	单位	2010 年 (基期年)	2011 年	2012 年	2013 年
市政设施	23	城市道路	公里				
	24	其中:数字化管理的城市道路	公里				
	25	公共停车场泊位	个				
	26	安全饮用水供水能力	万吨/日				
	27	管道燃气入户率	%				
	28	二级消防站	个				
	29	数字电视入户率	%				
	30	三星级以上宾馆	个				
	31	大型商场(商贸综合体)面积	平方米				
	32	金融机构数量	个				
社会事业	33	学前教育普及率	%				
	34	建成区义务教育集聚率	%				
	35	高中段毛入学率	%				
	36	二级以上综合性医院	个				
	37	千人医院床位数	张				
	38	千人医生数	人				
	39	城镇职工养老、医疗保险参保率	%				
	40	城乡居民养老、医疗保险参保率	%				
	41	城镇登记人口失业率	%				
生态环境	42	饮用水供水水质达标率	%				
	43	建成区绿化覆盖率	%				
	44	人均公共绿地面积	平方米				
	45	垃圾集中无害化处理率	%				
	46	污水集中处理率	%				

类别	序号	指标名称	单位	2010 年 （基期年）	2011 年	2012 年	2013 年
体制 创新	47	新增行政区域面积	平方公里	—	—	·	—
	48	行政审批服务中心集中办理事项	项				
	49	综合执法事项	项	—			
	50	土地储备中心收储面积	亩	—			
	51	户籍制度改革进城落户人员数	人				
	52	其中：本地人口	人				
	53	外来人口	人				
	54	就业保障服务中心介绍就业人员数	人				
	55	就业保障服务中心处理劳资纠纷数	人				
	56	农村宅基地换城镇住房户数	户				
	57	农村宅基地换城镇住房人数	人				

附表二 三年行动计划建设项目分类汇总

项目分类	项目数		其中						项目投资		资金分类				年度投资计划						项目用地		其中			
			前期工程		新开工项目		竣工项目				政府投资		社会投资		2011		2012		2013		总用地		新增用地		存量用地	
	总数 /个	占比 /%	数量 /个	占比 /%	数量 /个	占比 /%	数量 /个	占比 /%	总投资 /亿元	占比 /%	/亿元	占比 /%	/亿元	占比 /%	年 /亿元	占比 /%	年 /亿元	占比 /%	年 /亿元	占比 /%	面积 /亩	占比 /%	面积 /亩	占比 /%	面积 /亩	占比 /%
总计																										
市政设施类																										
社会事业类																										
工业投资类																										
商贸投资类																										
住宅投资类																										
规模农业类																										
生态环境类																										

附表三　三年行动计划建设项目

序号	项目名称	建设规模和主要内容	项目类别	项目进展			建设期	建设地点	用地面积/亩	投资总额/万元	资金来源/万元			年度投资计划/万元			项目法人	主管部门
				前期	新建	续建					政府投资	企业投资	社会投资	2011年	2012年	2013年		
一、工业经济类																		
二、商业住宅类																		
三、基础设施类																		
四、社会事业类																		
五、生态环境类																		
六、公共服务和体制创新类																		

说明：表中项目类别栏按：1. 工业经济类；2. 商业住宅类；3. 基础设施类；4. 社会事业类；5. 生态环境类；6. 公共服务和体制创新类，取相应类别的序号填写。

附表四 三年行动计划建议列入浙江省重点项目

序号	项目名称	建设规模和主要内容	项目类别	项目进展			建设期	建设地点	用地面积/亩	投资总额/万元	资金来源/万元			年度投资计划/万元			项目法人	主管部门
				前期	新建	续建					政府投资	企业投资	社会投资	2011年	2012年	2013年		
1																		
2																		
3																		
4																		
5																		

说明:表中"项目类别"栏按:1. 工业经济类;2. 商业住宅类;3. 基础设施类;4. 社会事业类;5. 生态环境类;6. 公共服务和体制创新类,取相应类别的序号填写。

后　记

　　中国新型城镇化如今又迈入了一个新的阶段,浙江特色小镇模式在全国流行。在全球快速城市化的背景下,小城镇发展应该是一个不会停歇的话题,也是一个值得继续研究的问题。我们这个攻关项目课题仅仅完成了一部分工作,今后还需要持续研究,以再出新的成果。

　　在此致谢每位关注、支持并帮助本项目的同仁、各界朋友,没有各位的热心帮助,我们是难以完成本书的。

　　在此首先感谢浙江省城市化发展研究中心、杭州市发展和改革委员会、嘉兴市发展和改革委员会以及其他县市相关政府部门,还有浙江小城市培育试点镇的相关领导和办公人员! 在此不一一列举他们的名字,他们不仅热心地指导、接待与陪同,以使我们项目课题组能够深入基层,了解我们政府部门的改革思路、政策指向、实施心得,他们还与我们分享了基层一线干部的辛勤付出以及实施过程中遇到的问题与困惑,并提供了一系列的相关资料,为我们课题组的研究与探索奠定了坚实的基础。

　　其次,这里也要感谢项目课题组的全体成员以及参与课题的研究生们! 我们一起搜集资料、调研、讨论并完成相关报告。这个项目前后时间跨度大,团队成员变化多。他们是陶水木、吴跃文、周东华、彭伟斌、龚上华、胡悦晗、陈岗、缪磊磊、毛燕武、徐海松、刘海燕等,研究生有王剑、彭帆、张蓓蓓、王乐、赵宣、刘林、王志强、颜欢、刘露、谢彬宏、钱鹏程、董雷、陶杰、陈映秋、都林、董续忠、王刚、郑思雨等。其中调研报告的执笔人分别是:塘栖镇(彭伟斌等)、新登镇(吴跃文)、乾潭镇(周东华等)、王江泾镇(胡悦晗)、崇福镇(张卫良等)、新市镇(龚上华)、周巷镇(毛燕武)、溪口镇(缪磊磊、毛燕武)、横店镇(刘林)和佛堂镇(张蓓蓓等);本项目课题原有不少的图片由史利剑修改绘制。可以说,这一项目课题既是我们的一次社会实践,也是我们共同进步的见证。感谢课题评审组专家的建议以及办公人员刁盼盼、魏燕萍和张燕在课题结题过程中给予的帮助与付出！这里也要感谢浙江大学出版社陈逸行编辑在出版过程中的大量工作和辛勤劳动！

最后,本书一定还存在许多不足与瑕疵,欢迎各界同仁批评指正！

张卫良

2020 年 3 月